JN093599

# 改正派遣法（2020年）の課題を探る

## 視点 「同一労働同一賃金」に向けての改正は有効か？

同様の業務、責任範囲の正社員との不合理な待遇差は（仮にあったとして）解消されるでしょうか。実際の業務内容、諸事情との整合性を図るのはなかなか困難です。

1. 規定の整備（待遇決定方式2種から選択して公正な待遇を確保）

② 派遣先均等・均衡方式

① 派遣元の労使協定方式

比較対象社員は
公正な待遇？

受注のための料金
設定だったら問題！

これまでの待遇決定法
の具体化、詳細化。

年功序列？
ジョブ型？
男女格差は？

派遣会社

2. 待遇に関する説明義務の強化

これまでの業務の強化

人材派遣の本質は
「同一労働同一賃金」

これまで責務を果たして
いれば、労力は些少。

※真の「公正な待遇」の
明確化は難しいが。

体力、適応力次第！

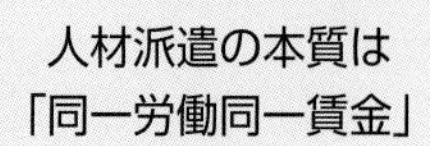

3. 裁判外紛争解決手続の規定の整備

本来の責務を果たせば、
ここまで行かない。

# 派遣法改正（2015年）の目的と効果は整合性があったか？

## 視点❶　改正点「派遣可能期間の制限」に意義はあるのか？

「期間制限」により、派遣労働者は派遣先事業所の同じ部署では３年以上働けません。この「常用代替防止」策で保護される労働者はどれほどでしょうか。

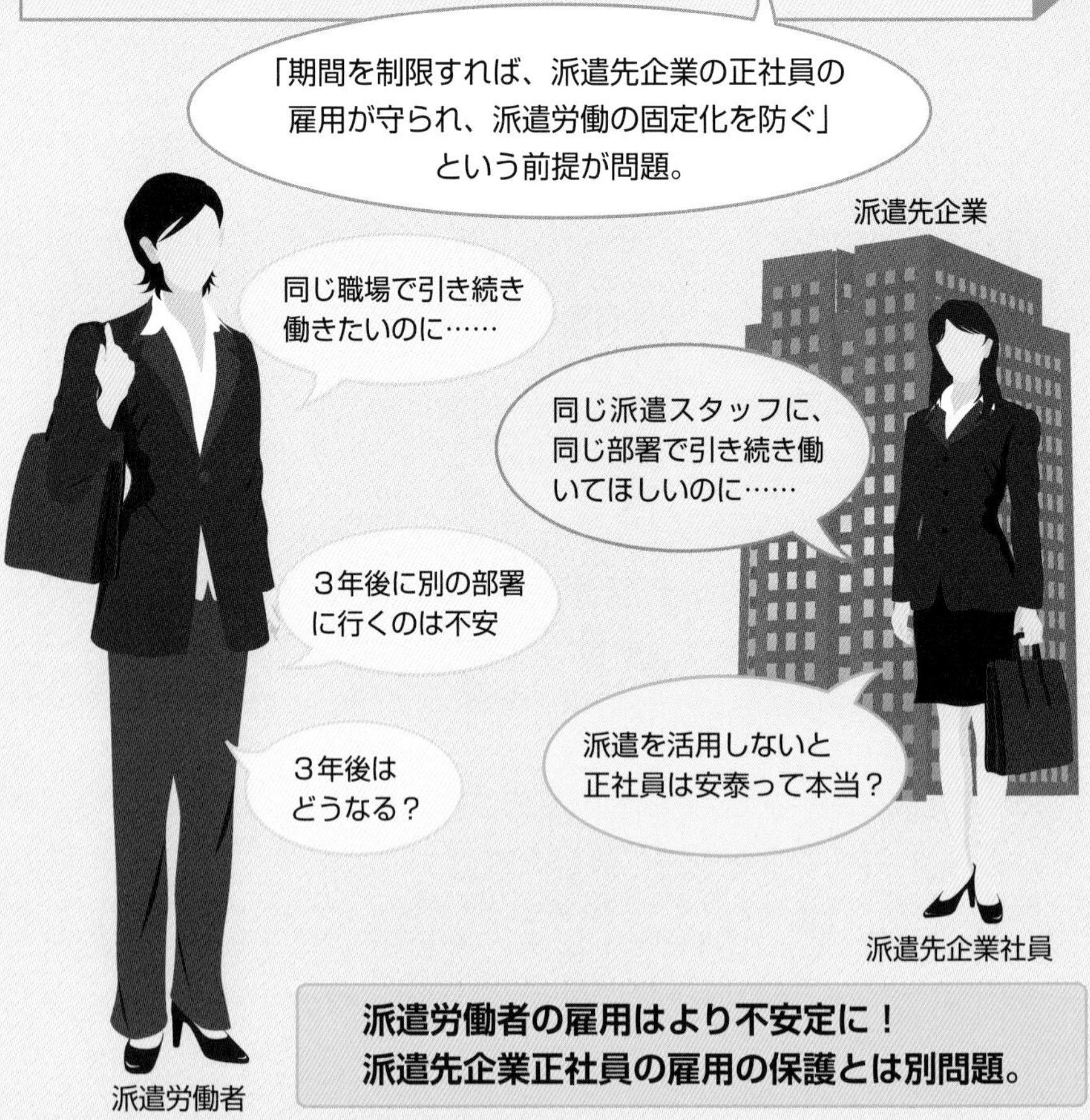

**派遣労働者の雇用はより不安定に！**
**派遣先企業正社員の雇用の保護とは別問題。**

## 視点❷　改正点「雇用安定措置」により、本当に雇用は安定したのか？

派遣労働者の求める「雇用の安定」や「働き方」に即した対応となったか検証します。「正社員なら雇用先、職場や業務内容は問わない」とする人は多くはありません。

一定の場合に、派遣会社は「派遣先企業への直接雇用の依頼」「新たな派遣先の提供」「自社で無期雇用」などの措置を講じなければならない。

もともとの業務！

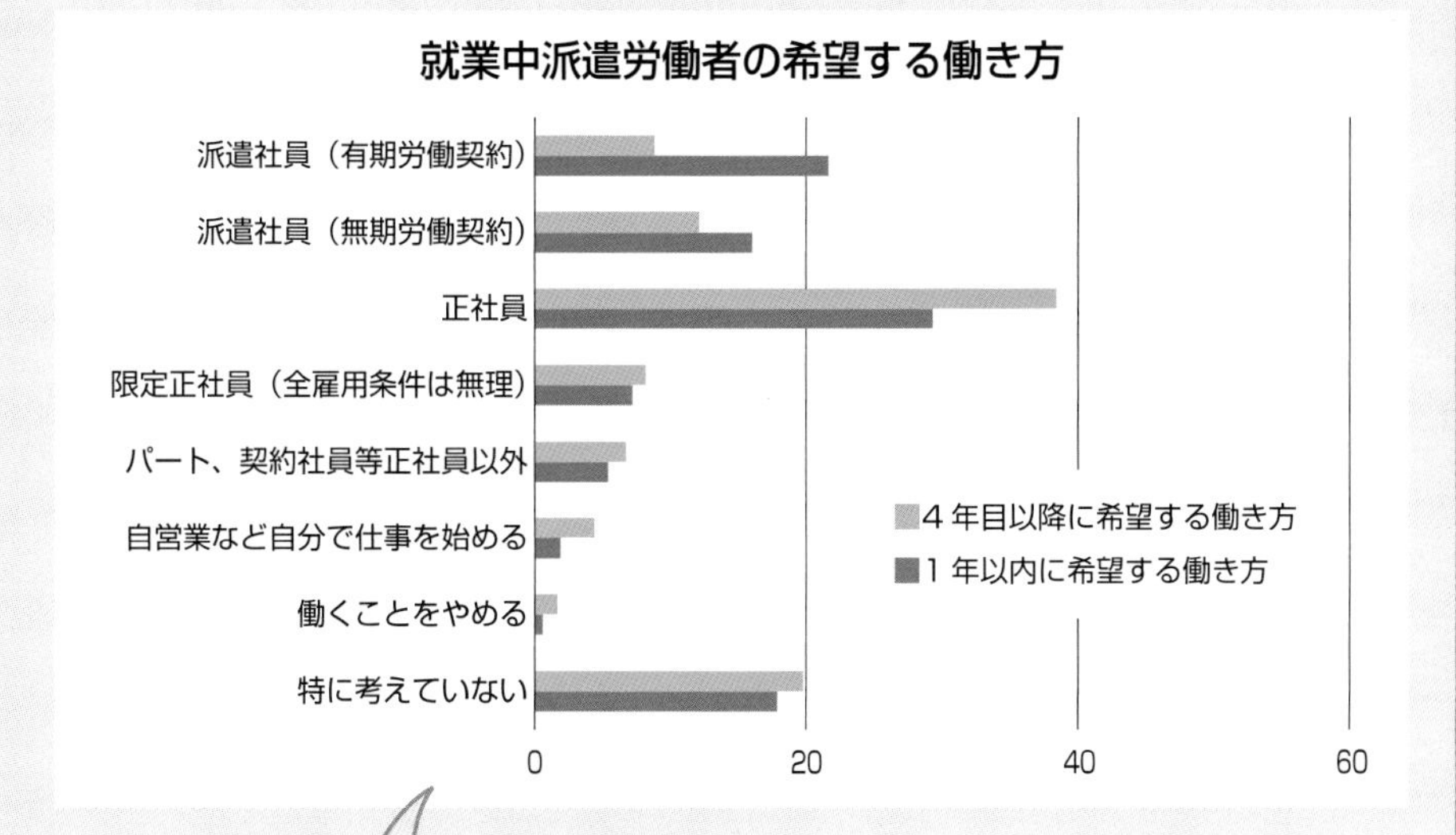


「このまま同じ派遣先に派遣されたい」「現派遣先や現派遣元以外で正社員になりたい」など、様々。

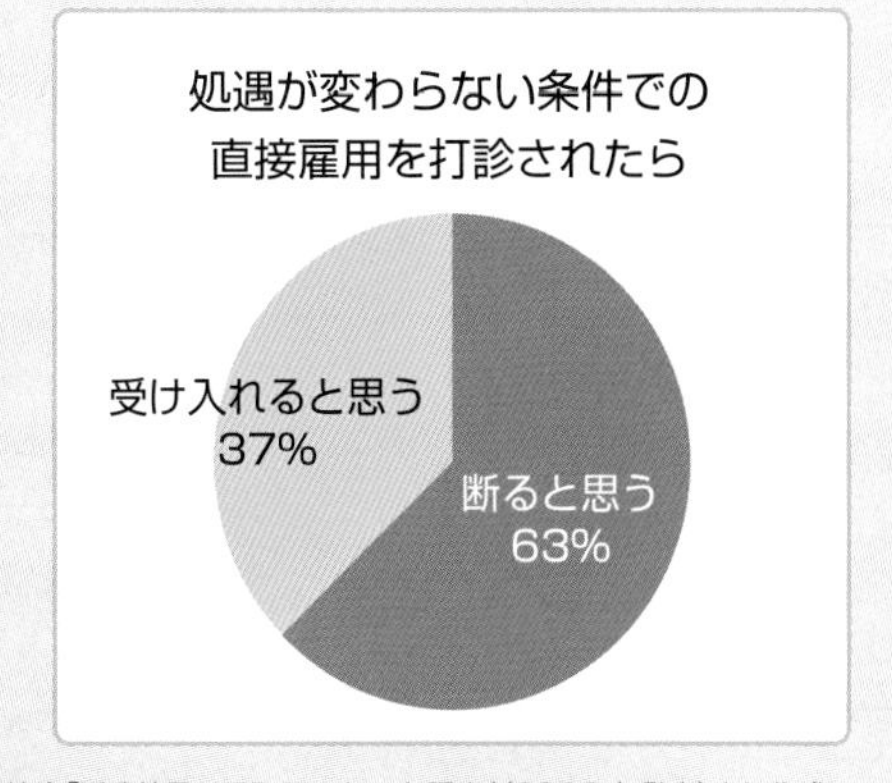


**多様な労働者の多様なニーズや望む安定に必ずしも対応していない。**

グラフ：人材派遣協会「派遣社員 WEB アンケート調査」（2020 年発表）より作成

## 視点❸　見直されなかった「日雇派遣原則禁止」の不合理性を問う

2012年制定の「日雇派遣原則禁止」は依然として見直されず、求職者の就業機会を奪っています。近年注目されるフリーランサーへの移行はハードルが高く、少数です。

雇用期間が30日以内の派遣は以下の場合を除き禁止。
①適正な雇用管理が成り立つ、一定の業務
②60歳以上の人／雇用保険適用外の学生／
副業として日雇派遣で働く人（正業収入が500万円以上）／
主たる生計者でない人（世帯収入が500万円以上）

副業か、生業かは本来無関係。日雇派遣も働き方の一つ！
「日雇派遣では雇用管理できない」は一部の業者の問題！
収入が低いならなおさら短期間でも働く必要がある！

日雇派遣にピッタリの
仕事があるのに……

短期間なら
働けるのに……。

短期間でも
働かなければならない！

例外業務以外なら
働けるのに……。

求職者

派遣先企業

**求職者の就業機会と**
**選択肢を狭める！**

# パンデミックからニューノーマルへ

## 視点　コロナ禍による派遣業界への影響と対応を検証する

　あらゆる業界、組織、個人に影響を与えたコロナ禍は、人材派遣の構造ゆえの対応の難しさを明らかにしました。業界と派遣会社は今後も適応力が問われます。

派遣労働者は派遣会社と雇用関係にあるが、
派遣先事業所で派遣先の指揮命令下、働く

**新型コロナウイルスのパンデミック**

派遣先企業

廃　業
休　業
事業規模縮小
事業所移転
テレワークへ切替
デジタル化

派遣会社

要請／交渉／調整／提案

□現契約上、派遣労働者は
・転勤、異動できない
・契約内容、業務内容によっては対応できない

□派遣システム上、
・就業場所、勤怠管理、指揮命令関係、セキュリティが問題
・一時的費用の負担は？

★派遣契約解除回避
★新規派遣契約確保
★雇い止め回避
★デジタル化対応
☆自社の対策

派遣大手のテレワーク化対策
・テレワーク専門サービス
・派遣先テレワーク体制支援
・ルール策定、就業サポート

★新規事業展開
★雇用制度改革
★人事制度改革
★業務改革
★テレワーク定着
★業務委託へ切替

**派遣会社の体力、調整力、先見力で明暗！**
**ニューノーマルと今後の危機に向け、対策を！**

# 働き方改革と人材派遣

## 視点　人材派遣はそもそも「働き方改革」とリンクしている

人材派遣は多様な働き方の一つであり、派遣先企業の社員の家事・育児・介護との両立、復職やワークライフバランスをもサポートしてきました。

「働き方改革」とは、働く人々が、個々の事情に応じた多様な働き方を、自分で「選択」できるようにするための改革（厚生労働省）

**「人材派遣」は求職者、派遣労働者、就業者に働き方の選択肢を提供し、就業継続をもサポートする**

# DX(デジタルトランスフォーメーション)の波を受けて

## 視点❶　DXは「人材派遣」にも大きな影響を及ぼす

派遣先の業界、組織の変化に応じて、柔軟に対応しなければならない人材派遣は、コロナ禍を経てさらに進んだDXにどう対処していくのでしょうか。

派遣先企業

DXとは高速インターネット、クラウド、AIなどのITによってビジネスや生活の質を高めていくこと。

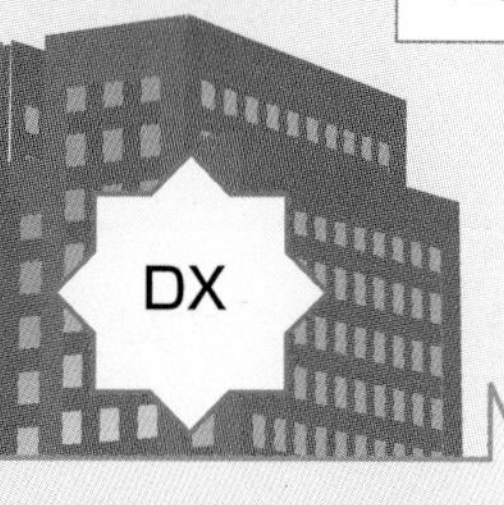


・リモートワーク促進
・業務内容の変化
・定型業務の代替
・業務の効率化、省力化
・稼働時間延長

新規事業展開／新業務発生
労働力不足解消（代替業務）
競争力ＵＰ／マーケット拡大
固定費節約
（事業所移転・縮小、人件費）

適応人材は？
専門人材は？
人員配置は？

人員削減？

派遣会社

提案
調整

**派遣先の新たなニーズの把握**
**今後のニーズの先読み**
**IT 人材の育成**

自社の
DX 促進

# 「人材派遣」の構造を再認識する

## 視点 「人材派遣」に対する誤解と、派遣会社の質の差が障害！

「人材派遣」を敬遠する人、活用しない組織の多くは本来の「人材派遣」を知りません。派遣業界はサービスの質を高めると共に、正しい理解を求める必要があります。

派遣労働者

- ◇ニーズや事情に応じた業務内容、働き方を選択
- ◇求職活動、派遣先との交渉不要
- ◇年齢、学歴、在職年数によらず、評価される
- ◇スキルアップ、キャリアチェンジ可能
- ◇通常ルートではたどり着かない職場での就業
- ◇業務内容、レベルに応じた賃金
- ◇適正な社会・労働保険加入
- ◇育休、介護休や有給休暇取得

多様な選択肢の提供

新たな可能性の提案

賃金はパート、アルバイトより高い

派遣会社負担での社会保障

派遣会社の質の差あり

派遣先企業

**派遣会社の利益**

（派遣料金－賃金）－
（派遣労働者の社会保険料負担分、有休費用など＋会社の経費）

- ◇ニーズや事情に応じた迅速な人員確保
- ◇求人、採用、配置コスト不要
- ◇教育、管理コスト低減
- ◇社会保険、労働保険などのコスト不要

1.2%！
マージン≠利益

**「人材派遣」に対する理解度を高め、
社会の変化やリスクに柔軟に対応できる体制をつくる**

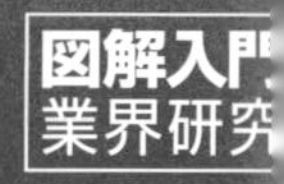


How-nual　Shuwasystem Industry Trend Guide Book

# 最新 派遣業界の動向とカラクリがよ～くわかる本

業界人、就職、転職に役立つ情報満載

［第5版］

人材ビジネスコンサルタント／
キャリア・カウンセラー
土岐 優美 著

秀和システム

## はじめに

本書の既刊を刊行してから四年以上が経ちました。その間に技術革新、インターネット利用の拡大、スマートフォンの普及や組織、産業構造の変革、個人の意識の変化、「働き方改革」など、人材派遣を取り巻く状況は変化し続けています。そして、二〇一五年の改正労働者派遣法の問題点はそのままに、二〇二〇年四月には「同一労働同一賃金」に関わる改正労働者派遣法が施行され、大きな影響を与えています。

その最中、新型コロナウィルス感染症のパンデミックが起きました。それはあらゆる業界、組織、個人に変化をもたらす激震ですが、その影響は一様ではありません。それを機に、新規展開、改革、改善が進む分野もあれば、衰退、萎縮を余儀なくされる分野もあります。同じ業界でも、その組織の体力や適応力によって明暗が分かれました。一時的な対応で済むはずはありません。ニューノーマル（新常態）での働き方、人材活用とはどうあるべきでしょうか。人材派遣というスタイルゆえの課題も見えてきました。

一方、違法行為を行う派遣会社、質の低い派遣会社や意識の低い派遣先企業、派遣労働者も消えてはいません。また、人材派遣というスタイルが誕生してから数十年経過しても、そのシステム、その意義を正しく理解している人は多くはありません。そのため、多くの人がいまだに「派遣労働は不利な働き方、不本意な働き方」ととらえ、「人材派遣業はそれを強いる仕事、派遣会社は労働者から搾取している」と断じています。そして、パート、アルバイトなどとスタイル、実情は違うのに、派遣労働は「非正規」とひとくくりにされがちです。「請負」や「人材紹介」と混同する人もいます。派遣会社は民間企業であるがゆえに、自社や派遣先企業の利益のみを重視しているとの見方もあります。

それらの誤解や偏見を解くこと、人材派遣について理解を深めること、再認識することで個人と組織が選択肢や可能性を広げることができると筆者は考えます。多様な働き方、人材活用法の一つとして「人材派遣」を検討する、この業界に就職・転職する、またこの業界で管理、育成、運営するためにも有効なのです。そのために、人材派遣のシステム、特徴、現状、課題を伝え続けることが必要です。

ですから、本書ではまず人材派遣とその他の人材ビジネスのシステム、その特徴、現状を明らかにすることから始めます。次に、派遣業務の流れと実務について、法的対応や課題達成、問題解決のポイントを含め、具体的に解説します。さらに、派遣会社の収支構造、運営や派遣業務に必要な要件、課題・問題点を明らかにし、今後の展望を開きます。これらの多くは、筆者が人材派遣業界において実務一切から拠点統括まで携わり、現在はキャリアカウンセラーとして人材派遣を含め多様な人材ビジネスに直接、あるいは間接に関わっているからこそ伝えられるものがあると考えます。

そもそも、本来の人材派遣のシステムは派遣労働者、派遣先企業、派遣会社、三者の利害が一致します。派遣先企業の社員のワークライフバランスをも守り、働き方改革の一助ともなります。一時的な利益追求のために、あるいは一者のみに有利を図ることは信頼関係を破壊し、長期的には派遣会社の存続をも脅かすものです。

時が移り、災害や景気の変動があろうとも、その原則は不変なのです。このことを現在、人材派遣に関わっている人、これから関わろうとしている人すべてに認識してほしいと願います。本書によって、この原則を含め、人材派遣の実際を知っていただけたら幸いです。

二〇二〇年七月　土岐　優美

# 最新派遣業界の動向とカラクリがよ〜くわかる本［第5版］

●目次

はじめに……3

## 第1章 人材派遣と人材ビジネス業界

1-1 人材派遣の仕組み……10
1-2 人材派遣のスタイル……12
1-3 他の人材ビジネス①
人材紹介（有料職業紹介）……14
1-4 他の人材ビジネス②
無料職業紹介と再就職支援……16
1-5 他の人材ビジネス③請負……18
1-6 労働者供給事業の原則禁止……20
1-7 紹介予定派遣……22
1-8 他の人材ビジネスとの共通点、相違点……24
1-9 いまこそ人材派遣の歴史に学ぶ……26
1-10 人材派遣のいま①
ワンストップサービスとグローバル化……28
1-11 人材派遣のいま②
チャレンジとリベンジを応援する……30
1-12 人材派遣のいま③
キャリア形成支援と育成型派遣……32
1-13 人材派遣のいま④シニアの活用……34
1-14 人材派遣のいま⑤専門職派遣の傾向……36
1-15 派遣先企業社員と派遣スタッフの
ワークライフを支援……38
コラム 救助隊を「派遣する」。
友人に婚約者を「紹介」する。……40

## 第2章 人材派遣システムの実際


2-1 人材派遣事業の特徴① …… 42
2-2 人材派遣事業の特徴② …… 44
2-3 人材派遣業務の基本機能（部門） …… 46
2-4 部門の融合と細分化① …… 48
2-5 部門の融合と細分化② …… 50
2-6 派遣できる業務 …… 52
2-7 派遣できない業務 …… 54
2-8 派遣先企業が人材派遣を活用できる期間 …… 56
2-9 派遣スタッフの雇用の安定と保護を図る …… 58
2-10 派遣が禁じられている形態 …… 60
2-11 同一労働同一賃金に向けて …… 62
2-12 派遣決定における留意点 …… 64
2-13 契約を結ぶ …… 66
2-14 派遣先企業との契約①契約書 …… 68
2-15 派遣先企業との契約②通知 …… 70
2-16 派遣スタッフとの契約 …… 72
2-17 海外派遣における留意点 …… 74
2-18 派遣先企業の整備事項①
派遣先の講ずべき措置 …… 76
2-19 派遣先企業の整備事項②
派遣先責任者と派遣先管理台帳 …… 78
2-20 派遣会社の整備事項①
派遣元の講ずべき措置 …… 80
2-21 派遣会社の整備事項②
その他の派遣元の講ずべき措置 …… 82
2-22 派遣会社の整備事項③
派遣元責任者と派遣元管理台帳 …… 84
2-23 トラブルへの法的対応 …… 86
コラム 業界人に聞く！ …… 91
2-24 契約更新と派遣スタッフの
都合による契約解除 …… 92

2-25 派遣先企業の都合による契約解除 94
2-26 派遣スタッフとの契約を解除する 96
2-27 収支構造の厳しい現実（売上） 98
2-28 収支構造の厳しい現実（売上原価と経費） 100
2-29 収支構造の厳しい現実（利益） 102
コラム 業界人に聞く！ 104

## 第3章 派遣コーディネーターの実務

3-1 人材派遣は募集から始まる 106
3-2 登録業務はマッチングの土台① 108
3-3 登録業務はマッチングの土台② 110
3-4 登録業務はマッチングの土台③ 112
3-5 マッチング業務 114
3-6 登録スタッフデータベースは資源 116
3-7 登録スタッフの個人情報管理 118
3-8 マッチしないときの解決策 120
3-9 ミスマッチとトラブル 122
3-10 スタッフ管理業務 124
3-11 派遣労働者の社会保険（健康保険、厚生年金） 126
3-12 全員が営業担当 128
3-13 派遣会社社員に求められるもの 130
コラム 派遣コーディネーターないしょ話 132

## 第4章 ビジネスとしての人材派遣

4-1 派遣活用のメリット 134
4-2 望んで派遣？ しかたなく派遣？ 136
4-3 「派遣」という働き方の現実と課題 138
4-4 人材派遣の原点に還る① 140
4-5 人材派遣の原点に還る② 142
4-6 人材派遣の原点に還る③ 144
4-7 人材派遣業特有の運営ポイント① 146

4-8 人材派遣業特有の運営ポイント② 148
4-9 人材派遣業特有の運営ポイント③ 150
4-10 人材派遣会社のタイプ 152
4-11 ビジネスを支える専門団体 160
4-12 その他の人材サービス専門団体 162
4-13 派遣会社の選び方 164
コラム 派遣スタッフに聞く! 166

## 第5章 ケーススタディ(様々な対応)

5-1 派遣スタッフのタイプ別対応① 168
5-2 派遣スタッフのタイプ別対応② 170
5-3 コミュニケーションは最強のツール① 172
5-4 コミュニケーションは最強のツール② 174
5-5 派遣スタッフのキャリアアップ 176
5-6 スタッフ研修の実際 178
5-7 スキルアップ研修 180
5-8 クレーム対応 182
5-9 派遣先企業からのクレーム事例 184
コラム 非正規と呼ばないで 186

## 第6章 今後に向けて

6-1 可能性を探る 188
コラム 不満から見えてくること 190

## 資料編

データで見る人材派遣 192
人材派遣ビジネス基本用語 196
おわりに 204
参考文献 205
索引 206

# 人材派遣と人材ビジネス業界

激変する人材派遣業界。まずは人材派遣のシステムや、他の人材ビジネスとの違い、そして現状を把握しなければなりません。また、その歴史を振り返ることでの発見も、今後へのヒントとなるでしょう。

How-nual
図解入門
業界研究

# 人材派遣の仕組み

**人に関わるビジネスは多岐にわたり、雇用環境の変化や関連法規の改定、労働者の意識変化に伴い、さらに多様化しています。その人材ビジネスの一つ「人材派遣」の仕組みを説明します。**

## 人材ビジネスとは

人材ビジネスは大別すると、**人材派遣**、**人材紹介**、**再就職支援**、**請負**、**人材育成**、**人材情報サービス**です。ですが、本書では「人材育成」「人材情報サービス」を除く、四種の事業を「人材ビジネス」として説明します。

さて、その中の人材派遣について、これから説明していくわけですが、それぞれの人材ビジネスの仕組みと共通点、差異について知らなければなりません。

なぜなら、複数の人材ビジネスを総合的に行う会社が増えているだけでなく、それぞれが提携関係、ときに競合となり得るからです。事業範囲をどこまで広げるか、何をメインにするのか、あるいは、競合への対策が、それによって決まるからです。

## 人材派遣（労働者派遣）

「必要なときに、必要な人材を、必要な期間だけ」という耳慣れたフレーズは、人材派遣のシステムを端的に表しています。

派遣会社（派遣元）は、自社の常用社員、または登録者（登録スタッフ）の中から、派遣先企業のニーズ（業務内容、レベル、就業条件）に適した人を選出して、当人が了承したときに派遣します。

その派遣労働者の選出については派遣会社が一任されており、派遣先企業での採用試験はありません。

**マッチング***後、派遣先企業と派遣元（派遣会社）の間に「**労働者派遣契約**」が、また、派遣元（派遣会社）と派遣労働者（派遣スタッフ）の間には「**雇用契約**」が結ば

***マッチング**　派遣先企業からの依頼内容に基づいて、登録スタッフや常用社員の中から条件に合致する人材を選定して業務を依頼、交渉し、契約まで進めること。

れ、それらの契約期間中、派遣労働者は派遣先企業で働き、派遣先企業とは指揮命令関係になります。

つまり、派遣労働者（派遣スタッフ）は、派遣元（派遣会社）と雇用関係にありながら、実際の職場は派遣先企業という、**間接雇用**のかたちになります。給料は派遣元（派遣会社）から支払われ、勤怠管理を含む労務管理は派遣元（派遣会社）が行います。社会保険加入要件を満たす場合は、派遣会社の社員として社会保険に加入することになります。

さて、派遣会社が派遣先企業に請求する派遣料金と派遣労働者に支払う賃金は、派遣先企業での業務内容やレベルによって定められた、時間単価と実働時間をベースに計算されます。

後述するように、派遣の期間は担当業務や年齢などによって制限されますが、一日から長期まで様々です。なお、一人が同一組織単位で働ける期間には限度があり、派遣できる業務（派遣対象業務）も限られています。

この人材派遣事業には、次節で述べるように、二つのスタイルがあります。

**人材派遣の仕組み**

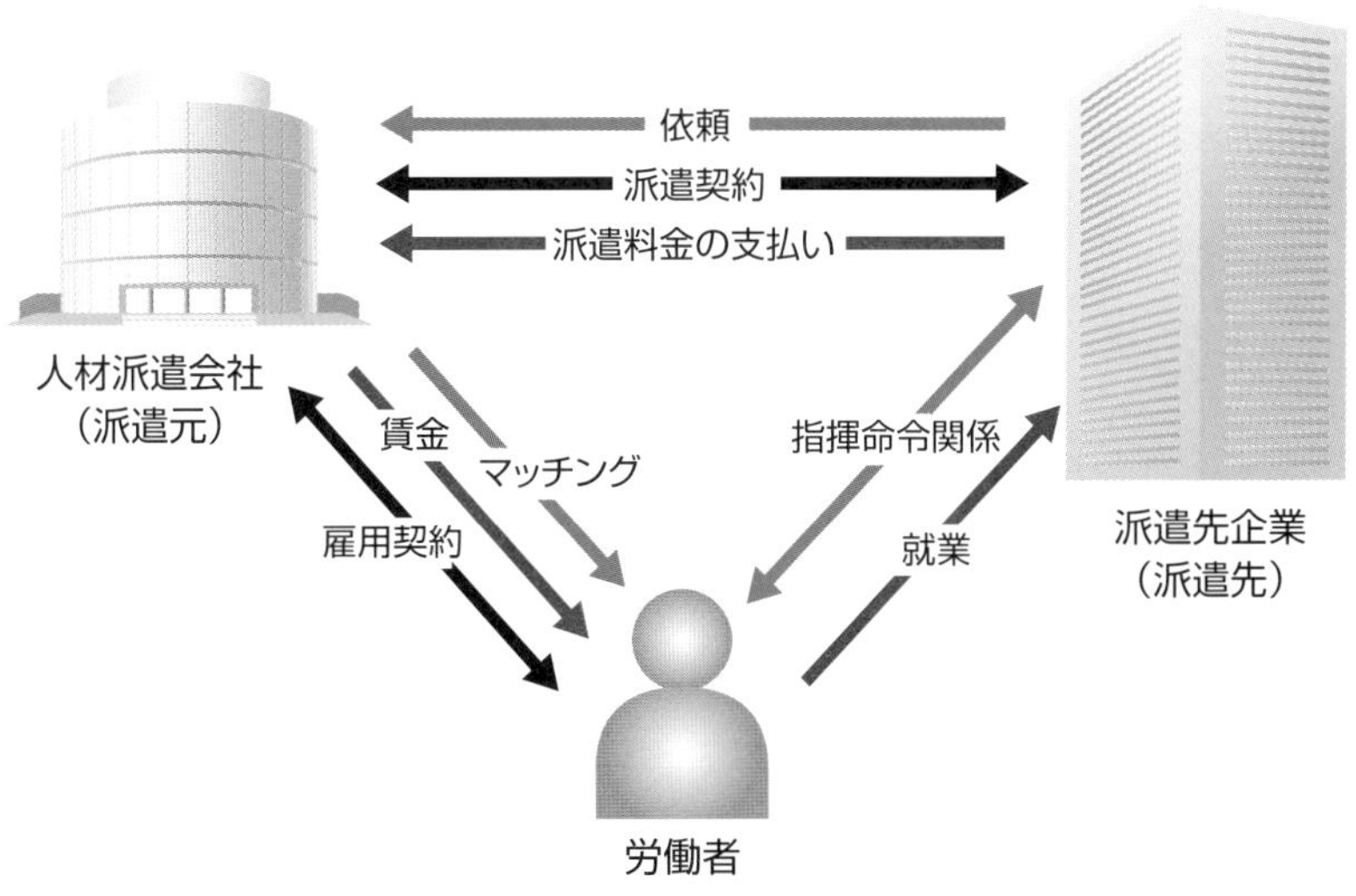

依頼
派遣契約
派遣料金の支払い
人材派遣会社
（派遣元）
賃金
マッチング
雇用契約
指揮命令関係
就業
派遣先企業
（派遣先）
労働者

# 2 人材派遣のスタイル

**二〇一五年の改正労働者派遣法により一般労働者派遣と特定労働者派遣の区別は廃止され、すべて厚生労働大臣の許可制となりましたが、二つのスタイルがあります。**

## 登録型(改正前の一般労働者派遣)

職業経験のある労働者(「新卒派遣」を除く)が派遣会社に登録し、派遣先企業のニーズに合致し、当人が応じた場合に一定期間、派遣されます。その契約期間のみ、派遣会社と雇用関係になります。

派遣会社に登録しても、必ず派遣されるという保障はありませんが、業務内容や就業条件を選択できるという自由度は高く、契約期間外は拘束されません。そのため、派遣スタッフの多くは、複数の派遣会社に登録しています。また、派遣スタッフは即戦力性と専門性を要求される場合が多く、最近は要求水準がより高まってきています。

賃金は、通常「時間給×実働時間」のみで、手当、賞与、退職金はありません。派遣会社や案件によっては交通費が支給されますが、これまでほとんどは派遣スタッフの自己負担でした。しかし、二〇二〇年の労働者派遣法改正点「同一労働同一賃金」により、交通費を支給するケースが増えています。労働時間などが社会保険加入要件を満たす場合は、派遣会社の社員として社会保険に加入します。

**本書では、主としてこのスタイルを取り上げます。**

## 常用型(改正前の特定労働者派遣)

労働者が派遣会社に無期雇用の派遣スタッフとして雇用され、派遣先企業に派遣されます。

＊**常用社員(常用雇用)** 期間の定めなく雇用されている者。一定期間を定めて、あるいは日々雇用されている者で、雇用契約の反復継続や日々の更新によって、事実上期間の定めがなく雇用されている者(過去1年を超えて引き続き雇用されている者、採用時から1年超の雇用契約が見込まれている者)。

**常用社員**＊を派遣することから、「**常用型**」と呼ばれます。派遣会社との雇用関係は退職まで無期限です。そのため、安定していますが、労働条件選択の自由度は低いといえるでしょう。賃金は月給のことが多く、手当、賞与があり、社会保険にも加入します。

以前は届出制だった、このスタイルが許可制となることで厚労省の監督が強化され、二つのスタイルの法的区分はなくなりました。

この「**許可制への一本化**」にあたり、新たな**許可基準**（キャリア形成支援制度、教育訓練等資料の三年間保存、契約終了時の解雇規定がないこと、休業時手当規定、安全教育実施などの追加）が設けられました。現在は、一本化へのスムーズな移行のための経過措置も終わり、許可制は定着しました。

新たな許可基準による許可制が悪質な事業者を減らし、派遣労働者の保護、キャリア形成支援につながるかは今後の運営次第でしょう。

厚生労働省や人材派遣協会の統計データは二〇一八（平成三〇）年分から一本化され、必要に応じて「有期」「無期」と区分しています。

**登録型労働者派遣と常用型労働者派遣との違い**

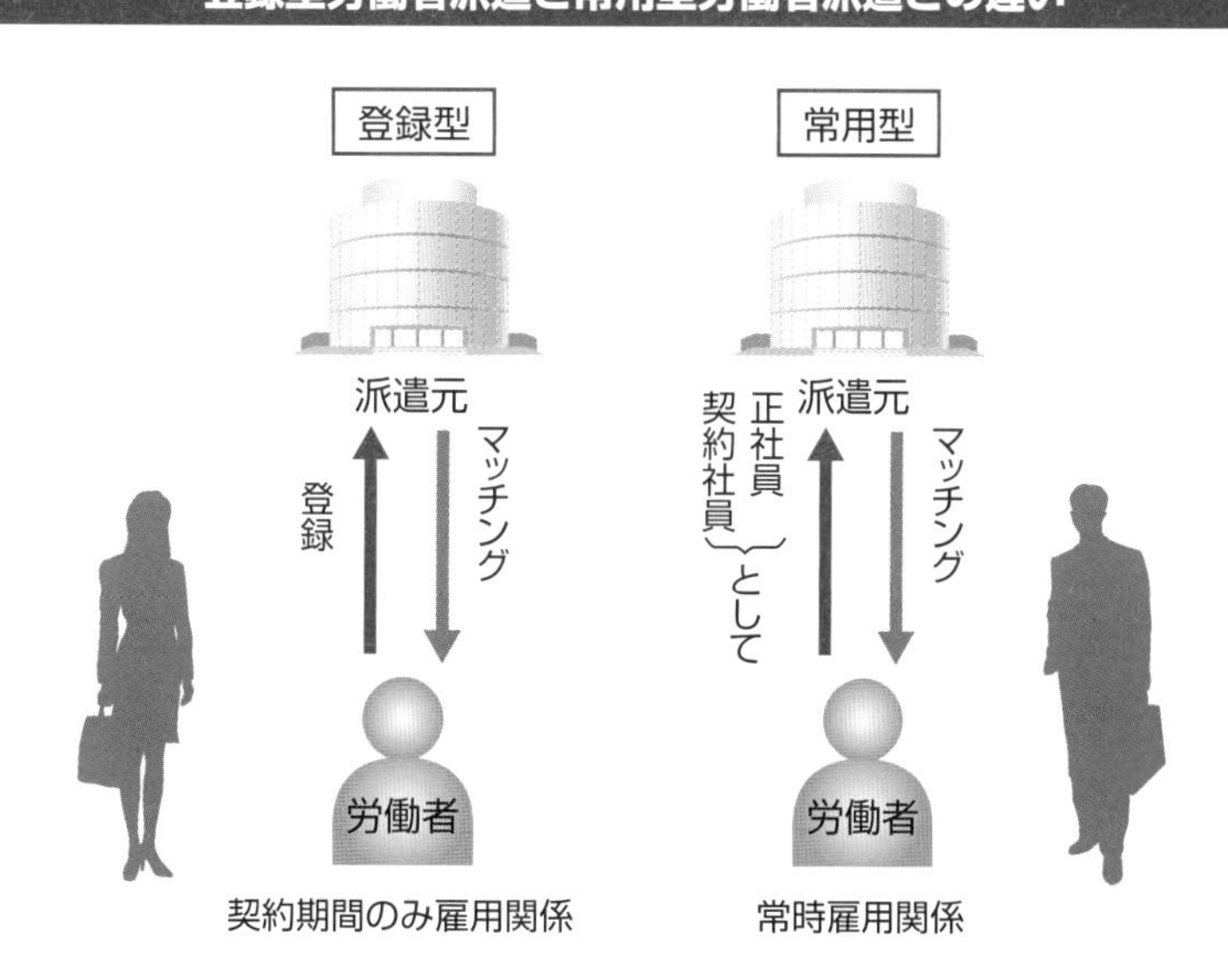

3

他の人材ビジネス①

# 人材紹介（有料職業紹介）

**企業からの求人と、労働者からの求職の申し込みを受け、その斡旋をする事業が「職業紹介」で、無料職業紹介事業と有料職業紹介事業とがあります。有料職業紹介、いわゆる「人材紹介」から説明します。**

## 有料職業紹介事業

無料・有料を問わず**職業紹介事業**は、登録、求職の申し込みが紹介を保障するものではなく、紹介されてもその後、応募するもので、採否はその結果次第です。

さて、多くの民間職業紹介機関は、求人企業に対し、そのニーズに適した求職者を有料（紹介手数料、斡旋手数料）で紹介、斡旋する**有料職業紹介事業**（厚生労働大臣の許可要）で、通常は**人材紹介**と呼ばれています。その手数料の算定法には上限制*と届出制*とがあります。

人材紹介会社は職業安定法に基づき、紹介してはならない職業（港湾運送、建設）以外の職業紹介を行います。有料といっても、求職申し込みや登録は基本的には無料です。例外として、求職者が芸能家、モデル、経営管理者、科学技術者、熟練技能者なら、要件*はありますが紹介手数料を請求でき、求職受付手数料*を徴収できる職業もあります。ですが、現実的には、ほとんどの求職者は無料で利用できることになります。

人材紹介では、雇用契約が結ばれて初めて求人企業から紹介手数料が支払われるため、売上は**成功報酬型**ともいえます。一番多い登録型の人材紹介会社では、届出制で紹介した労働者の年収の平均三〇％を手数料として請求しています。ですから、本来は専門性、即戦力性の高い実務能力が求職者に要求されます。また、だからこそ転職後の年収も、求職者の前職の年収も高額で、いままでは中高年者が主流でした。

しかし、最近は要求される実務能力が多様化し、要

＊**上限制**　求人申し込み1件に690円を上限とする求人受付手数料と最高限度額を定めた紹介手数料を徴収する仕組み。

＊**届出制**　厚生労働大臣に届出した手数料表の額を徴収する仕組み。多くの人材紹介会社が採用している。

求水準、年収層、年齢層が拡大され、専門性がさほど高くない、経験の浅い求職者や新卒者も紹介しますから、手数料も幅が出てきました。さらに、新卒で就職した直後から数年後の転職に備え、人材紹介会社に登録する人もいます。

通常、人材紹介会社でマッチングをする社員は**コンサルタント**と呼ばれ、専任で行う場合と求人開拓を兼務する場合とがあります。このコンサルタント職は、職業経験や前職での立場、ネットワークを活かせる職業であり、定年退職後の人事経験者や大手企業OBが多く採用され、年齢層も高い傾向があります。

また、多くの派遣会社が「**紹介予定派遣**」を実施するため、この有料職業紹介の許可を取得しています。

この人材紹介会社には、求職者、転職希望者対象の一般的なタイプ「**登録型**（人材バンク型）」と、主として在職者対象の引き抜き、**ヘッドハンティング**に代表される「**サーチ型**（スカウト型）」、雇用調整企業の在職者、退職者対象の人材紹介と再就職支援サービスの融合型である「**アウトプレースメント型**」とがあります。

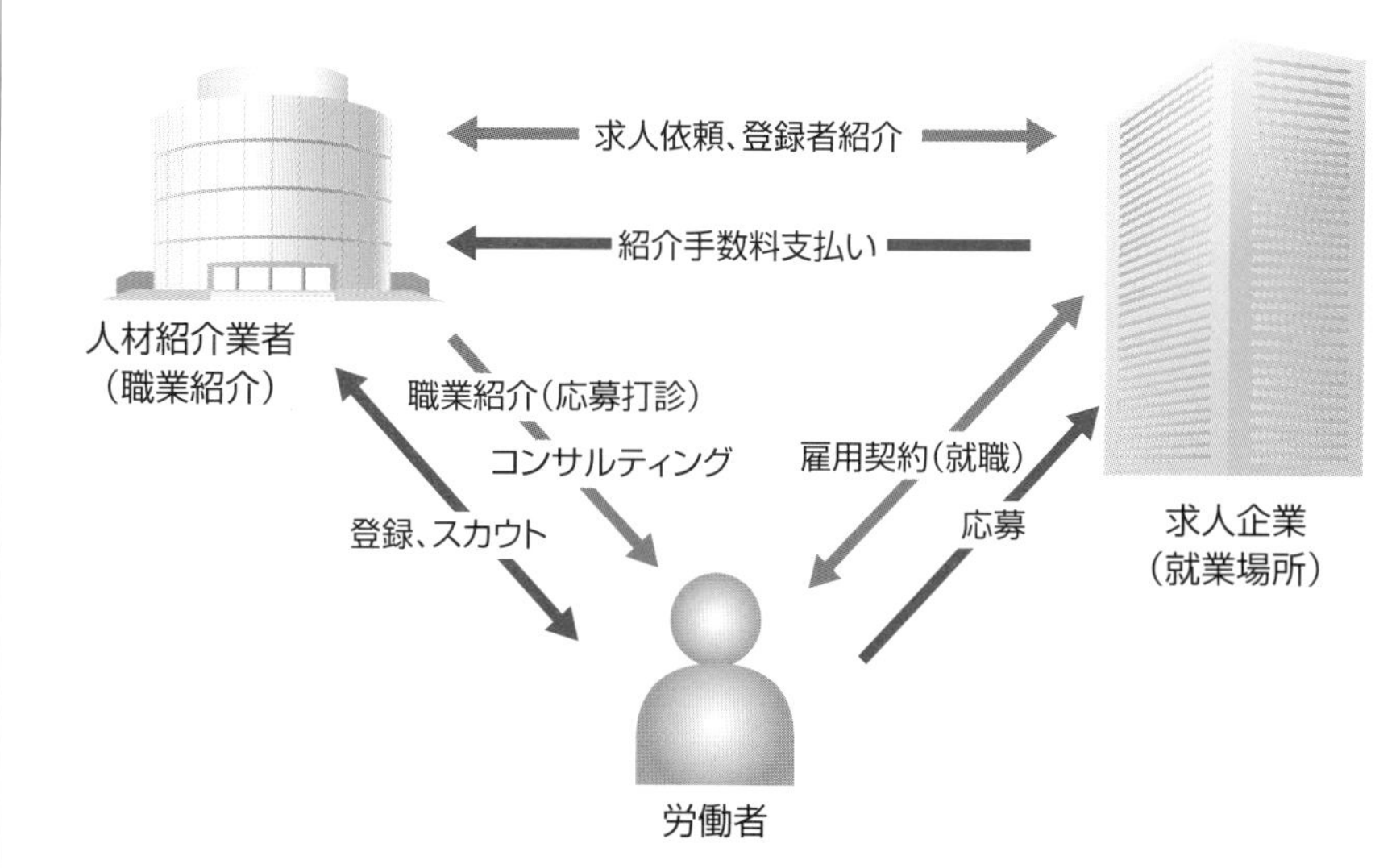

＊**要件**　経営管理者、科学技術者、熟練技能者については、紹介によって就職したこれらの職業にかかわる年収が700万円超の場合に限る。

＊**求職受付手数料**　芸能家、家政婦（夫）、配ぜん人、調理士、モデル、マネキンの職業については、求職申し込み時に、当分の間690円を上限として徴収できる。

4

他の人材ビジネス②

# 無料職業紹介と再就職支援

多くの無料職業紹介は人材ビジネスではありませんが、求職者を求人企業に無料で紹介する事業です。また、再就職支援事業では、本来、職業紹介は行いませんが、職業紹介と密接な関係があります。

## 無料職業紹介事業

無料職業紹介事業は、従来は**公共職業安定所**（**ハローワーク**）が行うものでしたが、現在は特別の法律で設立した法人（商工会議所、事業協同組合など）、地方公共団体や学校（学生、生徒対象）ならば厚生労働大臣への届出のみで行うことができます。ただし、一般の事業者が行うには厚生労働大臣の許可が必要です。

また、有料職業紹介事業と違い、取り扱う職業に制限はありません。

近年、地方公共団体はハローワークとの連携で雇用対策事業を行う、あるいは、職業紹介事業者に職業紹介を委託することが増えました。

## 再就職支援（アウトプレースメント）

再就職支援サービスは、主として企業から依頼され、その企業の社員の転職、出向、独立の支援をするものです。企業が雇用調整を行う際、その再就職支援サービスの提供自体を、希望退職制度応募の条件の一つとして提示します。通常、社員一人あたりの単価と支援期間などの条件を定めて契約します。

そのサービスを行う再就職支援会社*は、本来、職業紹介は行わず、カウンセリング、コンサルティング、研修による後方支援を行いますが、紹介会社などと連携しています。近年は、職業紹介の許可を得て、会員（依頼先企業の退職者）のみに職業紹介を行うことが多くなりました。

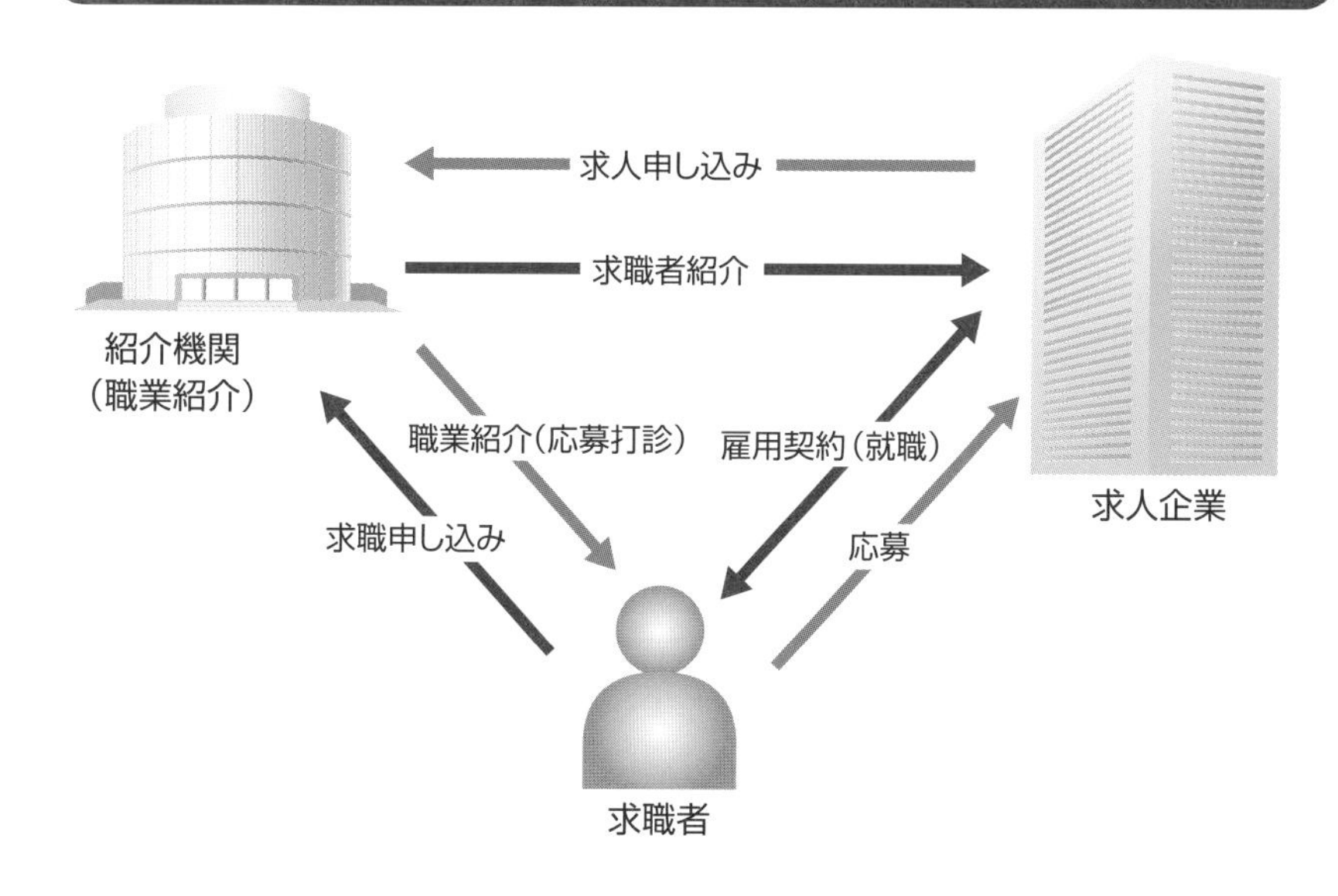




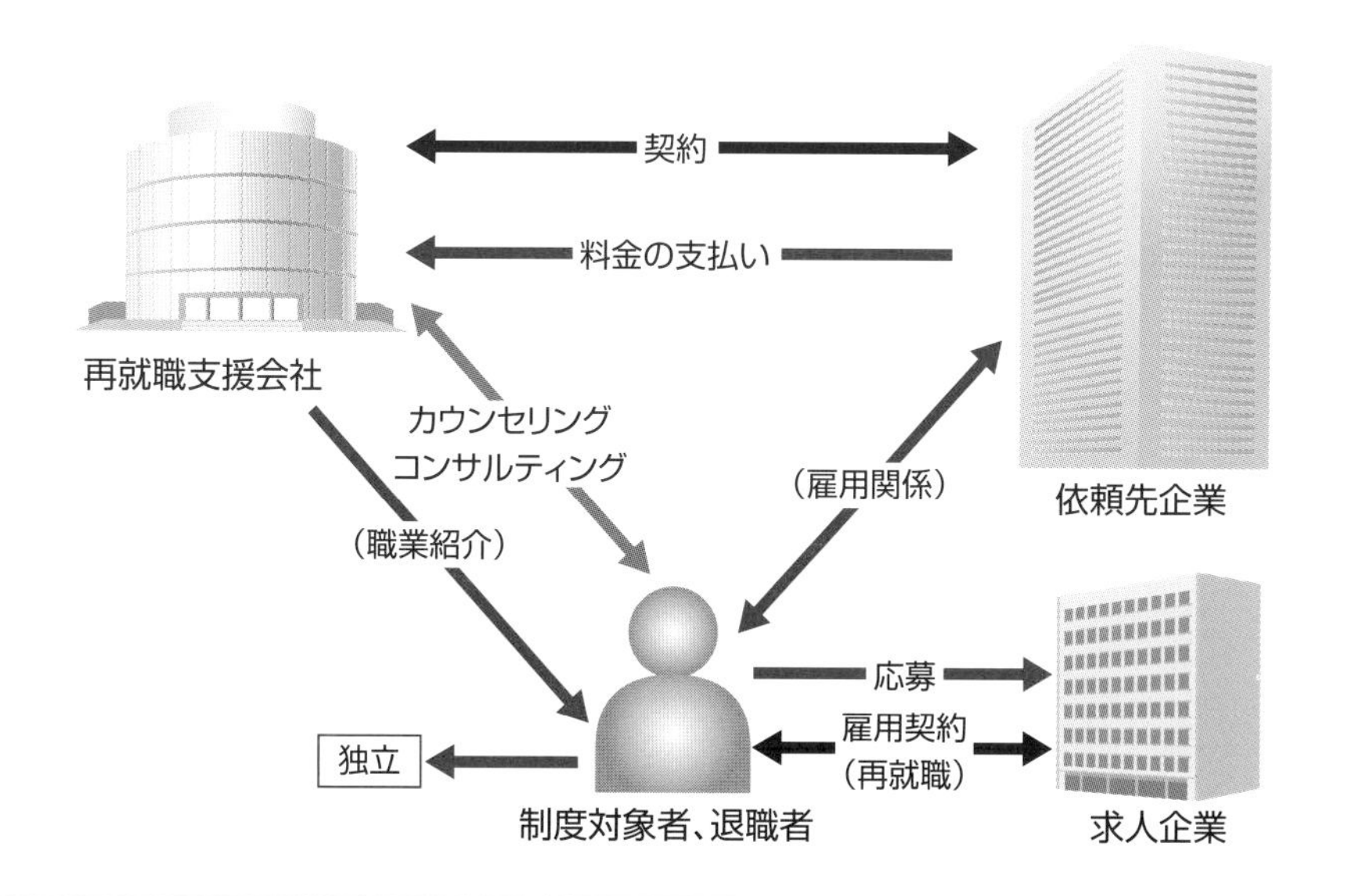

**【再就職支援会社】**最近では、企業以外に、雇用対策を実施する地方自治体など、公的機関から受注することが多くなった。緊急雇用対策事業などの一時的再就職支援、就職支援の一環として、または公的職業相談機関や無料職業紹介機関でのキャリア・カウンセリングや、再就職支援セミナー運営、講師を務めるなど、広範囲になっている。

# 5 他の人材ビジネス③ 請負

**企業から事業や業務を受託するサービスで、外注、業務代行、業務請負とも呼ばれています。人材派遣と混同されがちな形態で、競合でもあります。**

## 請負の要件

**請負**（**アウトソーシング**）においては、注文先企業と請負業者との間に「**請負契約**」が、請負業者と労働者との間に「**雇用契約**」が結ばれます。実際の就業場所が注文先企業である場合でも、人材派遣と違い、指揮命令関係は請負業者と労働者との間にあります。

少人数で行う専門的業務から、大量の労働力が必要である、それほど専門性が要求されない業務まで、様々な業務を請け負います。「物の製造の業務」いわゆる製造業務に、この請負が多く活用されています。

しかし、建設業務などの法律上、派遣できない業務には、請負を装って派遣する、いわゆる**偽装請負**によるものが少なくありません。この場合、当然違法となり、注文先企業（実際には、派遣先）と受託企業（実際には派遣元）とも、責任を問われます。

この偽装請負を排除するために、厚生労働省では、「**派遣と請負の区分基準**」を告示しています。次の項目すべてを満たしたものが「請負」となります。ただし、いずれにも該当する場合でも故意に偽装し、労働者派遣を行う場合は「派遣事業主」とみなされます。

①雇用関係にある労働者の労働力を自ら直接利用することを前提として、労働者に対して業務の遂行方法や評価に関して指揮命令し、管理を自ら行うこと。

②労働時間などに関する指示、その他の管理を自ら行うこと。

③服務規律や配置など、企業における秩序維持、確保

のための指示、その他の管理を自ら行うこと。
④資金は、自らの責任の下、調達し、支払うこと。
⑤業務の処理に関する、事業主としての法律上の責任をすべて負うこと。
⑥単に肉体的な労働力を提供するものでなく、必要な機械、設備、材料などは、自ら調達して、業務を行うこと。あるいは、自らの企画、または自己の専門的な技術や経験に基づき、業務を処理すること。

二〇〇四年の「物の製造の業務」への人材派遣の解禁後は、「派遣切り」問題等からの一時的な「製造業務の派遣原則禁止」を経て、現時点では製造業務請負と製造業務への派遣が混在しています。

このように、請負業者も派遣業者も、同業他社との競合、他の人材ビジネスとの競合とともに、労働者派遣法の行方に大きく影響されているのです。

近年は、個人にクラウドワークや配送を仲介する業者が注目され、個人の請負業者が急増しています。

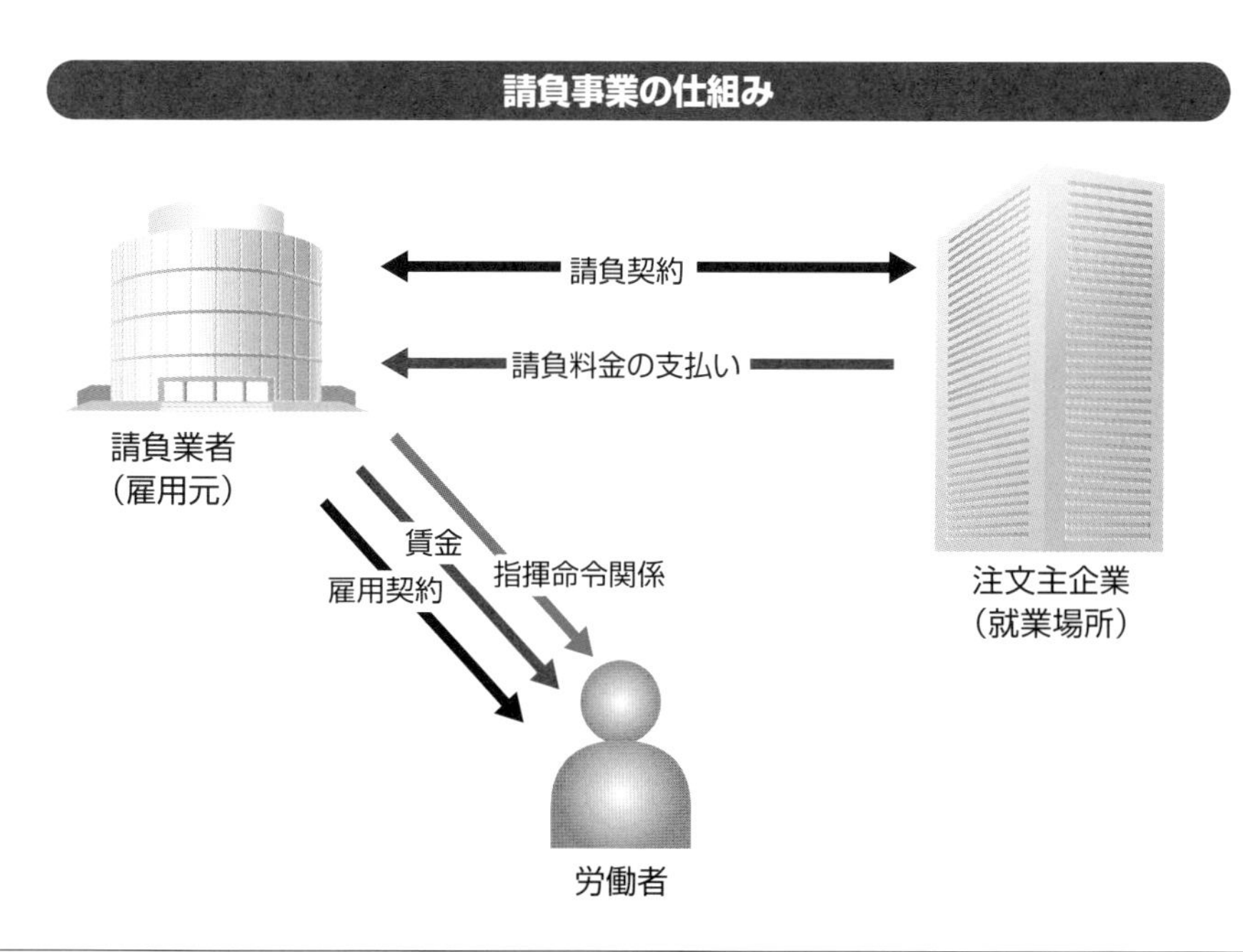

# 6 労働者供給事業の原則禁止

**「人材派遣」や「請負」は、労働組合などが厚生労働大臣の許可を受けて無料で行う以外は原則禁止されている（職業安定法第四四条）「労働者供給事業」と誤解されやすいものです。**

## 労働者供給事業

**労働者供給事業**とは、供給契約*に基づいて、労働者を他人の指揮命令を受けて労働に従事させること、つまり、自ら雇用しているのではない労働者を他人に供給して、その指揮命令により仕事をさせ、利益を得ることです。**ピンハネ業者**ともいわれ、受入側にも罰則があります。禁止されている派遣形態である**二重派遣**も、この労働者供給事業に該当します。

労働者供給事業を行う者による強制労働、労働者との支配従属関係、中間搾取の弊害が生じやすいため、原則禁止となっているのです。労働者の基本的権利を守るためといえるでしょう。

しかし、労働組合は、そもそも労働者が主体となり、自主的に労働条件の維持改善や社会的、経済的地位の向上を図る組織なので、それらの弊害がほとんど生じません。そのため、例外的に認められています。

また、労働組合などが自ら労働者供給事業を行うことで、それらの弊害の発生しやすい環境、慣習を削減し、違法かつ悪質な労働者供給事業者を排除する効果も期待されています。

この原則禁止を定めた職業安定法違反を免れるべく、「人材派遣」や「請負」を偽装*する業者も存在しますが、すべて実態をもって判断されます。

正しい理解が、それぞれの権利を守ることにつながるはずです。

次に挙げる二種類のスタイルとも労働者供給事業に該当します。

用語解説

＊**供給契約**　供給元が供給先に労働者を供給し、供給先と労働者が雇用関係、または指揮命令関係になることを約束する契約の総称。決まった形式はなく、文書でも口頭でも契約は成立する。

## 労働者供給事業とみなされる形態

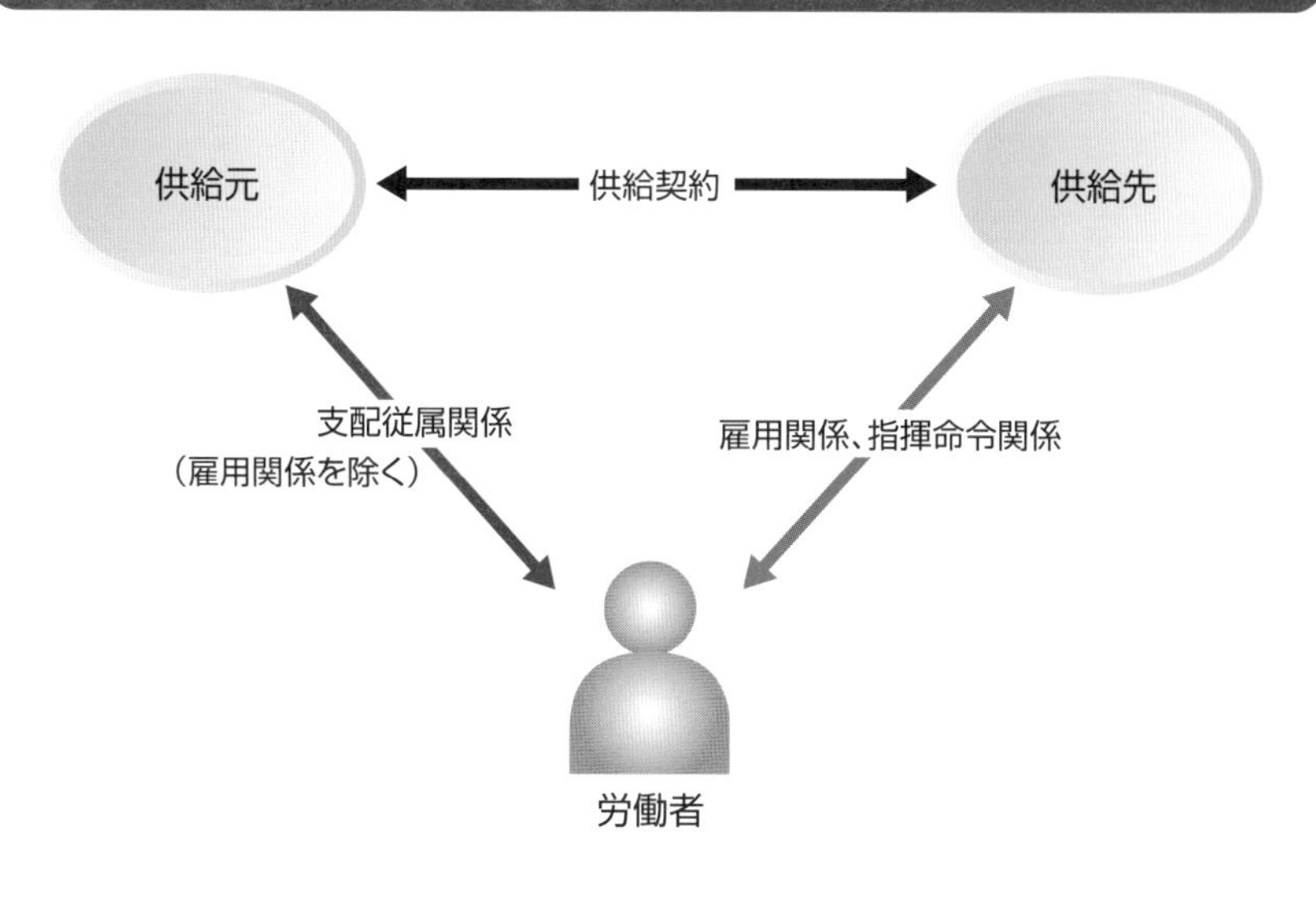


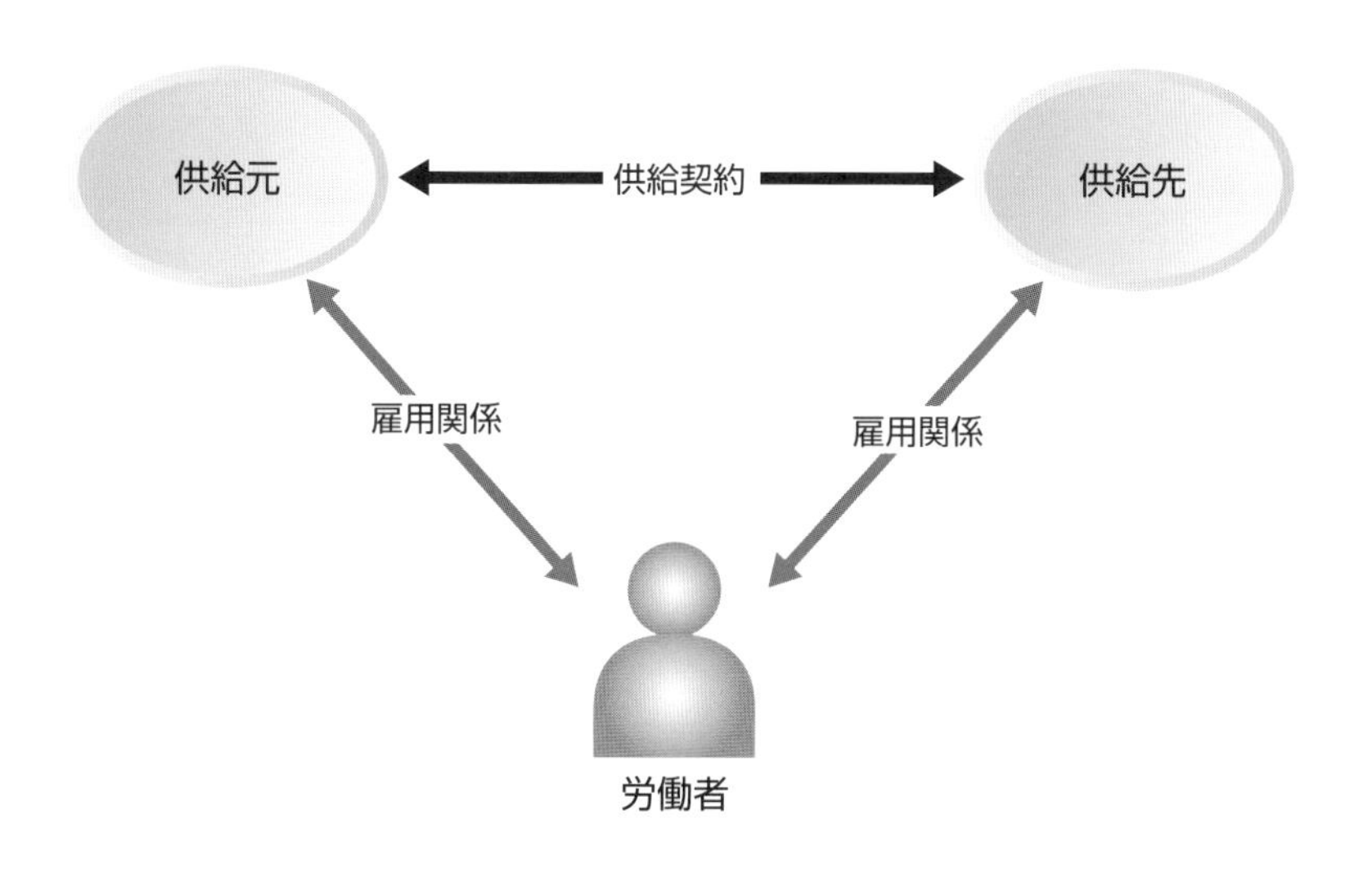

**【…を偽装】**偽装する業者がいるために、「人材派遣」をこの違法業者（ピンハネ業者）と誤解する人も少なくない。「人材派遣」と似た形態や「偽装請負」と共に、多くの人の正しい認識が不可欠。

7

# 紹介予定派遣

**派遣スタッフと派遣先企業に対して、職業紹介を行うことができる制度です。両者が直接雇用を希望する場合、両者にとってメリットの多いシステムです。**

## 紹介予定派遣とは

**紹介予定派遣**は、派遣契約満了時またはその前に、派遣スタッフがその派遣先企業で正社員、契約社員として勤務することを両者が了承すれば、直接雇用されることを前提としてスタートする派遣契約のことです。

つまり、人材派遣から人材紹介へ、間接雇用から直接雇用へ変化する可能性がある派遣形態で、就職、再就職の手段ともいえましょう。これは企業と求職者（派遣スタッフ）とも、定着が可能かどうか派遣期間中に試せる、お互いにとってのトライアルなわけですから、ミスマッチや不安の解消にもつながる制度です。

この紹介予定派遣を行うためには、労働者派遣事業と有料職業紹介事業の両方の許可を得なければなりません。そのため、当初から両方の許可を得る事業者や紹介部門を新設する派遣会社が増えています。いまや紹介予定派遣に対応できることが、派遣会社でも当たり前になったのです。

紹介予定派遣を行う場合は、あらかじめ、紹介予定派遣であることを派遣スタッフに明示してスタートしますが、同じ派遣スタッフの派遣期間は六カ月以内とします。あくまで、派遣先企業と派遣スタッフの両者の意思によって決定されるもので、直接雇用に至らない場合があることも両者に明示しなければなりません。

## 紹介予定派遣の留意点

結果的に、派遣先企業が直接雇用をしない場合は、その派遣スタッフの求めに応じ、派遣会社はその理由を派遣先企業に確認して、派遣スタッフに書面などで明示しなければなりません。

一方、直接雇用に至る場合に、派遣スタッフ、派遣先企業、派遣会社の三者が合意すれば、当初の派遣期間を短縮し、派遣スタッフと派遣先企業とが雇用契約を結ぶことができます。その際、短縮した期間に応じた紹介手数料について定めてあれば、派遣会社はその手数料を徴収してもかまいません。求人・求職の意思確認の時期と人材紹介の時期は、三者が合意すれば、早めることができるのです。

なお、紹介予定派遣では、その特質上、通常の人材派遣と違い、面接、試験、履歴書の提出などによって派遣スタッフを**特定**することができます。

そして、当初から紹介予定派遣としてスタートした場合でなくとも、その派遣期間中に、派遣スタッフ、または派遣先企業の求めに応じて、求人条件の明示、求人・求職の意思確認をすることができ、採用内定もできます。つまり、両者が人材紹介に切り替えることを希望すれば、紹介予定派遣として契約を変更し、対応するわけです。

**紹介予定派遣の流れ**

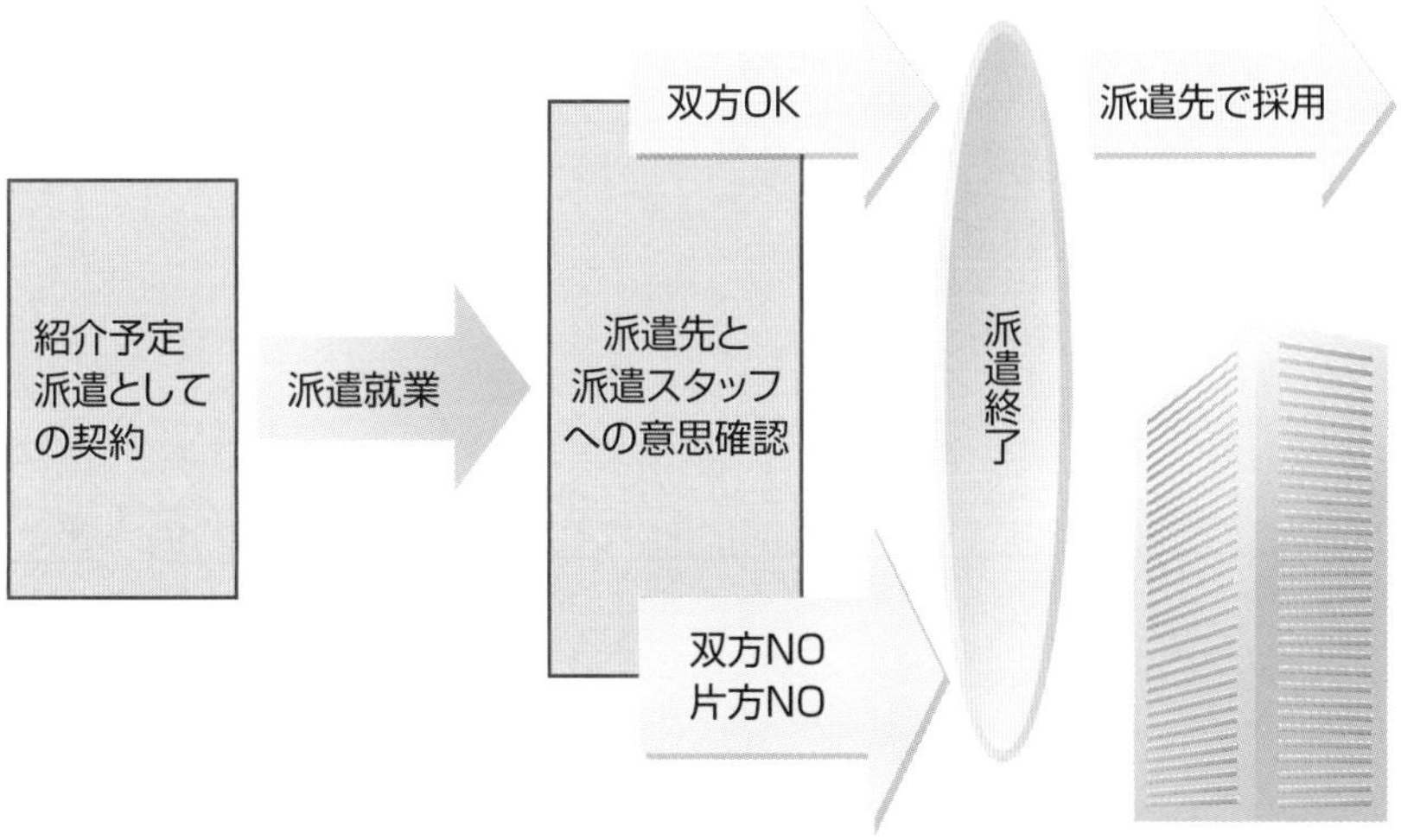

# 8 他の人材ビジネスとの共通点、相違点

**人材派遣事業と他の人材ビジネスとでは、共通点と相違点があります。ここでは、それらのポイントについて見ていきます。**

## 人材派遣と他の人材ビジネスとの共通点

どの人材ビジネスにおいても、クライエントである企業も、労働者も「人」です。そのため、以下の点でも共通しています。

①求職者、登録者、対象者の知識、技術、経験、能力、性格や希望就業条件、希望職種を把握する。
②求人企業、派遣先企業、注文先企業のニーズ（担当業務内容、要求レベル、就業条件）を把握する。
③マッチングの際、実務能力だけでなく、職業適性、職場適性にも配慮しなければならない。
④条件が折り合わない場合は、企業と労働者双方に条件の緩和、譲歩を依頼、交渉する。
⑤カウンセリングスキル、コンサルティングスキルが必要である。
⑥状況に応じて、臨機応変に、柔軟に対応しなければならない。
⑦様々な業種、職種、資格、業務遂行スキル、会社組織についての知識が必要である。
⑧労働基準法、職業安定法などの労働関連法規についての知識が必要である。
⑨個人情報保護の知識と姿勢、守秘義務が不可欠。
⑩雇用環境や人事制度についての知識が必要である。

したがって、担当者には、何らかの職業経験、勤務経験があることが望ましく、高年齢や転職経験が必ずしもネックとはなりません。

相違点は次ページのとおりです。

## 人材派遣と他の人材ビジネスとの相違点

### Ⅰ 案件の責務の終了

・人材派遣、請負…契約満了時

・人材紹介、再就職支援…雇用契約（再就職、転職確定）締結時

### Ⅱ 求職者、登録者のスキルアップ支援、カウンセリングおよびコンサルティング

・人材派遣、人材紹介…雇用契約の可能性のある人や、雇用関係にある人の方が優先順位が高くなりがち
（個人的に申し込める）

※人材派遣はキャリアアップ措置（2015年改正派遣法）により機会増大

・再就職支援…会員すべての人を対象
（個人は申し込めない）

### Ⅲ 雇用関係

・人材派遣、請負…労働者と一時的、または無期限に雇用関係にある

・人材紹介、再就職支援…雇用関係なし

# 9 いまこそ人材派遣の歴史に学ぶ

**これから業界に参入する、あるいは業績拡大を目指すときには、なぜ人材派遣のシステムが生まれたのかの歴史を分析することも必要です。**

## 人材派遣システムの誕生

一九四七年、アメリカで初めて人材派遣システムが登場しました。弁護士事務所事務員の病欠補充にOG*を起用して成功したことから、現在のマンパワー社が生まれたのです。このシステムは、「一時的に、臨時に」必要とされる業務を遂行することから、**テンポラリーサービス**(Temporary* Service)とか**テンポラリービジネス**(Temporary Business)と呼ばれました

日本では、一九六六年にアメリカのマンパワー社がマンパワー・ジャパンを設立。外資系会社への、事務職派遣を中心にシステムを拡大していきました。

では、日本企業はどのように生まれたのでしょうか。

まず、欧米での派遣市場を目の当たりにした篠原欣子氏が出産、育児後も働き続けたい女性のニーズに応えて一九七三年、事務処理サービス業、テンプスタッフ(現パーソルテンプスタッフ)社を設立しました。その三年後、南部靖之氏が、学生時代に運営していた学習塾の生徒の母親が、そのキャリアやスキルを活かせていないことから、塾講師の学友と共に設立した会社がテンポラリーセンター(現パソナ)です。後年、「一時的、臨時」ではなく、企業、労働者の恒久的なパートナーとして、「人」にまつわる仕事すべてを行う意味で、現在の社名「パソナ(人を表すPersonaから)」に変更しました。

このような事業展開があっても、法的に認知され、現在のシステムに整備されたのは、一九八六年七月の労働者派遣法施行後のことです。

＊OG　その会社や組織を辞めた女性。元男性社員を指すOBから派生。
＊Temporary　「一時的」、「臨時」の意。

その後、日本でも急速に人材派遣業界は伸びていきました。さらに、技術革新、人事制度改革、規制緩和や労働者のライフスタイル、価値観、就労観の多様化が、その成長を加速化する一方、問題も発生し、いまもなお変化を余儀なくされています。

## 歴史は単なる過去ではなく、ニーズのヒント

さて、後述するワンストップサービス*や他社の吸収合併による最大手の巨大化、サービスの多様化、新たなサービスの登場が相次ぐ現在、歴史を振り返る意味は何でしょうか。

シンプルに捉えれば、マンパワーは派遣先企業のニーズから、テンプスタッフ、パソナは派遣スタッフのニーズから誕生したのです。いずれも身近なところにニーズを発見し、それをビジネスチャンスと捉えたのです。

これらの歴史には、派遣ビジネスの原点があり、それは今後へのヒントになるといえます。

その意味から、現在、派遣会社を運営、管理している人も、原点に立ち返る必要があるでしょう。



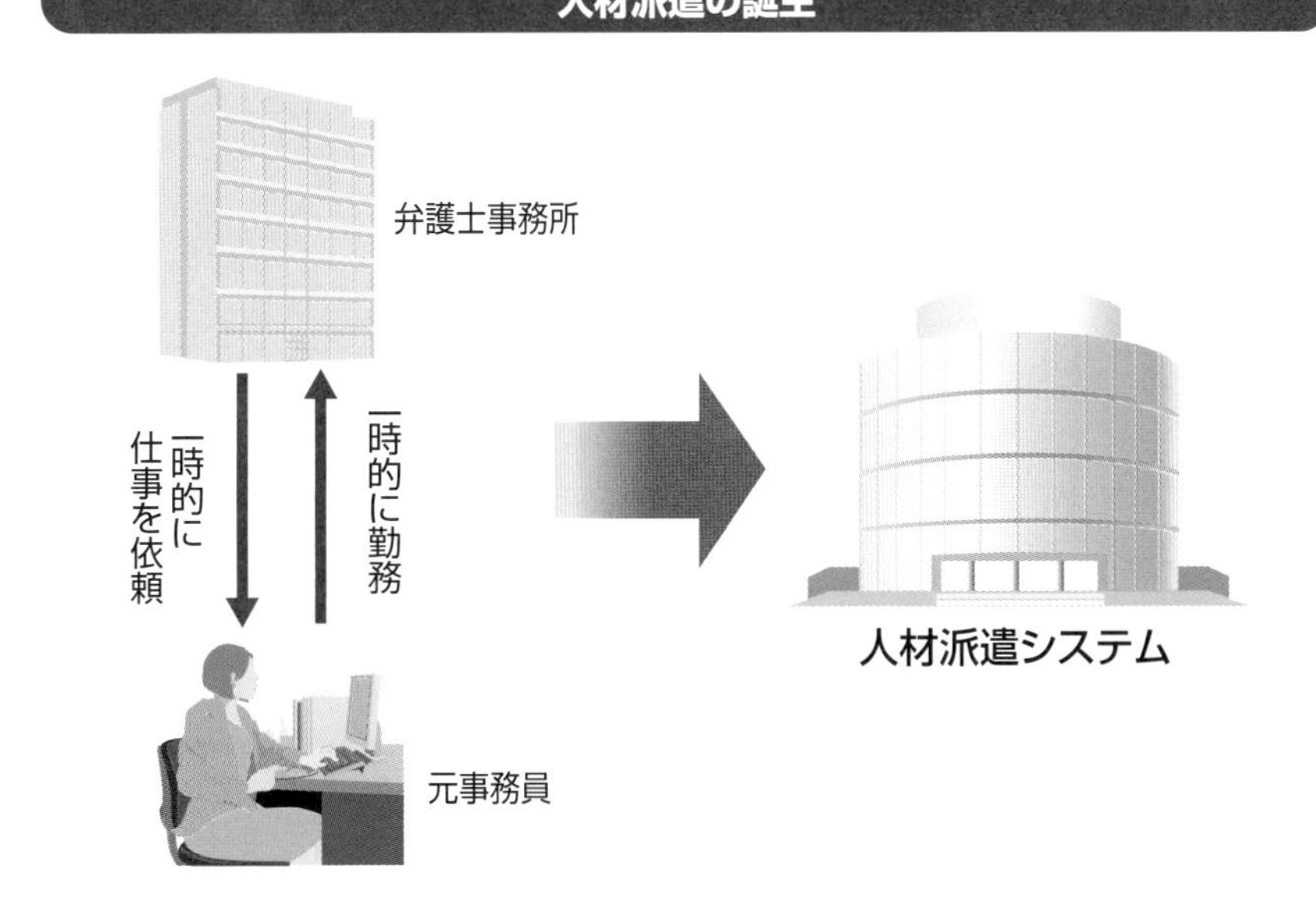

＊ワンストップサービス　1ヵ所でその分野のあらゆるサービスが受けられること。

# 10 ワンストップサービスとグローバル化

人材派遣のいま①

**度々の労働者派遣法改正には規制緩和と規制強化の両側面があり、複合的サービスや新分野への派遣、新しい形態の派遣が生まれました。**

## ワンストップサービス

**労働者派遣法**は、人材派遣システムの整備と法的認知をもたらしましたが、一方で派遣対象業務や派遣契約期間などに制限を設けました。そのため、派遣労働者の保護や悪徳業者減少に一定の役割を果たしましたが、労働者や企業の多様なニーズに応えきれていませんでした。そして、その後の度重なる労働者派遣法の改正による規制緩和と規制強化によっても、それらが解決されませんでした。

その応じきれない多様なニーズと社会の変化に対応し、利便性を高めるため、人材派遣会社としてスタートした大手の多くは、**フルラインサービス***を実現しています。人材派遣、人材紹介、就職支援、再就職支援、アウトソーシング、人材育成などを複合的に行う人材総合サービス会社として、企業と労働者双方に対してワンストップサービスを提供しているのです。**ワンストップサービス**は、「雇用」「就業」や「キャリア形成支援」の関連事業すべてに対応できる、ということでもあり、行政の雇用対策事業*を請け負うことも多くなりました。

また、小規模事業所でも、対象層や取り扱い業務をある程度制限してのワンストップサービス化が進んでいます。紹介予定派遣を実施するため、結果的に紹介業を兼業する小規模派遣会社が増えてもいます。

## 国際化する市場

人材派遣業界は、経済のグローバル化や人材の流動

＊**フルラインサービス**　その分野のあらゆるサービスを実施すること。

＊**雇用対策事業**　中高年の離職者、新卒者、若年求職者、フリーター、ニートなど、すべての求職者を対象とする。セミナーの開催、支援機関の設置、キャリア・カウンセリングなど。

化、就労意識の変化に伴い、海外へも市場を拡げています。それは、海外に拠点を持つ派遣先企業の派遣会社集約の動きもあってのことです。人員の確保から管理までを一社に任せ、人件費の削減、業務効率化と生産性向上を目的とした依頼が増えているのです。

この場合、要望のある海外地域に拠点がなければ受注できないという制約があるため、大手派遣会社では、全世界を網羅した拠点を設けています。それは同時に、海外在住の労働者のニーズを満たしています。

逆に、外国人労働者の日本国内での派遣に特化した取り組みも生まれています。

また、外国人留学生やUターン希望の外国人技術者を対象とする帰国後の支援など、人材紹介との連携で新しい展開があります。

さらに、外国人労働者や帰国した日本人労働者に対しても、ＡＩ技術者を主とするＩＴ人材の需要が拡大しています。

ですが、海外も国内もコロナ禍により新たな局面を迎え、柔軟性が求められています。

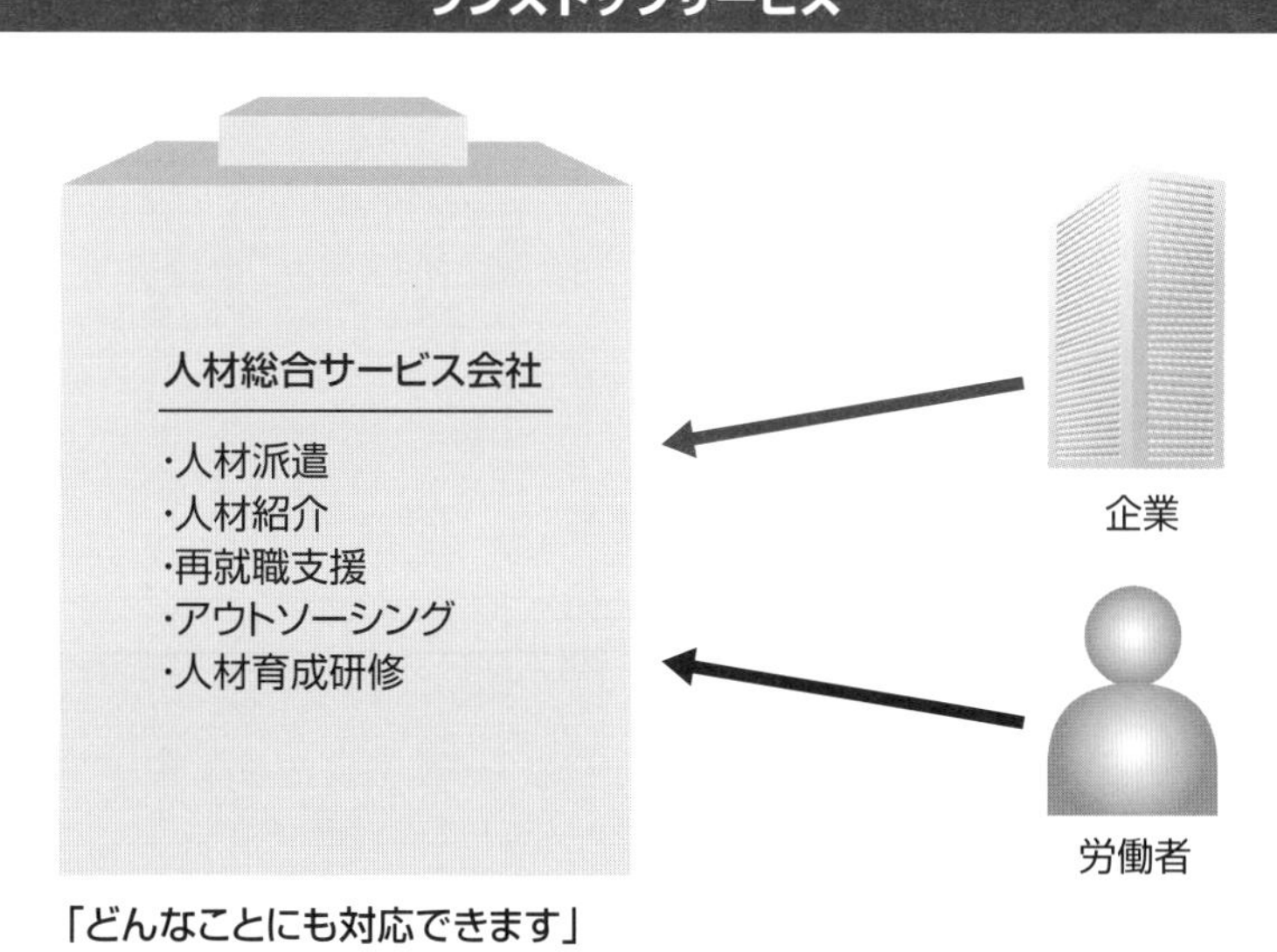

人材派遣のいま②

# チャレンジとリベンジを応援する

## 11

**以前は一般的ではなかった「新卒派遣」は新卒者の働き方、就職法としても、定着しつつあります。また、その新卒者や既卒者、第二新卒者を含む、若年者対象の人材派遣に注力する派遣会社も増えてきました。**

## 新卒派遣とは

人材派遣は、本来、職業経験があり、即戦力性と専門性を持つ人材を企業に派遣するもので、以前は、新卒者派遣はあり得ませんでした。

ですが、新卒者の就職率低下やミスマッチ不安などから、派遣会社でのスキルアップ研修受講後の新卒者を低料金で派遣する**新卒派遣**が、一九九五年、パソナの新制度として誕生しました。

以後、各社で盛んになりましたが、新卒者の**内定ブルー**の増加や**紹介予定派遣**の確立によって、その内容は、新卒者を派遣して完了するものと新卒者を対象とする紹介予定派遣とに二分されました。そして、いまや、新卒派遣といえば、新卒者紹介予定派遣を意味するほど、紹介予定派遣の割合が高くなりました。

さらに、新卒者の中には、正社員として内定したにもかかわらず新卒派遣の道を選ぶ人さえ出てきました。就職の一つの手段としても定着し始めているのです。

## 既卒者と人材派遣

近年、新卒採用時に就職できず、卒業後数年間、就職浪人する、アルバイトで生活する、いわゆる**既卒者**が増加しています。就職活動中、あるいは、就職活動の一段階としてのフリーターともいえます。

その問題解決のため、国や地方自治体は**未就職卒業者***対象の職業訓練、職業紹介の枠を広げて、既卒者の就職支援を行っています。同時に、大学卒業後三年以内の既卒者を新卒枠で採用するよう求人企業に要請

用語解説

*未就職卒業者　学校を卒業して1年未満で、正社員として就職していない人。

し、企業も門戸を広げつつあります。

一方、各派遣会社は既卒者(大学卒業後三年程度まで)対象の研修付き人材派遣、紹介予定派遣を充実させています。既卒者を自社で雇用し、教育後、職業紹介する派遣会社もあります。

## 第二新卒者と人材派遣

大学卒業後、数年の正社員としての職業経験を積んだ離職者、転職希望者を通常、**第二新卒**といいます。その対応策として、第二新卒派遣や第二新卒者を対象とする紹介予定派遣もまた増加しています。

短期間であれ、社会人、職業人としての経験は現実認識、基本的職業能力の修得、意欲の向上につながり、新卒者とは差別化できるからです。

中には、新卒時に第一希望の企業や職業に就けず妥協して就職したので、再挑戦する、いわゆる**リベンジ転職**者もいます。直接雇用、正社員より、間接雇用、派遣労働をと転換する人や、ミスマッチだったので今度こそはベストマッチをと考える人もいます。

いわば、転職支援ともなっているのです。

**新卒者、既卒者、第二新卒者と人材派遣**

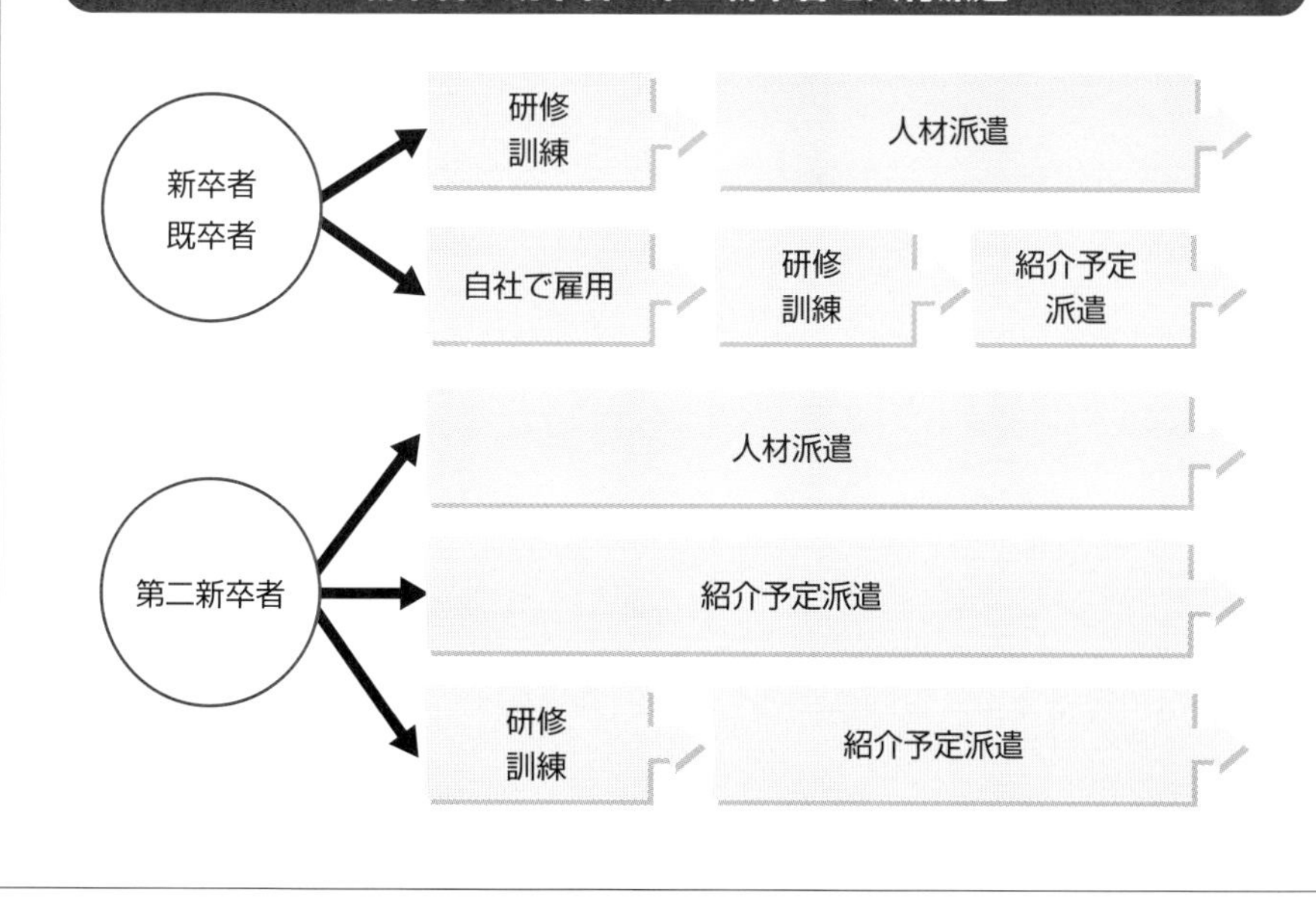

人材派遣のいま③

# 12 キャリア形成支援と育成型派遣

人材派遣は、在学中の生徒、学生に対するキャリア形成支援にも関わっています。また、ニーズの多い、専門的なスキルを習得させた上で派遣するスタイルも増えてきました。

## キャリア形成支援

最終学校卒業後の就職は、数十年にわたる職業生活の最初の段階、つまりキャリア形成の出発点です。ですから、早期からの縦断的、総合的キャリア教育や、状況に応じてのキャリア・カウンセリングが必要です。

そのため、多くの学校の進路指導部、キャリアセンターではキャリア・カウンセラーが必要とされています。しかし、高校では教員が、大学では、その大学の卒業生が職員として、その役割を担うことが多く、多様な職業、職場や民間企業の実際を知らないまま対応する場合もあります。最近は、民間企業出身の教員や大学職員も増え、高校を数校担当する就職支援員も配置されていますが、まだ少数です。

だからこそ、キャリアについて深く、広く知る、外部のプロのキャリア・カウンセラーが求められているのです。その場合、個人や再就職支援会社、研修会社が請け負うことがほとんどですが、人材派遣会社がキャリア・カウンセラーを派遣するケースもあります。

## 育成型派遣

新卒者、就職浪人や職業経験の少ない若年者を派遣する場合は、事前にビジネスマナーや基本的なビジネススキル、パソコンスキルの研修を実施することが多いですが、その上で特定のスキルも習得させるケースが増えてきました。中には、その分野の資格取得を支援する、研修に盛り込む派遣会社も現れてきています。

この育成型派遣は派遣先企業の多様なニーズ、大量の案件に応えるもので、以下のようなスキル、業務の研修が多く行われています(その緊急性や可能性に応じて、料金は無料、あるいは低く設定されている)。

□プログラマー、SE
□ネットワーク構築、管理
□CADオペレーター
□ヘルプデスク、コールセンター要員
□AIエンジニア
□RPA*開発・保守・テスト・事務

それらの未経験者対象の育成制度とは別に、スキルアップ、実務研修制度を設けるケースもあります。

慢性的に不足しているIT分野などは専門事業部を作る大手が増えています。特に近年、急激にニーズが増えているAIエンジニア養成は急務となりました。

そして、育成された人材が実務を経験することで専門性が高くなり、実績を積み上げることになれば、後に述べる「専門職派遣」へつながることでしょう。

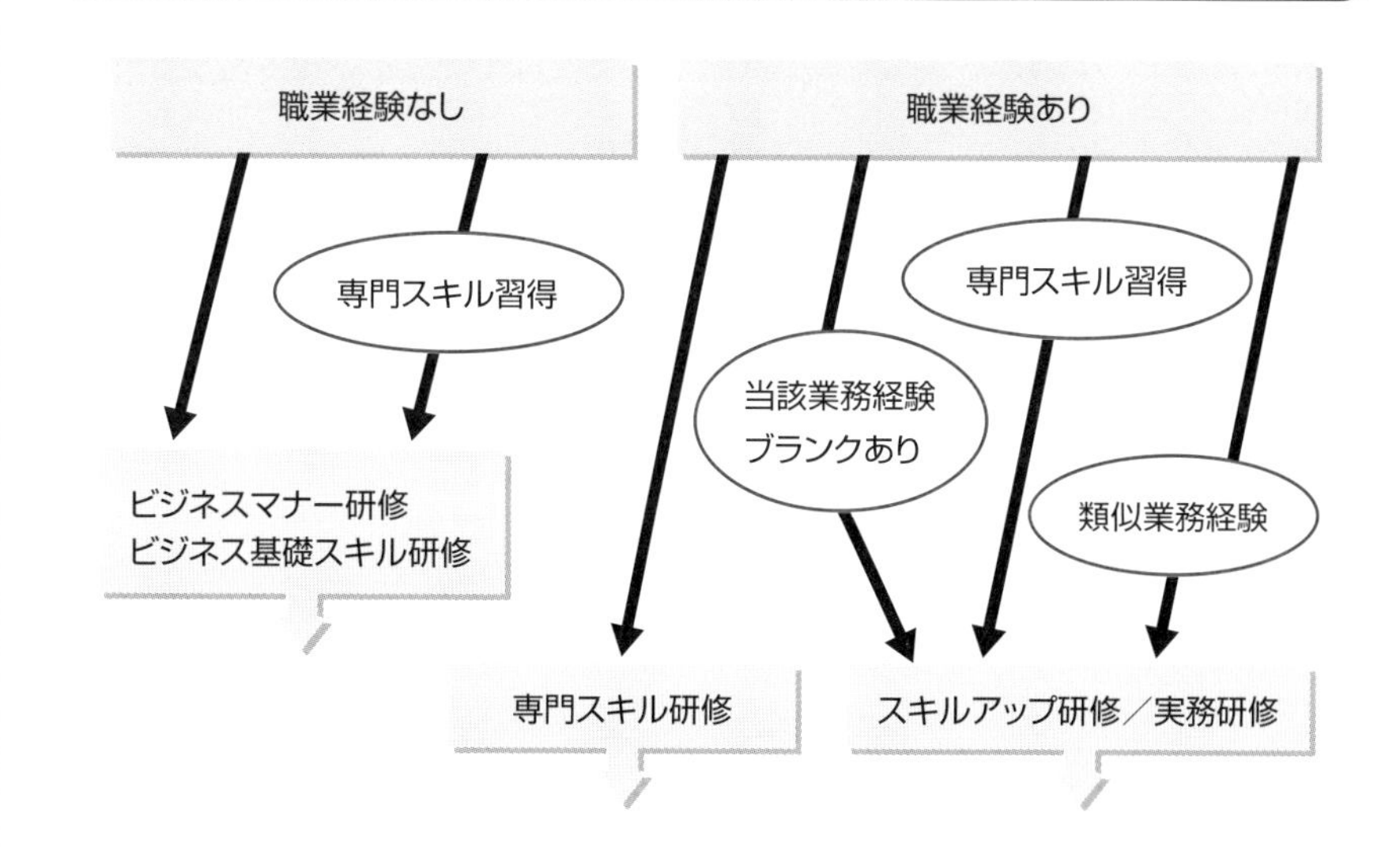

*RPA　Robotic Process Automationの略。パソコン上で行う一連の作業の自動化プログラム。

13

人材派遣のいま④

# シニアの活用

**定年退職者や早期希望退職者を含む、中高年の労働者の働き方、活用法の一つとして、人材派遣が注目されています。それは、同時に派遣先企業のニーズにも即しています。**

## シニア派遣の増加

これまでもシニア派遣が行われてきましたが、近年、より盛んになっています。

労働力不足、高齢者の労働意欲や事業承継、年金受給開始年齢、老後不安の問題もありますが、経験値の高い中高年に対するニーズが熟してきたからです。

また、実務能力、実務経験だけでなく、若年者に不足しがちなコミュニケーション能力、マナー、常識や調整力、リーダーシップが求められる職場や立場、役割もあります。特に、一部のベンチャー企業のように運営・管理面で不安を抱えている場合には貴重な存在です。

いずれも、「フルタイム働く必要がない」「フルタイムは働けない」場合や、「収入よりやりがい」「当座の収入源」と考える中高年齢者のニーズにも応えるもので、シニア層専門の子会社、事業部も増えています。

## シニア派遣はエキスパート派遣

中高年の求職者は特定の専門分野の高度な知識、技術、ノウハウや実務経験を持っている場合が多いものです。加えて、実績や人脈が有効な場合もあります。技術営業、渉外や経理、財務、法務、人事、知財管理など前職でのスキル、経験をそのまま活かせます。古いシステムや機械が今も稼働している場合は、シニアのエンジニア、SEしか対応できないケースもあります。

中でも、要求水準は高いが、一時的に発生する、あるいは短期的な業務はシニア派遣の得意とするところです。人事改革、特許取得、ISO取得、株式公開、店舗開設、海外進出などです。

また、経営者のブレーンとして、経営補佐、人事制度構築、後継者の育成などの業務へのニーズが増えています。それらを専門とする派遣会社もあります。

マンパワー社には高度なプロジェクトに派遣する「プロフェッショナル派遣Ｐｒｏ Ａｓｓｉｇｎ」があり、派遣スタッフの八〇％近くが五〇代、六〇代です。

そして、実務経験がなくても適性や類似経験、関連知識があれば、研修、資格取得によって可能な仕事もあります。多様な経験、人生経験も役立つ、各種コンサルティング、相談業務、教育業務などです。シニアには、在職中にそれらの業務に関連した資格を取得した人も多く、独立開業までの一段階として派遣という働き方を選ぶ人もいます。それらの業務なら、若年層よりシニアを育成する方が有効です。

シニア部門を設けず、シニアに限定しなくても、エキスパートを求めたらシニア層が多かったという結果もあります。いずれにしても、特定の分野では「シニア派遣＝エキスパート派遣」といえるでしょう。

**シニア人材の可能性**

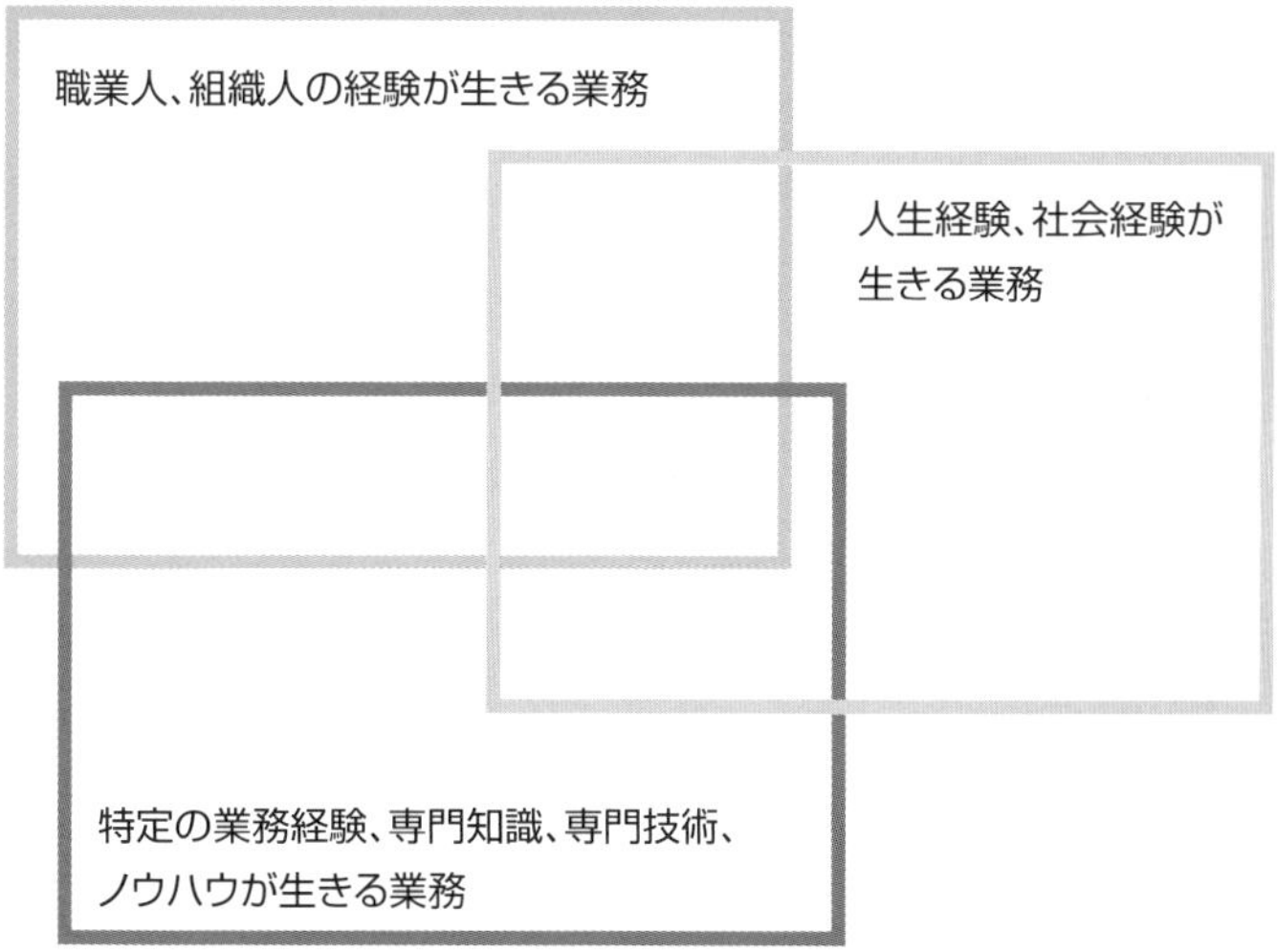

職業人、組織人の経験が生きる業務

人生経験、社会経験が生きる業務

特定の業務経験、専門知識、専門技術、ノウハウが生きる業務

14

人材派遣のいま⑤

# 専門職派遣の傾向

**技術革新、インターネット活用の拡大、AI・RPA導入などによって、人材派遣に求められる業務内容は変わってきました。技術者、研究開発職、メディカル職などの最近の傾向を見ていきます。**

## 技術者派遣

技術者派遣は以前から常用型派遣が多く、技術者派遣専門の常用型派遣会社が定着しています。機械、電気・電子系大手メイテック社は、正社員エンジニアとして定年まで活躍できる体制を整え、「生涯プロエンジニア®」を誇っています。その他、IT系派遣に特化した派遣会社が続々と現れています。

一方、大手総合人材サービス各社は登録型技術者派遣も多く、グループ会社やグループ派遣会社の一部門がIT系を主とする技術者派遣を専門としています。技術者専門の派遣会社、メーカー系派遣会社を子会社化したケースも目立ちます。

近年注目されているAIを始め、IT人材は依然として不足していますが、コロナ禍を経てさらにニーズが拡大しています。また、急速な技術革新は新たなスキル、多様なスキル、さらに高度なスキルの必要性を生み、各社は新たなスキルアップ研修を始めています。未経験者の育成型派遣を手掛ける派遣会社も増えました。

また、AI、RPAなどの開発、保守に付随した業務も発生し、大手派遣会社は付加価値のある事務職として育成に注力しています。

## 研究開発職派遣

理系専攻ながら違う分野に就職して後悔している、大学の研究室に残ったが企業の研究開発職に就きたい、育児と両立せずに退職したが復帰したい、商品開発より基礎研究がしたいなどのニーズに応えて、研究開発職に特化した部門を持つ派遣会社が増えました。「紹介予定派遣」も多いですが、「無期雇用派遣登用制度」を設ける派遣会社もあります。分野によっては、栄養士、薬剤師なども活躍できます。

また、研究補助、関連事務など未経験者でも研修を経て派遣できる場合があり、対応範囲は広がりました。

## メディカル職、医療職派遣

医療関係業務を専門とする部門を持つ派遣会社、医療関係業務に特化した派遣会社があります。

中でも、臨床開発、臨床試験、追跡調査などのメディカル職は前述した研究開発職ともいえ、併せて一部門とするケースもあります。

しかし、医師、看護師、薬剤師の業務は一部の例外を除き派遣対象業務ではなく、医療現場の現状、医療従事者の事情、ニーズに応じきれていません。過酷な医療現場を考慮して「働き方改革」も進められてはいますが、まだ不十分です。人手不足や過重労働の解消、医療従事者の両立支援、復帰支援など、人材派遣の規制緩和が解決する課題は多いと筆者は考えます。

**スペシャリストの活用**

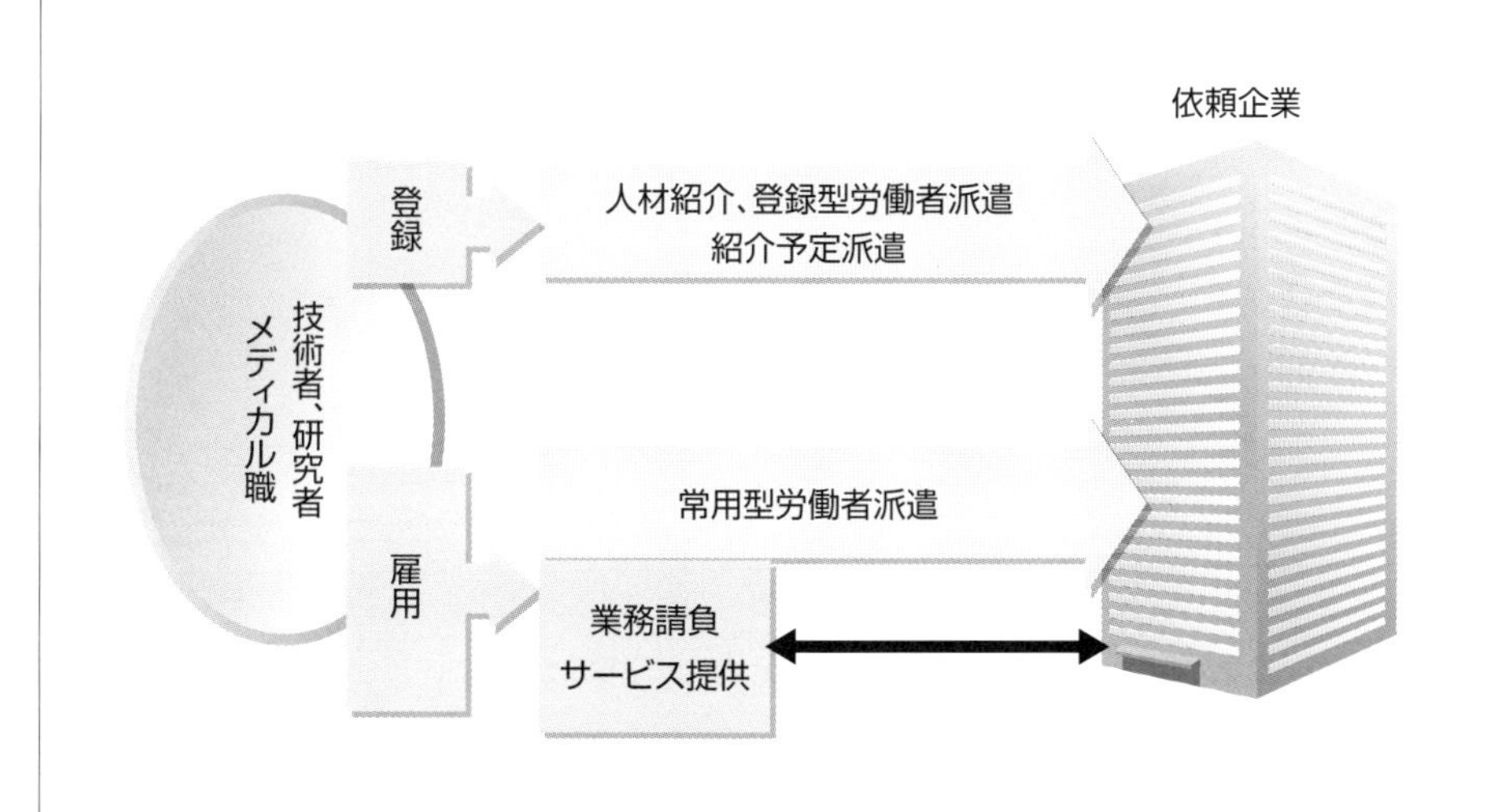

# 15 派遣先企業社員と派遣スタッフのワークライフを支援

**派遣先企業社員の家事・育児・介護との両立やワークライフバランスの支援にも、人材派遣は有効です。その理由と可能性、さらに派遣会社社員、登録スタッフとの関連について考えてみましょう。**

## 両立とワークライフバランスを支える

**育児介護休業法**が制定され、女性の就業継続の有効性、**ワークライフバランス**の重要性が広く認知されても、現実には両立やワークライフバランスが成り立つ職場は多いとはいえません。

その際、企業が課題として挙げるものの一つに、休業中の代替要員の確保とそのコスト負担があります。この部分は、人材派遣の得意分野です。休業という「必要なとき」に、代替要員たる「必要な人材を」、休業期間という「必要な期間」のみ派遣するからです。

そもそも休業期間中は有給ではないため、その浮いた賃金で派遣料金を支払うことができます。派遣料金は「時間単価×実働時間」で、社会保険料や各種手当は不要ですから、コスト増大にはなりません。

また、休業期間中に他の社員がその業務をすべて分担する場合に比べて、はるかに他の社員の負担を削減できます。その結果、育児・介護休業に対する他の社員の理解が得られ、同時に、復帰が確約されることで、対象者が育児休業、介護休業しやすくなります。その上、専門職派遣や男性の派遣スタッフの増大によって、男性の育児休業にも十分対応できます。

さらに、職場復帰後の短時間勤務、定時終業、休日出勤削減や有給休暇・看護休暇取得にも、人材派遣活用は最適です。つまり、課題の解決のみならず、男女ともに休業の促進、**職場復帰支援**につながるのです。

結果的に、両立支援はワークライフバランス支援ともなりますが、繁忙期や**ワークシェアリング**時の要員として、あるいは社員の過重労働防止のために派遣する場合は、ワークライフバランス支援そのものです。

　派遣会社は、その課題に対するコンサルティングをすることで、受注拡大が見込めるでしょう。

## 派遣スタッフの両立支援

　育児、家事、介護と両立できるからと、派遣労働を選択する労働者も少なくありません。ですから、派遣先企業同様、派遣会社は良質の派遣スタッフを確保するために、派遣スタッフの**両立支援**をも図っています。

　自前の託児所を開設したテンプスタッフ社をはじめ、多様な取り組みが各社でなされているのです。短時間勤務の案件開拓の他、提携託児所の紹介、託児所付きの登録会やスキルアップセミナー・イベントの実施は、大手では当たり前になってきました。

　これらをアレンジして、主婦専門の派遣に特化したのがビースタイル社です。同じく、主婦や女性を主対象とする部門や子会社も増えています。

　同時に、派遣スタッフの両立支援に注力する人材派遣会社は、自社社員の両立支援をも図るはずです。

### 人材派遣会社と両立支援の関係

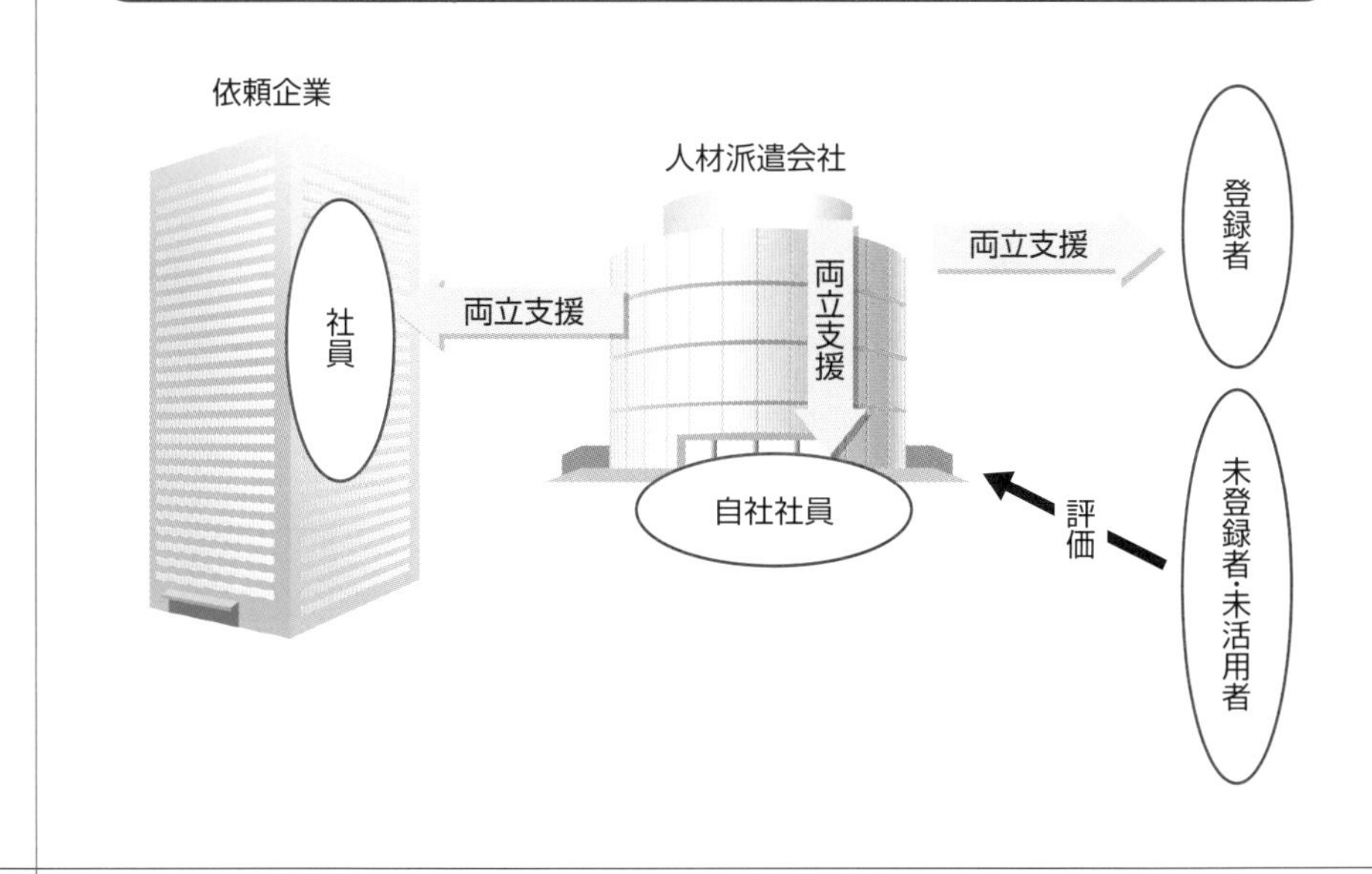

# 救助隊を「派遣」する。<br>友人に婚約者を「紹介」する。

どちらも、日頃使う言葉ですが、人材ビジネスの労働者派遣や職業紹介を指しているわけではありません。さらに、労働者派遣でも、登録スタッフに仕事を「紹介」するとか、派遣先企業に派遣スタッフを「紹介」すると言ったりします。

「労働者派遣事業」とか「職業紹介所」といった名前が、他の人材ビジネスや活動形態と混同されやすい原因の一つになっていると、筆者は以前から思っていました。通常、正式な事業名を言わず「派遣」とか「紹介」と言いますのでなおさらです。しかも、業界のパイオニアは法的に認知されるまでは、「派遣」ではなく「事務処理サービス『請負』業」と名乗っていたのです。

アメリカからテンポラリーサービス(Temporary Service)、テンポラリービジネス(Temporary Business)が日本に入ってきたとき、適切な訳語がなかったことと、派遣のシステムの意味に近い言葉を探したのでは、と推察しています。

辞書を引いてみましょう。(『新明解国語辞典　第三版』三省堂)

派遣 ＝命令して、ある所へ出張させること。

紹介 ＝未知の人同士を引き合わせること。

未知のものの内容を解説して人々に知らせること。

請け負う＝ 自分の責任において完成させる約束で仕事を引き受けること。

一定期日までに完成させ、一定報酬を受け取る約束で、全責任を負って仕事を引き受けること。

命令するかどうかはともかく、所属する組織とは違う場所で活動させることが「派遣」ということになります。あちこちで、「派遣」したり「派遣」されたり、「紹介」したり「紹介」されたり、仕事を「請け負って」いるわけです。

さて、先日「○○派遣(○○には、ご想像の職業を入れてください)」でネット検索したところ、実際の中身の多くは「職業紹介」、次に「請負」、その他は怪しい違法業者でした。

でも、ここまで読み進んだあなたは、もうわかりましたね？　労働者「派遣」事業の仕組みと、「派遣」、「紹介」、「請負」の違いが。

# 人材派遣システムの実際

人材派遣業界で業務を遂行するためには、人材派遣の特徴ゆえの構造と、業務の実際を理解しなければなりません。コンプライアンスと契約管理が不可欠なこの業務を、関連法規を含めて説明します。

# 1 人材派遣事業の特徴①

**他の人材ビジネス同様、最大の特徴は物ではなく人を扱うことです。「人」であるからこそ発生する問題点と、同じく「人」を扱っていても、他の人材ビジネスとは相違する点があります。**

## 「人」を扱うことの難しさと意義

「人」は、それぞれ多様な能力、経験、価値観、適性を持ち、多様な環境に置かれています。派遣スタッフとして働く目的、姿勢や希望条件も様々です。それらを把握しなければ、派遣先企業のニーズに合うのか、契約を守ってくれるのか判断することができません。

そして、どんなに経験を積んで面接スキルが上がったとしても、見込み違いはあり得ます。その「人」を見極め、選別、交渉、フォロー、管理するのは、なかなか困難な仕事といえるでしょう。

また、「人」は変化します。登録時とは変わるのです。経験や時間が経過することで、スキルアップや意識変化など、登録スタッフ自身が変わるだけでなく、スタッフの環境も変わるのです。現状を把握しなければ、登録スタッフがいますぐスタートできるのかどうか、稼動中のスタッフが契約満了まで継続できるかどうかわかりません。当然、その変化に応じた対応、対策が必要となります。その上、「人」は、感情や意見と様々な性格を持ち、それぞれのコミュニケーションスタイルがあります。ですから、登録スタッフとのコミュニケーションが、派遣業務そのものを左右します。本来の派遣業務に、カウンセリング能力やコンサルティング能力が不可欠とされる理由がここにあります。

つまり、多様性、可塑性を持つ「人」は、どんな対策をとったとしても、「物」ではありませんから、規格化も、大量生産も、拘束もできません。

さらに、派遣先企業の担当者も、派遣会社社員も

「人」なのです。いわば、「人」と「人」との間に立ち、「人」が「人」を扱う仕事なのです。三者が「人」であるために、どんなに最善を尽くしても、ミスマッチやトラブル、クレームは、少なくはなってもゼロにはなりません。

同じく「人」がキーワードであっても、人材紹介事業や再就職支援事業のように、就職、再就職、転職して、ある程度、勤務先で定着することができれば責務が終了するというのではなく、派遣後も契約満了までその責務は続きます。しかも、一日から長期までの様々な派遣期間、様々な内容の契約が同時に多数走り、緊急の依頼や予期せぬトラブルも起こります。

契約締結は、終了や結果ではなく、むしろスタートを意味するという点も特徴といえるでしょう。迅速かつ柔軟な対応能力と、継続的なフォロー体制が必要になるのです。

しかし一方で、うまくマッチングし、派遣先企業からも派遣スタッフからも感謝されたときの達成感、充足感には、その苦労を帳消しにするほどのものがあります。「人」であるからこそその難しさ、だからこその醍醐味といえるでしょう。

**「人」だからこその特徴**

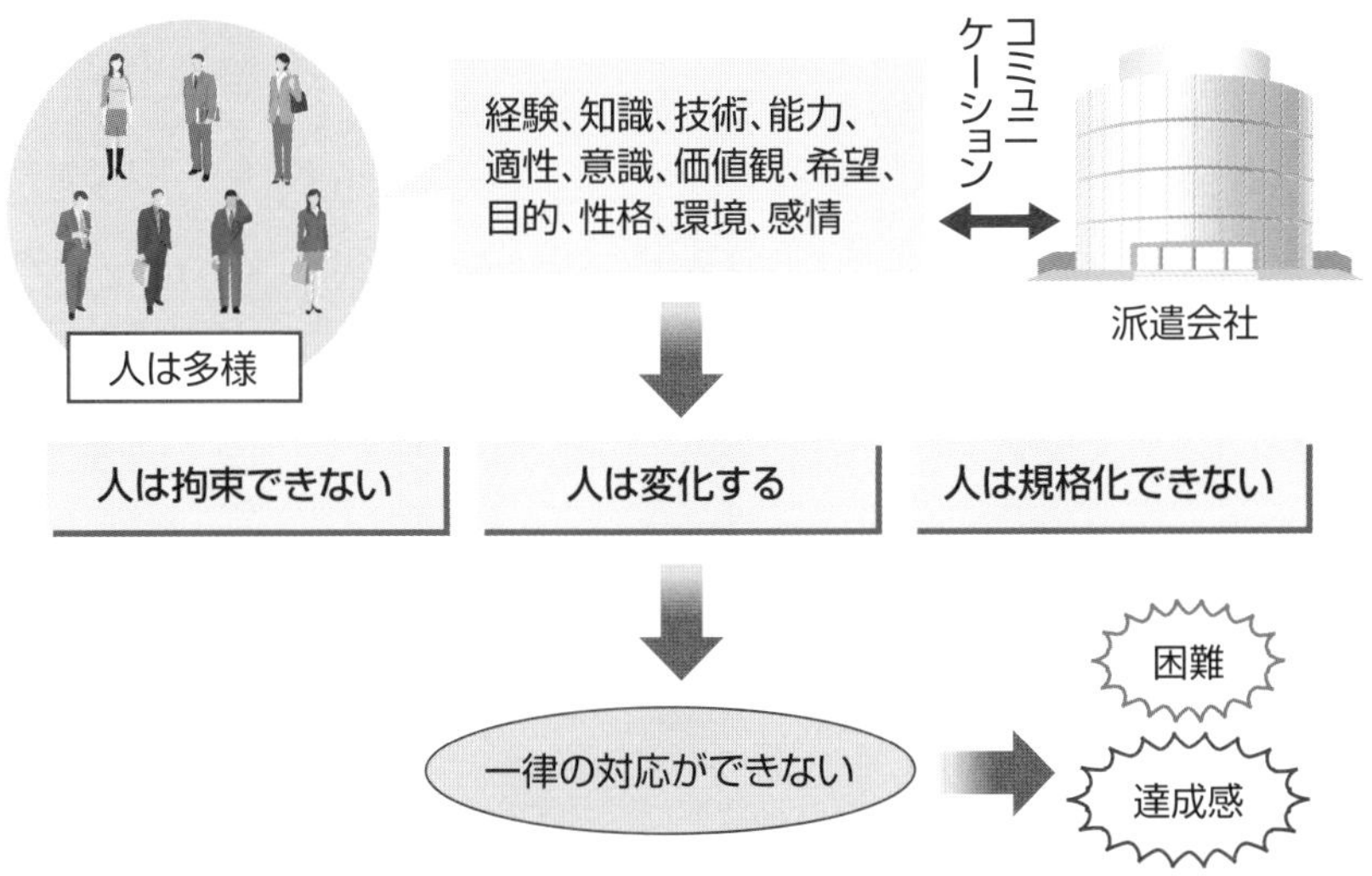

人は多様

経験、知識、技術、能力、
適性、意識、価値観、希望、
目的、性格、環境、感情

コミュニケーション

派遣会社

人は拘束できない

人は変化する

人は規格化できない

一律の対応ができない

困難

達成感

# 2 人材派遣事業の特徴②

**その他の特徴として挙げられるのは、派遣業務の一面は契約管理であるという点、間接雇用である点、社員に職業経験があることが望ましい点です。**

## 契約と間接雇用

人材派遣事業においては、労働者派遣法をはじめとする法律、制度の下、「契約」を取り交わし、それを守ることが義務であり、それが同時進行しています。関連法規を熟知し、それに基づく業務が必要とされるのです。毎日、契約の締結、履行、終了があり、その実務を行うことになるのですから、法的実務の側面があると言い換えてもよいでしょう。

契約期間中、派遣スタッフとは雇用関係にありますが、実際には派遣先企業を職場とする派遣スタッフの労務管理を実施しなければなりません。**間接雇用**という点も特徴です。

雇用管理は、勤怠管理とそれに基づく請求、支払い処理だけでなく、社会保険の加入、喪失や年末調整、健康診断の実施などが必要となります。人事、総務的実務ですが、契約内容がまちまちであるため、全員に対して一斉に同じ処理をすることができません。また、直接管理していないために、実態が把握しにくいということもあります。

## 職業経験の重要性

派遣先企業から高い専門性や実務能力を要求される場合や、高い専門性を持ち経験豊富な派遣スタッフに対応する場合、派遣会社の社員の経験や知識が不足しているために、本来の業務を遂行できないことがあります。派遣先企業の要求を理解できない、派遣スタッフのキャリアやスキルを診断できないからです。そして、それがクレームへとつながることも多いのです。

中小の派遣会社が新卒者を採用しにくいのは、コミュニケーションスキルばかりでなく、職業経験がないために、前述した派遣業務遂行スキルに不足があるからです。一方、大手の派遣会社は育成システムが確立されており、部署が細分化されているので新卒者を採用するわけですが、育成や分担が必ずしも成果を上げているとは限りません。その上、量的拡大や効率的処理に重きを置き、派遣業務の質の向上が問題解決、課題達成の鍵であることを忘れている場合があります。

ですから、派遣会社の社員には職業経験があることが望ましく、新卒者や経験の浅い人はかなりのスキルアップが要求されることも特徴です。この特徴は、人材ビジネス以外の業界との違いでもあり、他の人材ビジネスとの共通点でもあります。

これから人材派遣業界に転身する場合、安易に取り組むとリスクが大きいことを認識し、その特徴を踏まえ、入念な準備が必要です。逆にそれができれば、利益とやりがいの双方を手にすることができるのです。

**煩雑な契約管理**

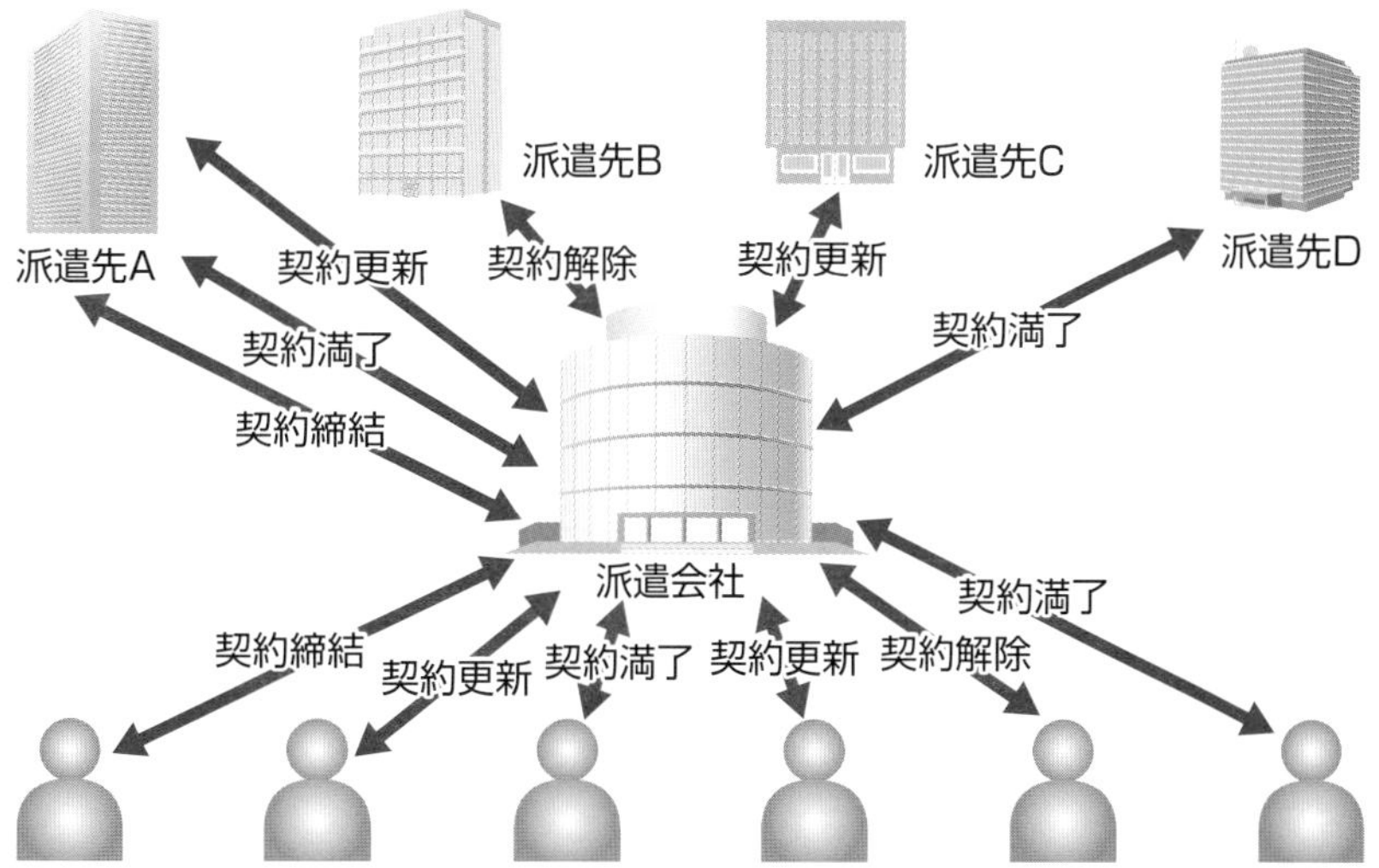

# 3 人材派遣業務の基本機能（部門）

**この節では、登録型派遣会社の基本的な部門を、各部門の機能を中心に解説します。この機能は派遣業務の概要でもあり、同時に業務の流れも把握できるでしょう。**

## 登録部門

登録スタッフの募集から、登録面接、登録スタッフの基本データベース作成までの部門です。

派遣先企業の多様なニーズや、緊急、大量の受注に備えて、派遣会社は多様な**登録スタッフ**を多数抱えていなければなりません。登録スタッフは拘束できず、登録スタッフの状況は変化しますので、「登録スタッフ数＝稼動可の人数」ではないからです。そのため、常時、新規登録者を募る必要があります。求める層によって募集媒体を選び、効果的な募集広告を出し、自社の求人サイトを充実させる他、転職サイトに参加します。

登録時は面接やスキルチェックによって、登録希望者の経験、スキル、適性や希望職種、希望就業条件を把握し、登録スタッフデータを作成します。マッチングやその後のフォローに必要なデータを漏れなく収集、分析し、的確に表現しなければなりません。

近年は、サイト上での仮登録や案件応募後の面接、本登録が多いため、事前情報も得ているはずです。

常用型派遣の場合は異動が少ないため、この部分を省力化できます。

## マッチング部門

営業担当が受注した案件、つまり派遣先企業のニーズに適した人材を多数の登録スタッフの中から選択し、雇用契約を了承してもらう部門です。

そのためには派遣先のニーズと登録スタッフの実像、ニーズを正確に把握することが不可欠です。その後、正確に条件と業務内容を伝え、依頼、交渉、ときに譲歩をお願いします。

また、新規受注案件だけでなく、交代要員、ピンチヒッターのマッチングや、緊急、大量の案件対応、契約更新交渉も行います。

## 管理部門

登録後の未稼動スタッフ、派遣中の稼動スタッフの管理と派遣先企業への請求管理を行う部門です。

稼動スタッフの勤怠管理や、それに基づく請求や支払い処理をメインに、スキルアップ研修やアドバイス、登録スタッフの現状把握、派遣先企業での問題解決や悩みの相談、社保手続きなど福利厚生業務を行います。

## 営業部門

派遣先企業の新規開拓、旧契約先企業のメンテナンス、派遣先企業のニーズのヒアリング、労働者派遣契約締結、現派遣先企業へのフォローを行います。トラブルやクレームが起きた場合、派遣先企業側への対応を行う部門でもあります。



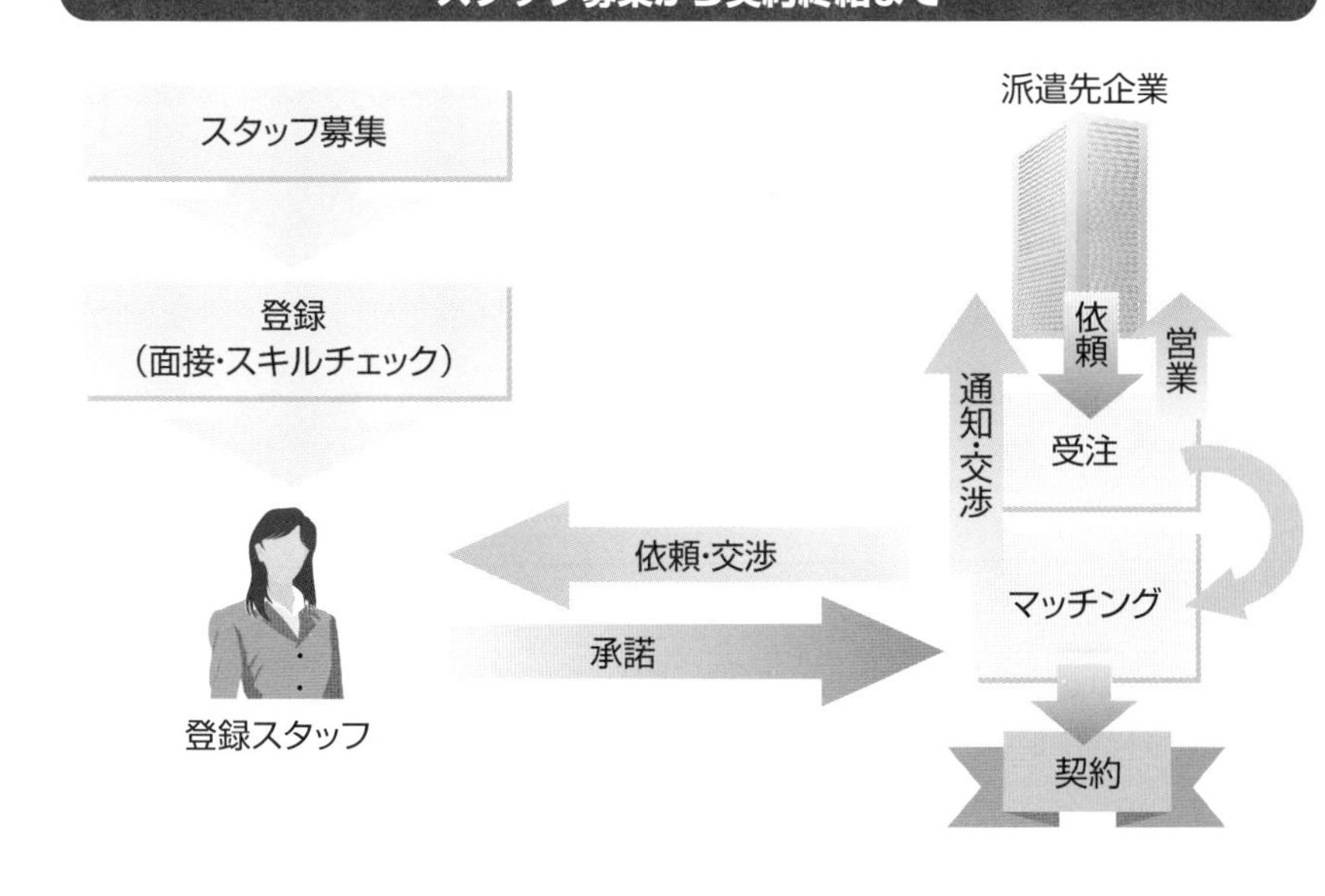

# 4 部門の融合と細分化①

**前節で解説した四つの部門それぞれが独立している場合もあれば、いくつかの部門が融合している場合、さらに細分化している場合があります。部門の連携と融合から見ていきましょう。**

## 各部門の連携

各部門が融合している場合、細分化されている場合、いずれにおいても、その部門の役割を果たすことが他の部門を成り立たせます。また、各部門の連携あってこその派遣業務です。

そもそも派遣会社の各部門は派遣業務の機能そのものを表しており、存続、業績拡大は、すべてが機能して初めて実現することになります。

ですから、どの部門に所属するとしても、それを認識し、他部門の機能とその関係を知った上で、自部門の充実を図ることが重要です。

## 部門（機能）の融合

四つの部門からなる派遣業務は通常**コーディネーター**と**営業担当**とに大別されます。内勤業務と外勤業務とに分けたともいえます。しかし、いずれも直接部門であることが他の業界との相違点です。これは、小規模の会社に多い形態で、基本的な分け方です（左ページ図①）。

その内勤業務のうち、登録スタッフの現状把握や悩み、問題解決を除く部分を管理部門が独立して行う場合があり、結果的に内勤が二分されます。

これは中規模の会社に多い形態で、コーディネーターがスタッフ側、営業担当が企業側、そして、管理部門が両者に間接的に対応することになります（左ページ図②）。

このような中小規模の派遣会社の場合、経営者や管理職はプレイングマネージャーでもあります。その場合は、すべてを実務として担当することもありますが、多くは営業をメインとしています。

法的、形式的にというより現実に「派遣元責任者」として、会社を代表して任に当たることや、派遣先企業とのパートナーシップの形成、重大なトラブルの解決は、そもそも経営者や管理職の役割です。単なる人員不足からではなく、一連の業務に実際に関わる意義からも、プレイングマネージャーであることはむしろ必然でしょう。

また、経営者や管理職が、営業時に社員を同行する、登録面接を実施する、マッチングのアドバイスをするといったことは、OJT*としても非常に有効です。

会社によっては、派遣会社社員を対象とする間接部門（経理・総務など）が、この派遣業務の管理業務を兼務することもあるでしょう。

**融合のタイプ**

①
- 登録 ｜ マッチング ｜ 管理 …… コーディネーター
- 営業 …… 営業担当

②
- 登録 ｜ マッチング ｜ 管理（スタッフ管理） …… コーディネーター
- 管理（請求、支払） …… 管理担当
- 営業 …… 営業担当

＊OJT　On the Job Trainingの略。オンジョブ・トレーニングともいう。業務上必要な知識や技術、仕事の進め方を業務の中で習得する方法。

5

# 部門の融合と細分化②

**大手の場合は、四つの部門(機能)をさらに細分化し、分業が進んでいます。全体を把握した上での分業と、それぞれの連携が不可欠です。**

## 部門(機能)の細分化

部門の細分化、分業化によって、大量の案件を迅速に効率的に処理でき、各人の業務量や責任は軽減されます。

ただし、効率化というよりも機械的な処理、連携の軽視、責任転嫁に陥る危険性もあり、それがミスマッチやトラブルにつながることもあります。各部門の連携の重要性や、その部門の全体での役割や責任について、再認識しておくことが必要でしょう。

①**広報部門**…企業広告、スタッフ募集広告、ホームページ運営などを行います。

②**面接、登録部門**…登録申込み受付、面接、スキルチェック、登録者データ作成などを行います。この部門のみを店舗型にして、登録センターや登録ルームとしてオフィス街やショッピング街に開設することもあります。

③**マッチング部門**…受注内容に適したスタッフを選択し、交渉した上で契約締結、契約更新を行います。

④**スタッフ研修部門**…スキルアップ研修やビジネスマナー研修の企画実施などを行います。

⑤**キャリア・カウンセリング部門**…登録スタッフのキャリアやライフスタイルについてのカウンセリングやコンサルティングを行います。

⑥**スタッフ管理部門**…勤怠管理、給料支払い、年末調整、社会保険加入喪失手続き、社会保険給付手続き、離職票発行、健康診断、福利厚生サービスなどを行います。派遣スタッフとの雇用契約の締結、更新

処理までを含めることもあります。

⑦**契約管理、請求部門**…労働者派遣契約管理、企業への請求処理、売掛金管理などを行います。企業への請求処理、売掛金管理は経理部が担当する場合もあれば、営業担当が担当する場合もあります。派遣スタッフとの雇用契約の締結、更新処理まで含めることもあります。

⑧**システム部門**…取引先企業データベースや登録スタッフデータベース作成と管理、登録システム、および契約管理システムなどの業務システムの開発やメンテナンスなどを行います。

⑨**法務、渉外部門**…関連法規の運用、関連法規に関する社内外への告知や研修、法的問題解決、交渉などを行います。

⑩**営業企画、マーケティング部門**…営業戦略策定、新サービス提案、予算策定、市場調査分析、営業拠点の統括と指導、営業ツールの製作などを行います。

⑪**営業**

他に、社員対象の**間接部門**（人事、経理、総務、教育など）があります。

**部門の細分化**

| 登録 | マッチング |
| --- | --- |
| ①広報<br>②面接、登録 | ③マッチング |

| 管理 | 営業 |
| --- | --- |
| ④スタッフ研修<br>⑤キャリア・カウンセリング<br>⑥スタッフ管理<br>⑦契約管理、請求<br>⑧システム<br>⑨法務、渉外 | ⑩営業企画、マーケティング<br>⑪営業 |

# 派遣できる業務



**労働者派遣法の規制、改定によって、派遣できる業務は定められます。現時点（二〇二〇年）でどんな業務をどんな条件でなら派遣できるのかを経緯を踏まえて説明します。**

## 業務範囲の変化

派遣できる業務の範囲は、労働者派遣法の改正によって拡大しましたが、取扱いが変化してきました。

一九八六年七月施行の**労働者派遣法**では、派遣できる業務を定め、それ以外は派遣できないとする業務範囲（**ポジティブリスト方式**）を採用、一九九六年には対象業務が二六業務になりました。

その後、一九九九年一二月には、派遣できない業務を定め、それ以外は自由化するという業務範囲（**ネガティブリスト方式**）に変わりました。一時的であれば二六業務以外の業務でも派遣できるようになったのです。

さらに、二〇〇四年には製造業務への派遣が解禁され、期間等の差はあれ、次節の「派遣できない業務」を除く、広範囲の業務で派遣できるようになりました。

一方、二〇一二年には**日雇派遣**（三〇日以内）の原則禁止（次ページ図）、**グループ企業派遣の八割規制**が設けられ、規制が強化されました。しかし、日雇い派遣禁止の「例外の場合」は極めて不合理です。生業収入が五〇〇万円未満の人や世帯収入が五〇〇万円未満の生計者以外の人が働くことを制限するのは、労働者の不利益でしかありません。

そして、二〇一五年九月、これまで無期限だった**専門業務**（対象二六業務）と期間制限のある**自由化業務**＊（専門的業務、プロジェクト業務、日数限定業務、育児介護の代替以外の一時的、臨時的業務）の区別が廃止され、同じ条件で取り扱われるようになりました。

それを整理すると、次のようになります。

＊**自由化業務**　1999年の労働者派遣法改正により自由化された業務。

■期間制限対象の業務

「派遣できない業務（次節）」を除く業務（旧二六業務＋旧自由化業務）。

■期間制限対象外の業務

**①有期プロジェクト業務**

事業開始、転換、拡大縮小、廃止のための業務で一定期間で完了するもの。

**②日数限定業務**

一か月の稼働日数が派遣先企業のその他の雇用者に比べて相当少なく、かつ月一〇日以下であるもの。

**③**産前、産後休業、育児休業、介護休業などを取得する労働者の**代替業務**

※「グループ企業（派遣会社の親会社、親会社の子会社等）派遣の八割規制」は、「派遣割合＝（全派遣労働者のグループ企業での総労働時間－定年退職者のグループ企業での総労働時間）÷全派遣労働者の総労働時間」を八割以下にしなければならないもので、系列系派遣会社にとって重大な留意点です。

**日雇派遣の原則禁止**

日雇（派遣会社との労働契約が30日以内）労働者を下記の業務、場合を除き、派遣できない。

| 例外の「業務」 | 例外の「場合」 |
|---|---|
| ◇ソフトウェア開発　◇機械設計<br>◇秘書　◇ファイリング<br>◇調査　◇財務処理<br>◇取引文書作成　◇デモンストレーション<br>◇添乗　◇受付・案内<br>◇研究開発　◇事業の実施体制の企画、立案<br>◇書籍などの制作・編集<br>◇広告デザイン　◇OAインストラクション<br>◇セールスエンジニアの営業、金融商品の営業 | 日雇い労働者がいずれかに該当<br>・60歳以上の人<br>・雇用保険の適用を受けない学生<br>・副業として従事する人<br>（生業収入が500万円以上の人）<br>・主たる生計者以外の人<br>（世帯収入が500万円以上の人） |

# 7 派遣できない業務

**ネガティブリスト方式については賛否両論ですが、近年、緩和傾向が弱まっています。現時点で派遣できるどうか、絶えず確認しなければなりません。**

## ネガティブリスト

**ネガティブリスト**は、**適用除外業務**ともいわれ、業務内容から派遣適用はなじまないとされ、現在は派遣できない業務です。

長くネガティブリストに入っていた「物の製造業務」が適用対象業務となりましたが、解禁が先送りになっている業務もあります。就業者、求職者が「派遣」という働き方を希望する業務も多く、リストの再考が望まれます。

また、実際の業務内容が前項に挙げた派遣できる業務とまぎらわしい場合もあるので、慎重な姿勢で臨んでください。

①**港湾運送業務**…船内荷役、はしけ運送、沿岸荷役、いかだ運送等

②**建設業務**（単純労働分野）…土木、建築その他工作物の建設、改造、保存、修理、変更、破壊、解体の作業とこれらの準備作業（建設設計、施工管理は除く）

③**警備業務**

④**病院等における医療関係業務**（紹介予定派遣の場合と社会福祉施設勤務、産休、育児休業、介護休業代替、へき地勤務を除く）

・医師／歯科医師の業務

・薬剤師の業務

・保健師、助産師、看護師、准看護師の業務である保健指導、助産、療養上の世話と診療の補助

・管理栄養士の業務（傷病者の療養のために必要な栄養指導に限る）

・歯科衛生士、歯科技工師の業務
・診療放射線技師の業務

つまり、これらの医療関係業務は、次の範囲で行われる場合に限り、派遣できません。

> 医療法に規定する病院／身体障害者福祉法に規定する身体障害者療養施設に設けられた診療所等を除く診療所／同法に規定する助産所／介護保険法に規定する介護老人保健施設／医療を受ける者の居宅で行われるもの

## 他の法令によって派遣できない業務

①人事労務管理関係のうち、派遣先において団体交渉、または労働基準法に規定する協定の締結などのための労使協議の際に、使用者側の直接当事者として行う業務。
②弁護士、外国法事務弁護士、司法書士、土地家屋調査士（公認会計士、税理士、弁理士、社会保険労務士、行政書士等の業務では一部可能）
③建築事務所の管理建築士

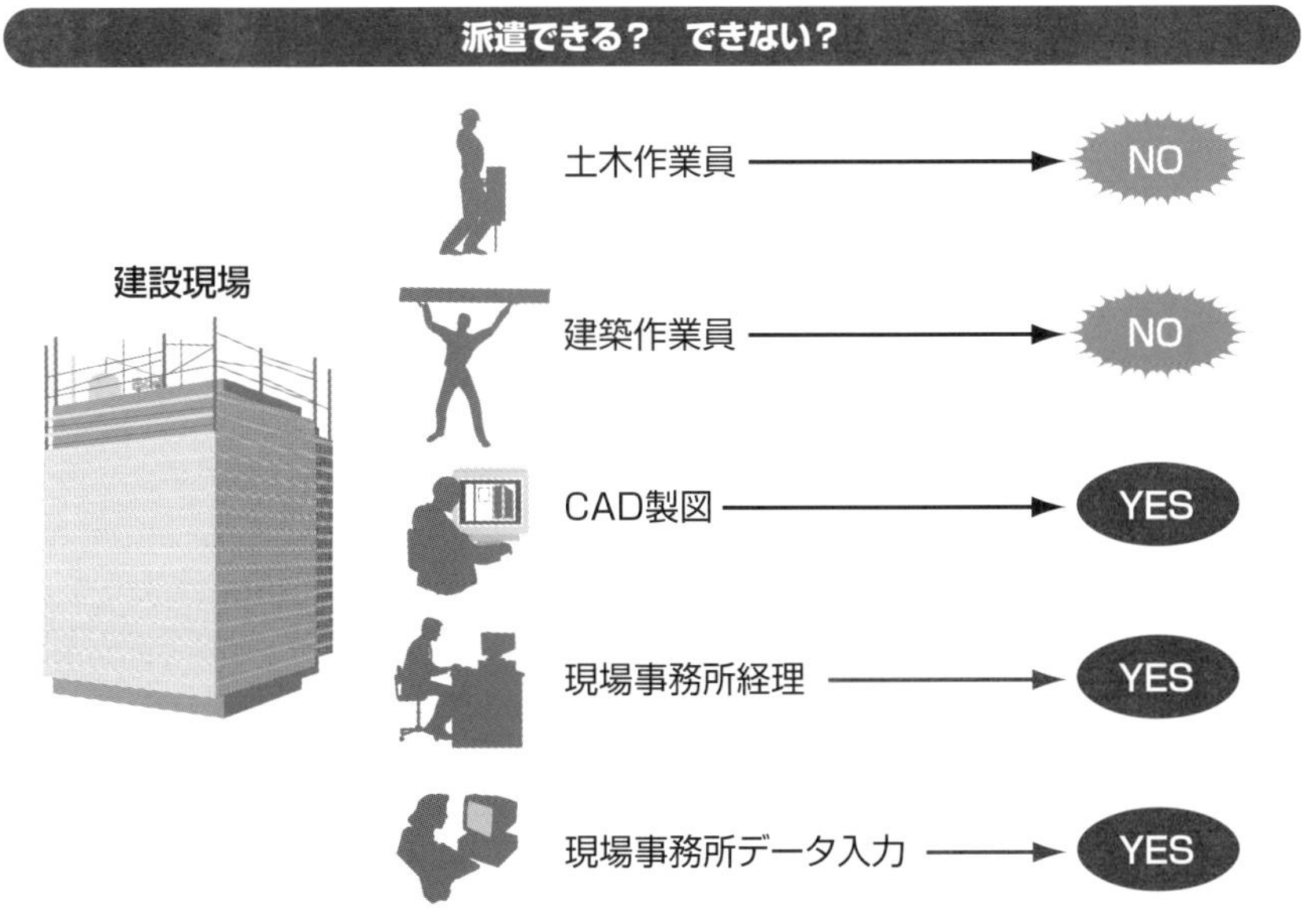

**派遣できる？　できない？**

建設現場

| | |
|---|---|
| 土木作業員 | NO |
| 建築作業員 | NO |
| CAD製図 | YES |
| 現場事務所経理 | YES |
| 現場事務所データ入力 | YES |

# 8 派遣先企業が人材派遣を活用できる期間

二〇一五年の派遣法改正により、派遣先企業が人材派遣を活用できる期間には、すべての業務で、派遣先事業所単位と派遣スタッフ個人単位との二種類の制限が設けられました。

## 派遣先事業所単位の期間制限

同一の事業所に派遣できる期間（**派遣可能期間**）、つまり、派遣先企業が人材派遣を活用できる期間は原則三年が限度です（**事業所単位**の期間制限）。

ですから、派遣先企業が三年を超えて人材派遣を活用したい場合は、**意見聴取**＊が必要です。ただし、延長期間は三年が限度ですから、再延長する場合も同じ手続きをとることになります。結果的に延長になった場合は、その事業所でのすべての人材派遣の派遣可能期間が一律に延長になりますが、意見聴取を踏まえ、限度内で個別に期間を設定できます。

その三年までに派遣スタッフが交代したり、他の派遣スタッフを他の派遣契約に基づき派遣することになったとしても、派遣可能期間の**起算日**は変わりません。

また、意見聴取により派遣可能期間が延長になった場合、同一の派遣スタッフを**個人単位**の期間制限を超えて同一の組織単位に派遣することはできません。

## 派遣スタッフ個人単位の期間制限

同一の派遣スタッフを派遣先企業の同一の事業所の同一の**組織単位**に派遣できる期間の限度は三年です。その間に担当する業務が変わったとしても、同じ組織内であれば、期間は通算されます。

ただし、事業所単位の派遣可能期間が延長されている限りは、同一の派遣スタッフを同一の事業所の別の組織に三年を限度として引き続き派遣することができます。

つまり、派遣スタッフは、一定の条件下では派遣先部

＊**意見聴取**　派遣先企業の事業所の過半数労働組合、または過半数代表者から意見を聞くこと。

署が変われば三年以上同じ事業所で働けるわけです。

## 期間制限の例外

次の場合の派遣はこれらの期間制限の対象外です。

・派遣会社の無期雇用の派遣スタッフの派遣
・有期プロジェクト業務／日数限定業務／産前産後休業、育児休業、介護休業の代替業務への派遣

## クーリング期間

派遣先企業の事業所単位で派遣契約終了後、次の派遣開始まで三カ月を超えない場合は人材派遣が続いているとみなされます。同様に、同一の組織単位で派遣契約終了後、再び同じ派遣スタッフを派遣するまで三カ月を超えない場合も人材派遣が続いているとみなされます。

## 離職後一年以内の派遣禁止

離職した労働者（六〇歳以上の定年退職者を除く）を離職後一年以内に元の勤務先に派遣スタッフとして派遣することはできません。

**派遣先企業はいつまで人材派遣を受け入れられるか**

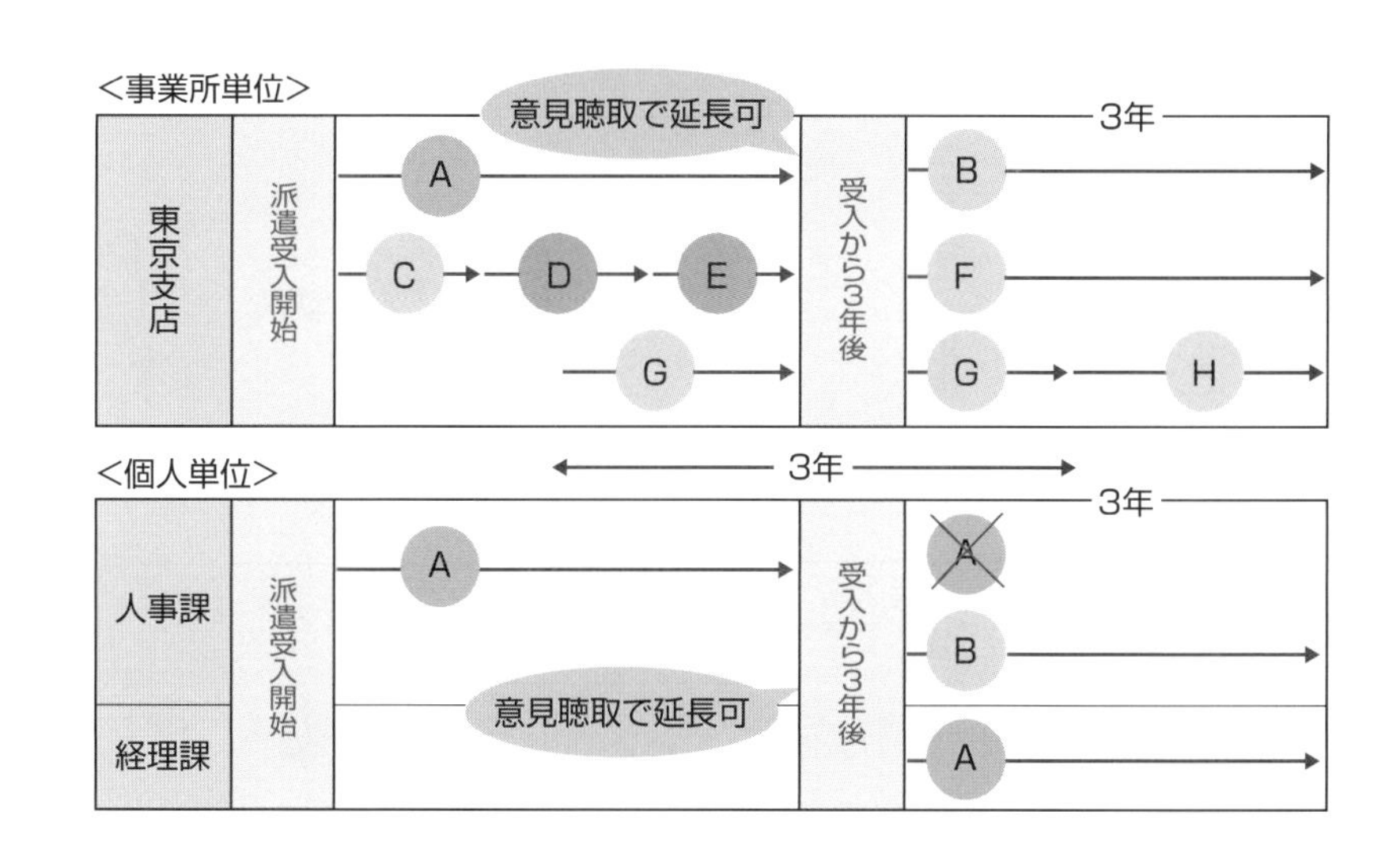

# 9 派遣スタッフの雇用の安定と保護を図る

派遣会社は一定の条件の下、**雇用安定措置**を講じる義務があります。一方、派遣先企業はその措置に協力すると共に、**労働契約申込みみなし制度**に留意しなければなりません。

## 雇用安定措置

登録型派遣の不安定さ、特に、前節のような**期間制限**による影響を考慮し、派遣スタッフの派遣終了後の雇用を継続させるため、次のような**雇用安定措置**が派遣会社に義務付けられました。

いずれの場合も、対象となる派遣スタッフに、派遣終了の前日までに、今後の就業継続の意向と希望する雇用安定措置の内容を確認した上で進めます。

①現在の派遣先企業に**直接雇用**を依頼する。

②新たな派遣先を案内する。

（派遣先、担当業務は当該スタッフが就業できそうな、合理的な案件に限ります。また、当該スタッフを派遣会社が無期雇用して、これまでと同じ派遣先に派遣する場合もこの措置に該当します。）

③派遣会社が派遣スタッフを**無期雇用**して、自社で派遣労働以外の働き方で就業させる。

④その他の措置

（新たな就業機会が得られるまで有給の教育訓練を行う、紹介予定派遣を行うなど。）

対象者と派遣会社の義務との関係は図表（次ページ）にまとめましたが、この義務の効力は、義務が適切に果たされたか、対象者が就業継続を希望しなくなるまで続きます。

この措置は派遣会社にとって負担が大きいからとはいえ、逃れるべく、意図的に派遣期間を三年未満にしてはなりません。

また、派遣スタッフについても、**労働契約法**の**無期転換ルール**(有期労働契約が反復更新され五年を超えたときは、労働者の申し込みにより無期労働契約に転換できる)が適用されることにも留意しなければなりません。

## 労働契約申し込みみなし制度

派遣先企業は、次のような**違法派遣**を受け入れた場合、その派遣スタッフに対し、派遣会社との労働契約(雇用契約)と同じ労働条件での労働契約を申し込んだとみなされます。

- 派遣が禁止されている業務に従事させた場合
- 無許可の派遣会社から人材派遣を受け入れた場合
- **期間制限**に違反して人材派遣を受け入れた場合
- **偽装請負**の場合

ですから、派遣会社は、必要に応じて、派遣スタッフに**抵触日**を、派遣先企業に**労働契約申込みみなし制度**の対象になることを明示しなければなりません。

**雇用安定措置**

| 対象派遣スタッフ | 派遣会社の責務 |
| --- | --- |
| 同一の組織単位に継続して3年間派遣される見込みがある方 | ①~④のいずれかの措置を講じる義務(①の措置を行っても直接雇用に至らなかった場合は、②~④のいずれかの措置を講じる) |
| 同一の組織単位に継続して1年以上3年未満派遣される見込みのある方 | ①~④のいずれかの措置を講じる努力義務 |
| 上記以外の方で派遣会社に雇用された期間が通年1年以上の方(登録状態の方を含む) | ②~④のいずれかの措置を講じる努力義務 |

# 10 派遣が禁じられている形態

**労働者の雇用の機会や派遣スタッフの雇用環境を守るために、次の形態は禁じられています。労働者供給事業同様、十分注意しましょう。**

## 専ら派遣

**専ら派遣**は、特定の企業のみに派遣することです。具体的には、派遣先企業との契約確保のための努力が客観的に認められない場合、正式文書に事業の目的が専ら派遣と記載されている場合、特定の企業からの依頼のみを受け付ける場合は、「専ら派遣」とされ、労働者派遣法違反となります。

ただし、不特定の派遣先を確保するために、随時、広告、宣伝、営業、マッチングの努力をしているにもかかわらず、結果的に特定されてしまった場合は、「専ら派遣」ではなく、違法とはなりません。

また、派遣会社が雇用する派遣スタッフのうち、他の事業主の事業所を六〇歳以上で定年退職したスタッフが三割以上であるときも、問題ありません。

そもそも、労働者派遣事業は、「専ら派遣」を行わないことで許可されるもので、違反した場合、厚生労働大臣の勧告に従わないときは、許可の取り消し、事業停止命令となり得ます。

## 二重派遣

**二重派遣**とは、派遣スタッフを受け入れている派遣先企業が、他の企業にそのスタッフを派遣することで、職業安定法違反となります。

この場合、派遣先企業B社と二重派遣先企業C社の両方が罰せられます。

ただし、B社とC社との請負契約の下、その派遣スタッフがC社の業務を行う場合は二重派遣とはなりません。また、A社とB社、B社とC社の間共、請負契約である場合も同様に二重派遣とはなりません。

派遣会社も、二重派遣の一角とならないよう注意すべきです。

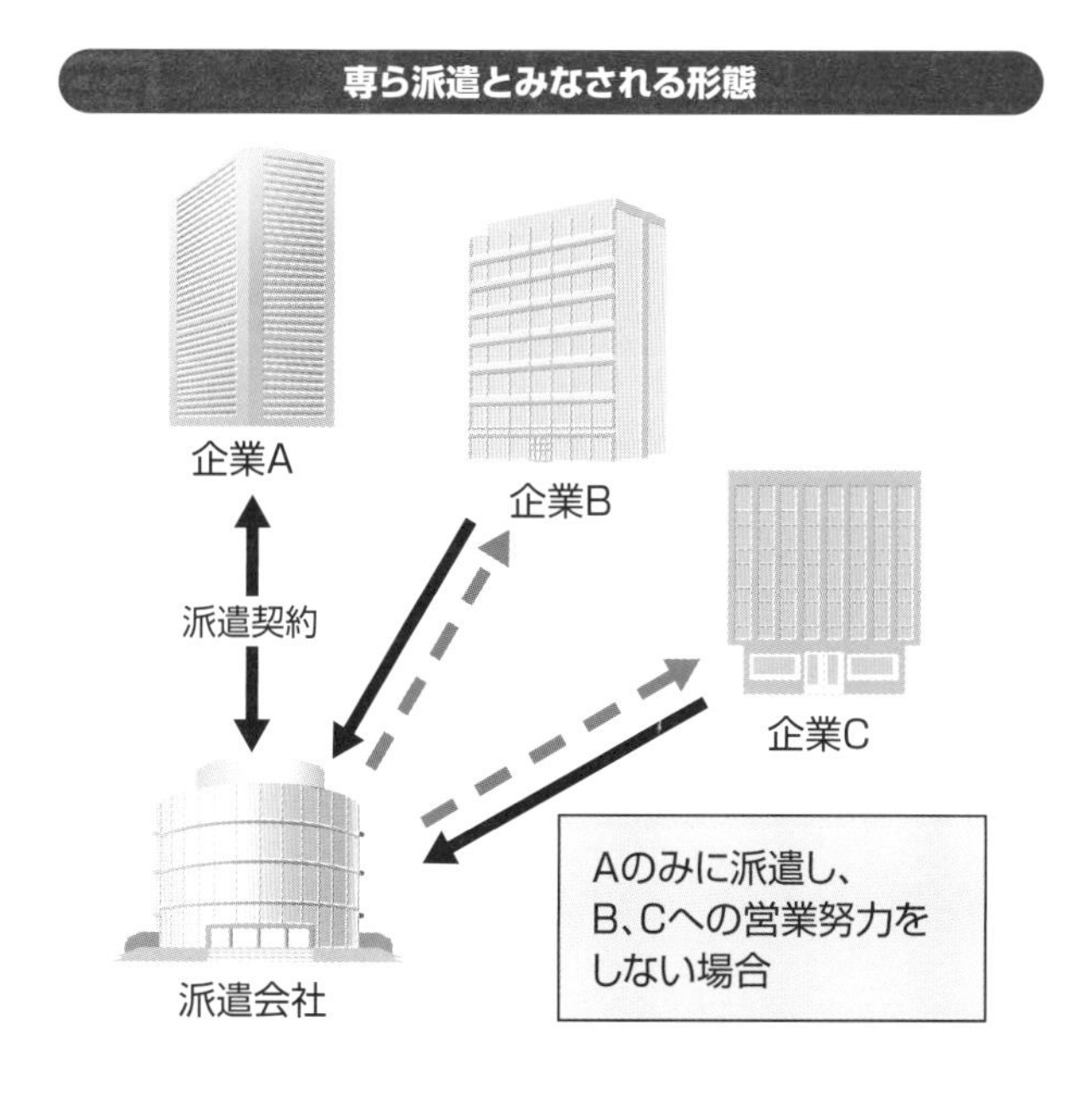


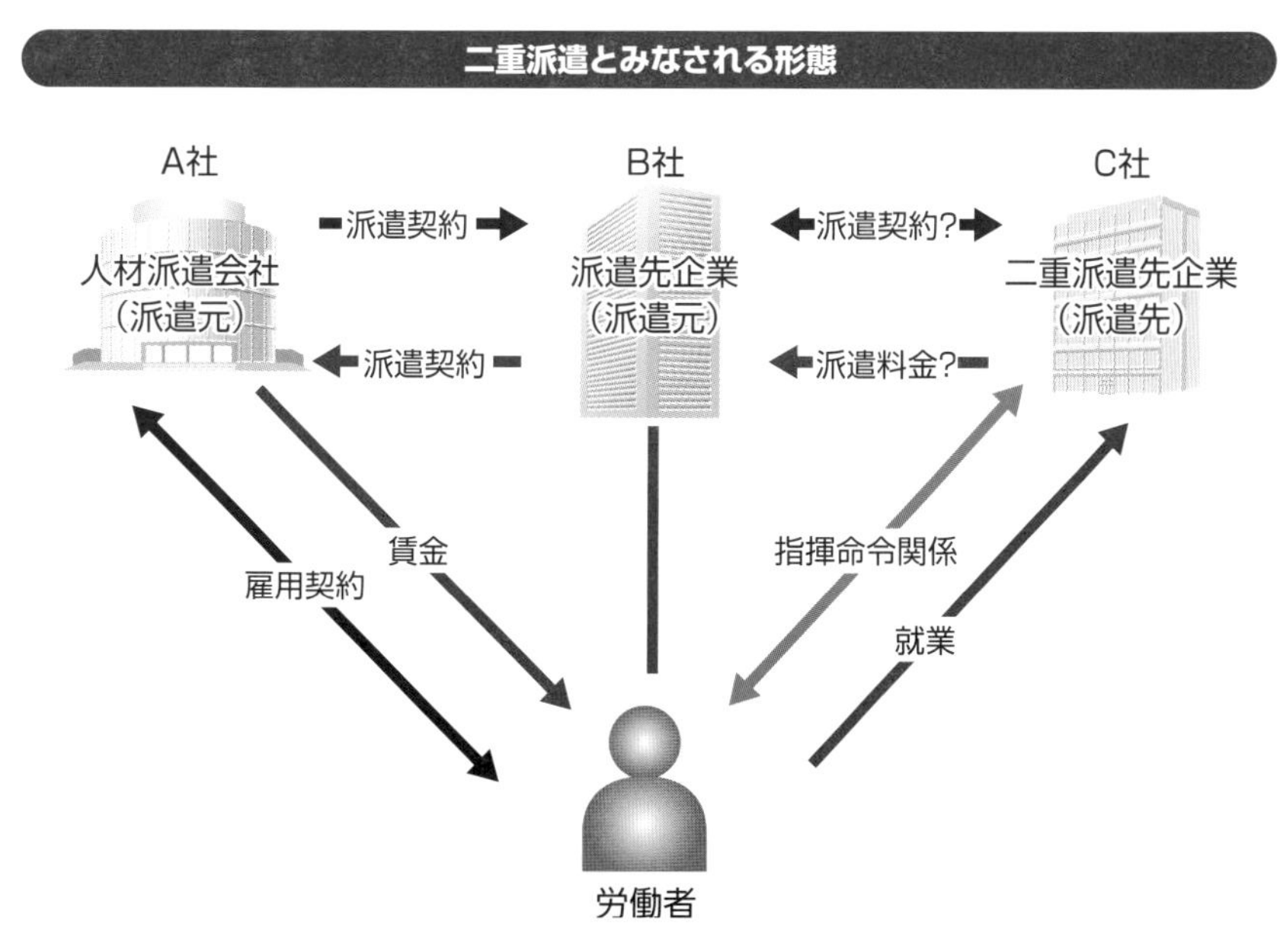

11

# 同一労働同一賃金に向けて

**派遣労働者の同一労働同一賃金に向けて、二〇二〇年四月一日、改正労働者派遣法が施行されました。派遣会社、派遣先企業は規定の整備や従来の義務の強化が求められます。**

## 改正点を確認する

無期雇用フルタイム労働者（いわゆる正社員）との不合理な待遇差がある場合は是正すべしとの趣旨で、以下の三点が設けられました。

### 1．不合理な待遇差をなくすための規定の整備

派遣会社は「A．派遣先の通常の労働者との**均等・均衡待遇***」と「B．派遣元での一定の要件を満たす**労使協定**による待遇」のいずれかの**待遇決定方式**による公正な待遇の確保が必要です。

Aの場合は、派遣先企業が提供した、比較対象労働者の待遇情報を基に、均衡待遇を保ちつつ、派遣スタッフの職務の内容、成果、意欲、能力、または経験、そのほかの就業の実態を勘案して賃金を決定するよう努めなければなりません。

Bの場合は、労使協定で「協定対象となる派遣労働者の範囲／賃金決定方法／職務内容などを公正に評価して賃金を決定／賃金以外の待遇決定方法／段階的・体系的な教育訓練／有効期間など」を定めます。

この協定が適正でない（書面がない、必要事項のもれ、定めた事項を遵守していない、過半数代表者が適切に選出されていない）ときはA方式が適用されます。

また、労働者派遣契約、派遣元管理台帳や派遣先への通知事項にはこの方式について追記することになりました。

### 2．派遣労働者の待遇に関する義務の強化

＊**均等待遇**　①職務内容、②職務内容・配置の変更範囲が同じ場合は差別的取り扱い禁止。

雇入れ時や派遣時に明示、説明すべき事項に、待遇の決定に関する事項が追加されました。また、派遣スタッフが待遇決定に関して説明を求めた場合も明確な説明が求められます。その内容や派遣スタッフの希望によって、適切な明示や説明の方法を採ります（該当節参照）。

### 3. 裁判外紛争解決手続（行政ADR）の規定の整備

改正点1、2に関して、派遣スタッフが派遣会社、または派遣先企業とトラブルになった場合は、「都道府県労働局長による助言・指導・勧告」や「紛争調整委員会による調停」を求めることができます。無料で利用でき、プライバシーも守られます。

## 改正点への対応

今回の改正点は、大手の派遣会社にとってこれまで取り組んできたことの規定化、明確化、強化であり、対応の負担はさほど大きくありません。

しかし、中小の派遣会社にとっては新規導入ともいえ、負担は大きく、競争力低下につながりかねません。

派遣労働者の待遇決定方式の選択

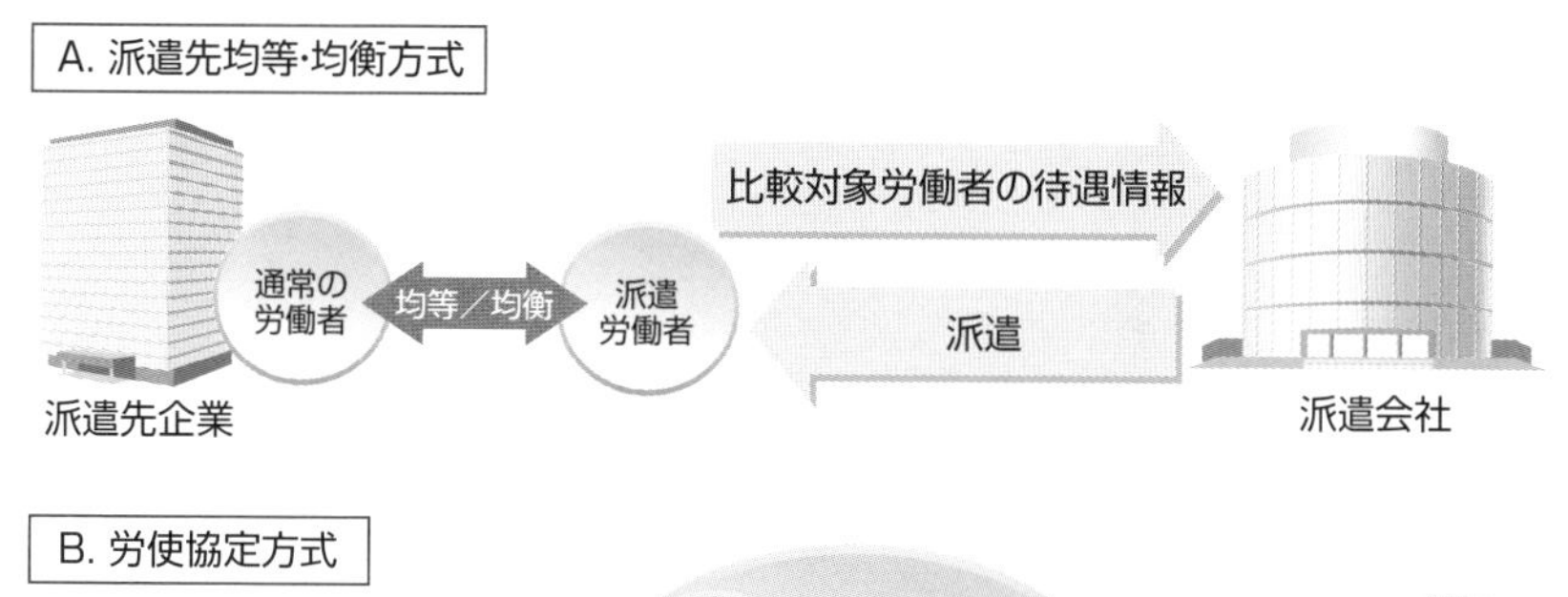


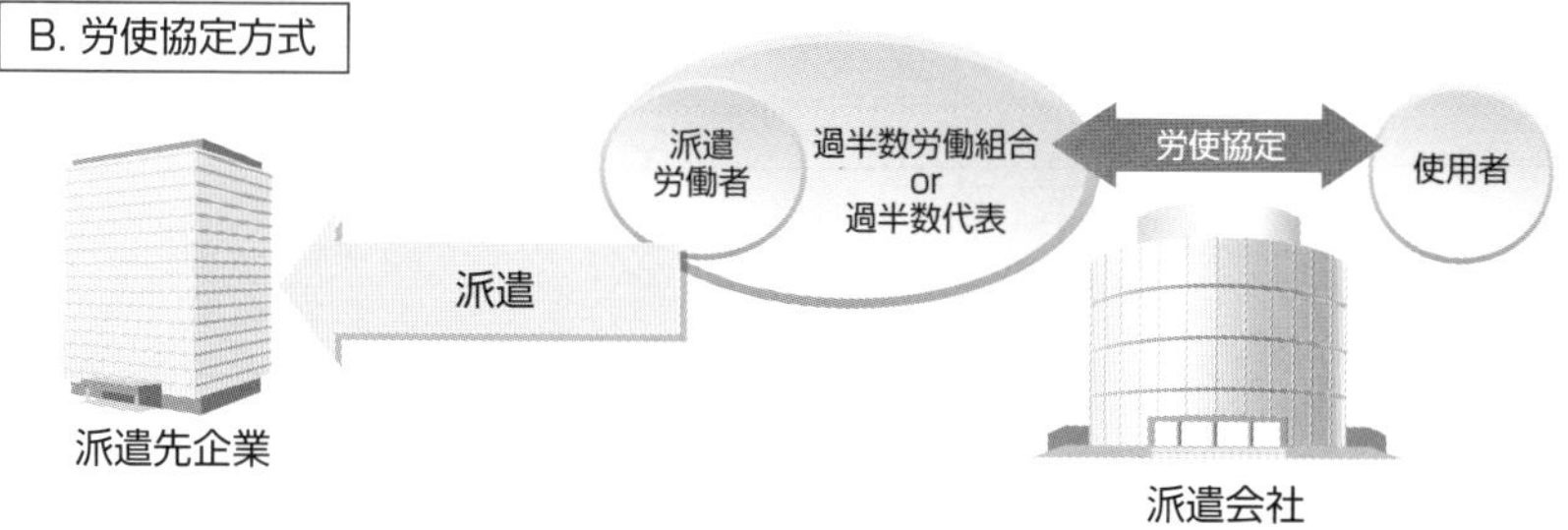

＊**均衡方式**　①、②と③（その他の事情の相違）を考慮して不合理な待遇差を禁止。

12

# 派遣決定における留意点

**派遣会社は、依頼先企業に派遣するスタッフの選択を一任されています。だからこそ、派遣先企業の募集、採用の労力とコストの削減につながるわけですが、留意点があります。**

## 派遣先企業の責務

派遣先企業は、本来選択権を持たず、それを派遣会社に要求してはなりません。**事前面接**、指名や履歴書の提出を求めたり、年齢条件などを付けて、派遣スタッフを**特定**しないとの義務が課せられているのです。

ただし、派遣スタッフの希望での職場の下見や、決定後の派遣先企業での打ち合わせ、顔合わせをしてのスタート、紹介予定派遣での事前面接は認められます。

さらに、年齢や性別、あるいは障害者であることを理由に、派遣スタッフを受け入れない、他のスタッフを要求する、差別することも禁じられています。

ただし、次に挙げる場合は例外です。

①行政機関の雇用対策などによって、中高年に限定して募集、採用する場合。

②労働基準法によって、特定の年齢層の就業が禁止、または制限されている場合。

また、派遣スタッフの社会・労働保険の加入について確認し、状況によっては派遣会社に加入させてからの派遣を求めます。

そして、必要な教育訓練や福利厚生施設の利用の機会を提供します。待遇決定方式が「均等・均衡方式」の場合は、比較対象労働者の情報を派遣会社に提供します。

## 派遣会社の責務

派遣会社は、派遣スタッフの特定の要求に応じず、適任の派遣スタッフを選択します。

一方、選択した待遇決定方式に基づき、派遣スタッフの賃金を決定します。また、当初の条件より良い条件への交渉や、社会保険加入促進、福利厚生の充実、キャリアアップ措置、雇用安定措置など、派遣スタッフの希望、就業条件に沿うべく努めなければなりません。

## 法に基づくことが三者の利益になる

派遣会社は、特に、派遣スタッフを初めて受け入れる企業に対しては、派遣システムと法に基づいた派遣先企業の義務について、説明しなければなりません。

罰則を恐れてというより、派遣スタッフの適正な就業はモチベーションと信頼関係向上、トラブル防止につながり、結果的に三者の利益になるととらえましょう。派遣会社は、その牽引役なのです。

しかし、派遣会社がどんなに是正を要請しても、問題解決ができない最悪の場合は、その派遣先企業との契約を解除する、今後の取引を中止するという強硬手段もあり得ます。それもまた防衛策といえましょう。

**派遣を決定するまで**

| 派遣会社 | 派遣先企業 |
|---|---|
| 派遣事業の許可、その明示 | 許可の確認 |
| 禁止業務への派遣禁止／離職後1年以内の派遣禁止 | |
| 日雇派遣の原則禁止 | |
| グループ企業派遣8割規制 | |
| 期間制限抵触日と意見聴取の確認 | 派遣受入期間の制限、抵触日の通知 |
| | 指名、事前面接、履歴書提出の禁止 |
| 公正な待遇の確保 | 公正な待遇に必要な情報の提供 |
| 雇入れ前の待遇に関する説明 | |
| 労働条件・就業条件・派遣料金の明示 | |
| 社会・労働保険加入手続き | 社会・労働保険加入状況の確認 |
| 苦情処理体制の整備 | |

13

# 契約を結ぶ

**派遣が確定すると、派遣会社は派遣先企業と派遣スタッフ双方との契約を締結することになります。法の下、契約書を作成し、その後の契約管理を行います。**

## 二種類の契約

派遣会社は、派遣先企業、派遣スタッフそれぞれとの契約を結び、必要書類作成や告知、並びに契約管理をしなければなりません。

また、その二種類の契約は、労働者派遣法と労働基準法に則った条件を定めて締結され、必要書類には、定められた事項を漏れなく記載します。

## 派遣先企業との契約（派遣契約）と関連文書

派遣会社は、派遣先企業一社と、業務や条件の異なる契約を同時に、また断続的に結ぶ可能性があります。

そのため、通常は、派遣契約の概要を定め、取引開始となる**基本契約書**と、個々の条件を定める**個別契約書**の二種類の契約書を取り交わします。

派遣開始に先立ち、契約書とは別に、労働者派遣法に定められた、派遣スタッフの氏名などを文書で通知します。**派遣契約**とは、派遣会社から適材をその契約書に記載した条件で派遣するとの契約であり、特定の人物を派遣する契約ではないからです。

さて、人材派遣には期間制限があり、それに応じた対処が必要です。その制限に抵触する日は派遣先企業でないと明確ではないため、派遣先企業が派遣会社に対して、契約を結ぶ前に**事業所単位の期間制限の抵触日**を通知しなければなりません。

また、その**派遣可能期間**を延長する場合は、事前に派遣先企業が**意見聴取**を実施したかを確認します。

## 派遣スタッフとの契約（雇用契約）と関連文書

派遣開始に先立ち、派遣会社は、派遣するスタッフと労働契約（**雇用契約**）を結ぶ必要があります。

ただし、常用型（旧特定労働者派遣）では、すでに雇用関係にありますから、初めての派遣であっても、改めて雇用契約を結ぶ必要はありません。

派遣スタッフとして雇い入れした場合①派遣労働者であること*を明示し、②見込み賃金などの待遇（書面）、③派遣会社の事業運営、④派遣制度概要、⑤均衡待遇確保のための配慮内容について説明しておきます。

また、社会保険・労働保険が適用される場合は加入手続きをします。適用の有無を派遣先企業と派遣スタッフに通知しますが、未加入の場合はその理由も明らかにしなければなりません。

いずれにしても、個々の契約によって、職場も条件もまちまちですから、労働者派遣法による**就業条件**と、労働基準法による**労働条件**の両方、そして派遣料金を派遣スタッフに明示することになっています。



**契約と書類の流れ**

基本契約書
個別契約書
派遣契約
人材派遣会社（派遣元）
通知（派遣スタッフ名など）
派遣先企業（就業場所）
労働条件通知書
雇用契約
就業条件明示書
通知 事業所単位の期間制限の抵触日
派遣スタッフ

＊**派遣労働者であること** すでに雇い入れしているスタッフを新たに派遣する場合もその旨を明示し同意を得る。

14

派遣先企業との契約①

# 契約書

**派遣先企業との派遣契約の際に作成する、基本契約書と個別契約書の記載事項について説明します。二〇二〇年四月施行改正派遣法による追加事項があります。**

## 基本契約書の主な記載事項

基本契約では取引の条件や、個々のどの契約にも共通する原則について取り決め、契約書に記載します。

①契約の目的(人材派遣)
②個別契約について(別途契約する旨)
③派遣料金について(設定法、計算法、支払法)
④派遣スタッフの休暇取得について
⑤派遣スタッフの交代について　⑥損害賠償について
⑦契約の解除について(原則)　⑧守秘義務
⑨基本契約の有効期限(通常は一年間)
(更新しないとの意思表示がなければ自動更新される)

他に、派遣先企業の義務などを記載します。

## 個別契約書(覚書)

次のような事項を派遣先企業と取り決め、**個別契約書**に記載します。

①担当業務内容
②担当業務に伴う責任の程度
③就業事業所の名称、就業場所、**組織単位**
④**指揮命令者**について
⑤派遣期間と就業日
⑥就業時間帯と休憩時間
⑦安全衛生について(危険・健康障害の防止、健康診断、作業環境管理、安全衛生教育、免許取得・技能講習の有無、就業制限、安全管理体制など)
⑧派遣スタッフからの**苦情の処理**について

⑨契約解除の際の新たな就業機会の確保、休業手当の費用負担やその他の**雇用安定措置**について

(契約解除の事前の申し入れ、派遣先での就業機会の確保、損害賠償、契約解除の理由の明示など)

⑩**派遣元責任者、派遣先責任者**

⑪**時間外、休日労働**について

⑫派遣先事業所内福祉施設の利用、福祉増進について

⑬派遣終了後にその派遣スタッフを雇用する場合、事前に意思を伝え、職業紹介が可能なときは手数料を支払うこと、他の派遣終了後の紛争防止について

⑭派遣スタッフを協定対象労働者に限定するか否か

(労使協定方式で賃金決定する場合)

⑮派遣スタッフを無期雇用派遣労働者、または六〇歳以上に限定するか否かの別

⑯派遣人数*

※**紹介予定派遣**の場合は、その詳細も記載します。

※期間制限を受けない業務(有期プロジェクト、育児休業・介護休業の代替)の場合は、その旨を記載します。

**派遣先企業との契約書**

基本契約書

株式会社A(甲)と株式会社B(乙)

は、次の通り……

(目的)

(個別契約について)

〇〇〇〇〇〇〇〇〇〇〇〇〇〇

〇〇〇〇〇〇〇〇〇〇〇〇〇〇

〇〇〇〇〇〇〇〇〇〇〇〇〇〇

個別契約書

株式会社A(甲)と株式会社B(乙)

は、〇年〇月〇日付の労働者派遣

基本契約に基づき……

(業務内容)

〇〇〇〇〇〇〇〇〇〇〇〇〇〇

〇〇〇〇〇〇〇〇〇〇〇〇〇〇

〇〇〇〇〇〇〇〇〇〇〇〇〇〇

＊**派遣人数** 就業条件の組み合わせが複数の場合は、その組み合わせごとの常時いる人の人数。複数の人が交替して行う場合であっても、その合計数ではない。

# 15 通知

## 派遣先企業との契約②

**派遣契約自体は、派遣スタッフを特定していないため、適正な就業を図るには情報不足です。そのため、派遣会社は派遣スタッフについて、関連法規に則った情報のみを派遣先企業に通知します。**

### 派遣先企業への通知

通常は、必要事項を文書(または電子メール、FAX)にて通知しますが、緊急時は口頭で行います。

ただし、就業条件のまちまちな派遣が複数スタートする場合で、二週間以上の派遣期間があるときは、口頭での通知を行っても、文書(または電子メール、FAX)で、派遣スタート後、ただちに通知します。

通知すべき事項は以下のとおりです。

①派遣スタッフの氏名と性別
・四五歳以上あるいは六〇歳以上の場合は、その旨を記載する。
・一八歳未満の場合は、年齢も記載する
②無期雇用労働者であるか否かの別
③社会保険、雇用保険の被保険者資格届の提出の有無
・「無」の場合は、「被保険者資格なし」や「加入手続き中」などの理由を記載する。提出したなら、その旨を通知し、被保険証の写しを提出する。
④派遣契約と異なる場合の就業条件
※派遣期間、就業日、就業時間帯、休憩時間、派遣元責任者、派遣先責任者、時間外労働などが、派遣契約と異なる場合に限る。

### 個人情報の保護

これらの事項以外は通知する義務はなく、紹介予定派遣の場合を除き、履歴書の提出は禁じられています。

また、個人情報の保護、守秘義務の観点から、先に述べた事項以外は業務遂行能力に関する情報のみ追加

して通知できることになっています。経験職種、保有知識、および技術、取得資格、職業適性などです。

この通知は、派遣スタッフ自身のプライバシーを公開したくないといった思いも守ることになります。

しかし、初めて派遣スタッフを受け入れる企業の中には、契約時に、履歴書と同じ内容の情報を派遣会社に要求する場合や、名簿、緊急連絡網や社内報などに記載するために、派遣スタッフが嫌がっているにもかかわらず、個人情報を要求する場合があります。

これは、派遣システムと、労働者派遣法など関連法規に関する知識欠如や理解不足によると考えられます。そのままにすると、法律違反、信頼関係の崩壊、トラブルにつながりかねません。派遣会社からの十分な説明と派遣先企業の納得があっての契約締結と心得ましょう。

この通知に限らず、その目的と内容について十分説明した上で、契約書などを取り交わすことは、トラブル防止や信頼関係を築く機会をも得ることです。機械的に授受したり、捺印するだけなら、そのせっかくの好機を逃すことになります。

**派遣先企業への通知**

○年○月○日

派遣スタッフの御案内

株式会社A
　B様

株式会社C

労働者派遣契約に基づき、下記の通り派遣致します。

記

1. 派遣期間
2. 派遣労働者の氏名等
⋮

16

# 派遣スタッフとの契約

**雇用契約の際には、労働基準法に則った労働条件と派遣料金を明示しなければなりません。さらに、就業前には労働者派遣法に則った就業条件を明示します。**

## 雇用契約（労働契約）

登録型派遣の場合は、マッチングしたスタッフの派遣開始の際、雇用契約を結びます。一方、常用型派遣の場合は、すでに雇用契約を結んだスタッフを派遣します。

しかし、いずれも派遣スタッフとしての就業であること、紹介予定派遣である場合はその旨を、明示してからとなります。この際、労働条件は、実際の派遣労働の就業条件範囲内となります。

## 明示すべき労働条件（労働基準法）

雇用契約にあたり、次の労働条件を、次のように通知します。

「①労働契約の期間、②就業場所、③業務内容、④就業時間帯、休憩時間、⑤時間外労働や就業時転換の有無、⑥休日、休暇、⑦賃金の決定法、計算法、支払い法、⑧退職」は文書による明示（**労働条件明示書**）が必要ですが、「⑨昇給、⑩退職手当、⑪臨時の賃金や賞与、⑫最低賃金、⑬労働者に負担させる費用、⑭安全衛生、⑮職業訓練、⑯災害補償、業務外の傷病扶助、⑰表彰、制裁、⑱休職」については、口頭で明示してもかまいません。

## 明示すべき就業条件（労働者派遣法）

実際の業務内容、職場、就業条件は、個々の派遣契約によって違いがありますから、その詳細と社会・労働保険適用の有無を派遣スタッフに知らせた上の同意により、契約が交わされます。

それらのうち、労働者派遣法によって明示すべきと定められた就業条件と派遣料金を、文書であらかじめ派遣スタッフに伝えます。

その**就業条件明示書**の項目は、派遣先企業との間に結ばれる個別契約書とほぼ同一で、派遣スタッフ向けの表現になっています。ただし、「派遣労働者を無期雇用派遣労働者、又は六〇歳以上の者に限定するか否かの別」や人数については省いています。

緊急の場合は、文書以外でも可能ですが、派遣スタッフの要求の際、あるいは一週間を超える派遣期間の場合は、開始後直ちに文書を発行します。日雇派遣の場合は、モデル就業条件明示書などを活用します。

これらの明示すべき労働条件と就業条件は重複が多いため、通常、**労働条件通知書兼就業条件明示書**として一枚に収めています。

また、派遣可能期間やその変更についても、派遣スタッフには文書で通知することになっています。

**派遣前に派遣スタッフに明らかにすること**

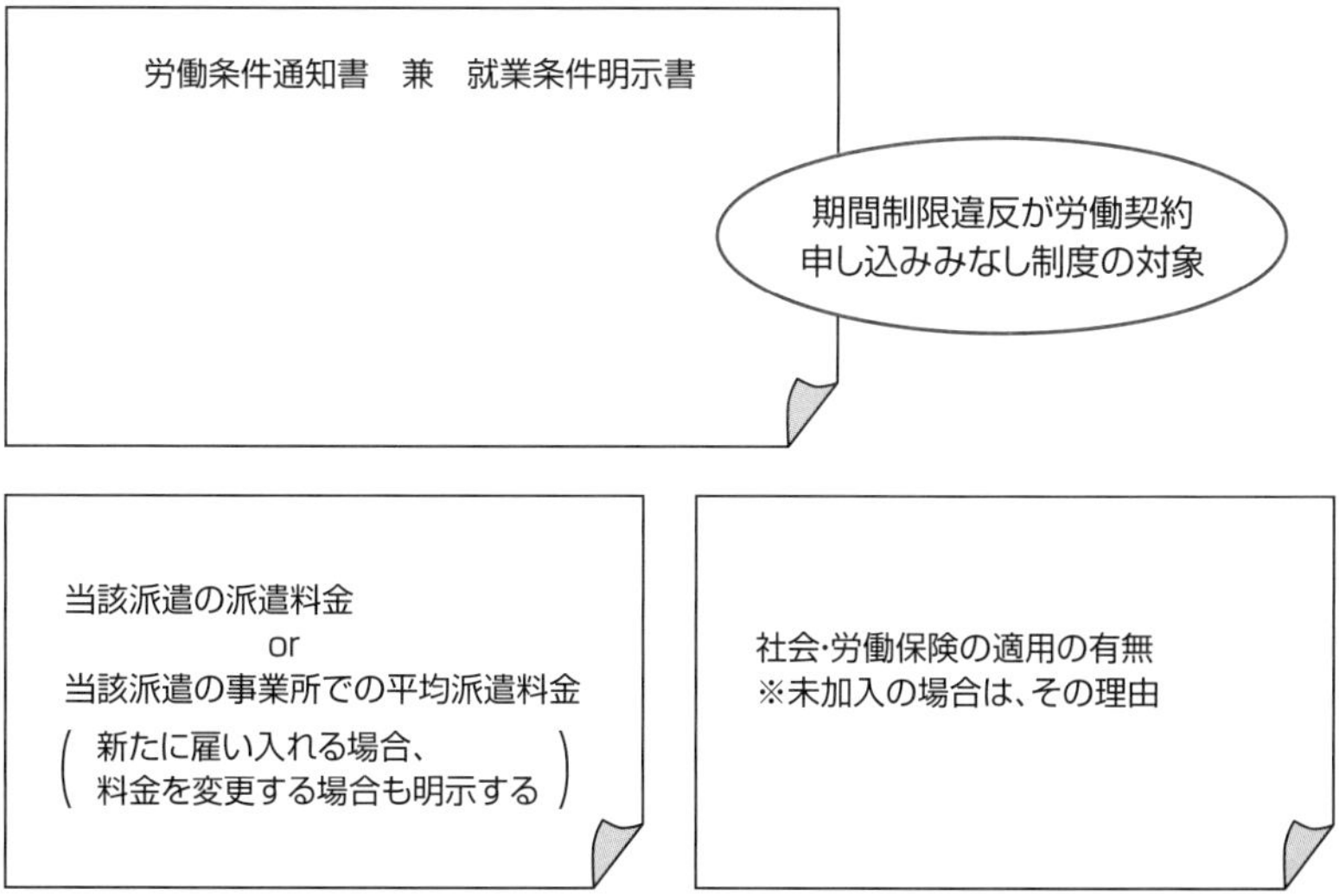

労働条件通知書　兼　就業条件明示書

期間制限違反が労働契約
申し込みみなし制度の対象

当該派遣の派遣料金
or
当該派遣の事業所での平均派遣料金
（新たに雇い入れる場合、
料金を変更する場合も明示する）

社会・労働保険の適用の有無
※未加入の場合は、その理由

17

# 海外派遣における留意点

**グローバル化に伴い、海外派遣が急増しています。その際、業務遂行のために必要な手続きを速やかに実行しなければなりません。特に、人材派遣の認知度が低い地域では、注意が必要です。**

## 海外派遣届出書

派遣先企業が海外法人か国内法人かに関わらず、指揮命令関係のある就業場所が海外であれば、海外派遣となり、派遣会社は労働者派遣法の定めにより、労働局に届出をしなければなりません。

ただし、海外出張で指揮命令者が主として国内にいる場合や、派遣期間がおおむね一カ月を超えない場合には、その届出をする必要はありません。

この**海外派遣届出書**には、**派遣先が講ずべき措置**の書面の写しを添付します。その書面の内容は国内での派遣先が講ずべき措置と重複するためで、手間が省けます(次節参照)。

海外派遣でも、次のような派遣先の責務があります。

## 海外での「派遣先が講ずべき措置」

①派遣先責任者の選任
②派遣先管理台帳の整備
③苦情処理
④派遣契約の定めに反しない適正な措置
⑤派遣スタッフの福祉の増進の援助
(疾病、負傷時の療養や帰国に関する援助など)
⑥派遣就業への適正な措置
⑦事業所単位の期間制限に抵触することになる最初の日の通知と離職した人の派遣禁止に関する通知
⑧教育訓練についての配慮
⑨福利厚生施設の利用機会の配慮
⑩賃金水準に関する情報提供、その措置

⑪同じ組織単位で継続して一年以上、派遣を受け入れ、引き続き同一の業務に従事させるため、労働者を雇用しようとするときの、その派遣スタッフの雇用に関する措置

⑫同一事業所で一年以上、同一のスタッフが派遣されている場合に通常の労働者を募集するときの募集情報の提供

⑬同じ組織単位で継続三年受け入れる見込みのある場合、そこで労働者を募集しその派遣スタッフへの雇用申し込みがあったときの募集情報の提供

⑭離職後一年未満の派遣スタッフの受入禁止

これらを記した書面は、派遣契約締結の際、文書(または、電子メール、FAX)で、派遣先企業に交付しなければなりません。

また、派遣契約の遵守は海外でも不可欠のため、派遣先企業が契約違反をした場合、その履行の要求やそれを理由とする契約解除が可能です。

しかし、文書の発行、交付や派遣先企業との連絡調整が、国内と同様に進められるとは限りません。事前の十分な調査と準備が必要です。

**海外派遣の文書の流れ**

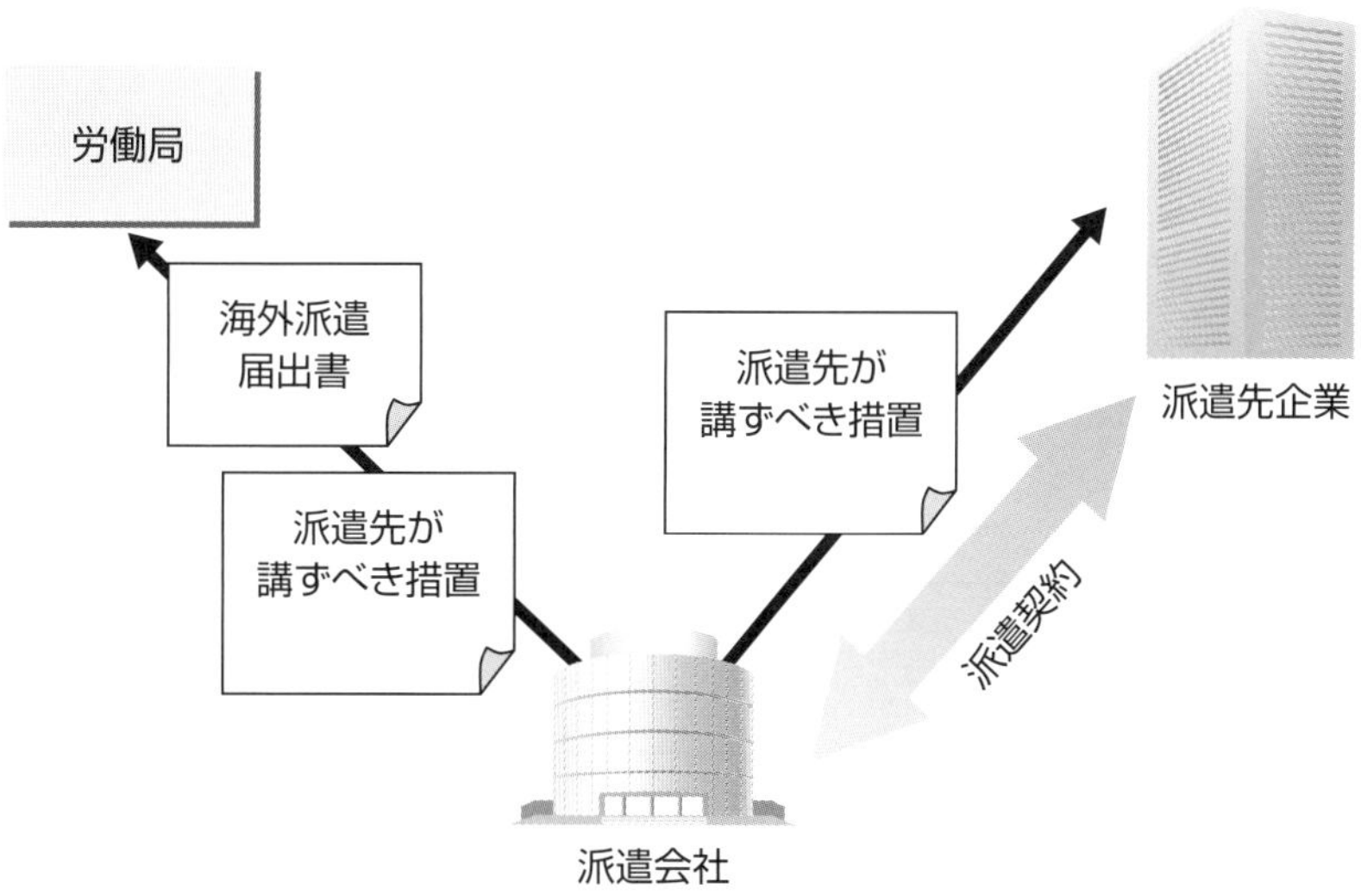

18

# 派遣先の講ずべき措置

派遣先企業の整備事項①

**派遣先企業が、有期が主の間接雇用である人材派遣を適正に、効果的に活用するには、派遣会社との連携を柱にした、労働者派遣法で定められた「派遣先の講ずべき措置」を講じなければなりません。**

## 派遣先の講ずべき措置

次のような措置を講じることで、適正活用、労働者の保護、トラブル防止につながります。派遣スタッフの労働・社会保険の適用促進や労働契約申込みみなし制度への対応も求められます。

1 **派遣契約**に関する措置
①契約に定める就業条件の確保
・関係者への就業条件周知徹底
・就業場所の巡回による就業状況の確認
・指揮命令者による就業状況の報告
・派遣契約の遵守の指導
②派遣契約違反の際の是正

2 **適正な派遣就業の確保**の措置
①苦情処理
②適切な就業環境の維持、福利厚生、安全衛生
③関係者への措置の周知
④派遣会社との連絡体制確立
⑤派遣スタッフへの説明会実施
⑥雇用調整により、空いたポストに解雇後三カ月以内に人材派遣を活用する場合は、契約期間の最小限化と関係者の理解を得るべく努力する。

3 派遣先による**均衡待遇**の確保
①賃金決定の参考として、同種の業務の賃金水準などの必要な情報を提供する。

②自社の労働者に同種の業務に必要な教育訓練を行っている場合、派遣会社が要請した場合は実施を図る。
③福利厚生施設(食堂、休憩室、更衣室)の利用。
④派遣会社の求めに応じ、同種の業務を行う自社の労働者の情報や当該派遣スタッフの状況を伝えるよう努める。

④ **事業所単位の期間制限と派遣受入期間延長**の適切な運用

⑤ **個人単位の期間制限**の適切な運用

⑥ 派遣スタッフの**雇用の努力義務**(下段表参照)
①対象派遣スタッフを雇用する努力
②対象派遣スタッフへの労働者募集情報の提供

⑦ 派遣先での**正社員化**の推進(下段表参照)

⑧ 離職後一年以内の労働者の派遣受け入れの禁止

⑨ **派遣先責任者**の選任

⑩ **派遣先管理台帳**の作成、記載、保存と記載事項の通知

**派遣スタッフの雇用に関する措置**

| 措置 | 対象となる場合 | 措置内容 |
|---|---|---|
| 雇用の努力義務 | 同一組織単位の同一業務に1年以上同一の派遣スタッフを受け入れていて、派遣会社から派遣先に直接雇用の依頼があり、派遣終了後、引き続き同一業務に就かせるため労働者を雇用する場合 | その派遣スタッフを雇用するよう努める。 |
| | 同一組織単位に3年間同一の派遣スタッフが就業する見込みで、派遣会社から派遣先に直接雇用の依頼があり、その事業所で労働者(正社員、パート、契約社員)を募集する場合 | その派遣スタッフにその募集情報を提供する義務がある。 |
| 正社員化の推進 | 同一事業所(組織単位は異動可)で同一派遣スタッフを1年以上受け入れていて、その事業所で正社員を募集する場合 | その派遣スタッフにその募集情報を周知させる義務がある。 |

19

派遣先企業の整備事項②

# 派遣先責任者と派遣先管理台帳

派遣先企業では、派遣スタッフを受け入れる際、派遣先責任者を選任し、派遣先管理台帳を整備して、適正な派遣就業を管理しなければなりません。

## 派遣先責任者の選任

統括責任者である**派遣先責任者***は、就業場所ごとに自社社員（法人の場合は役員も可）の中から選任しなければなりません。事業所の派遣スタッフ一〇〇人ごとに一人以上を選任します。その場合、他の事業所の派遣先責任者を兼任できません。ただし、その派遣スタッフ数と事業所の社員の合計が五人以下の場合は、選任する必要はありません。

製造業務に五〇人以上人材派遣を活用している場合は、その派遣スタッフ一〇〇人ごとに一人以上、**製造業務専門派遣先責任者**を選任しなければなりません。その派遣先責任者のうち、一人は製造業務以外に就く派遣スタッフを併せて担当してもかまいません。安全衛生上必要な場合は、製造業務専門派遣先責任者に製造業務とその付随業務に就く派遣スタッフ合計一〇〇人まで担当できます。

## 派遣先責任者の責務

派遣先先任者には、

①派遣就業に関わる社員に、関連法規、派遣契約、派遣会社からの通知を周知
②派遣可能期間の延長通知の管理
③均衡待遇の確保
④派遣先管理台帳の作成、管理、通知
⑤苦情処理
⑥安全衛生業務の統括
⑦派遣会社との連絡調整

用語解説

＊派遣先責任者　派遣スタッフを含め労働者が5人以下なら不要。
＊派遣先管理台帳　派遣スタッフを含め労働者が5人以下なら不要。

の責務があります。

## 派遣先管理台帳

派遣スタッフの就業状況を把握し、その主な内容を派遣会社に伝えることで適正な雇用管理に役立つのが**派遣先管理台帳***で、派遣先の事業所ごとに作成します。書面やコンピュータのファイルで作成した台帳には派遣スタッフごとに下段のような事項を記載し、派遣終了日から三年間保存しなければなりません。

この台帳のうち、派遣会社に通知する事項は下記の通りで、一カ月ごとに一回以上、定期的に書面(FAX、メール)で派遣会社に通知します。

これらの多くは派遣スタッフのタイムシートと重複し、それ以外の事項は個別契約書と重複しています。そのため、派遣会社によっては、派遣先管理台帳に転用できる個別契約書や、派遣会社への通知、派遣先管理台帳用、派遣スタッフの控えに使用できるタイムシートを作成していますので、有効活用できます。

### 派遣先管理台帳(※強調事項を派遣会社に通知する)

**①派遣スタッフ氏名**
②派遣元事業主氏名 or 名称
③派遣元事業所名
④派遣元事業所所在地
⑤無期雇用か有期雇用かの別
**⑥就業日　⑦就業時間帯、休憩時間**
**⑧業務内容**
**⑨派遣就業事業所名、所在地、就業場所と組織単位**
**⑩派遣スタッフからの苦情の処理について**
⑪紹介予定派遣の場合は、紹介予定派遣について
⑫教育訓練実施日時、内容
⑬派遣先責任者、派遣元責任者について
⑭期間制限の対象外の業務の場合、その業務について
⑮社会・労働保険の被保険者資格取得届の提出の有無(無の場合は理由)

20

# 派遣元の講ずべき措置

派遣会社の整備事項①

**派遣元である派遣会社が、派遣先企業の職場で、その指揮命令によって働く派遣スタッフを管理し、人材派遣を行うには、労働者派遣法で定められた「派遣元の講ずべき措置」を講じなければなりません。**

## 派遣元の講ずべき措置

次のような措置を講じることで、適正管理、派遣スタッフの保護、トラブル防止につながります。

また、「**派遣先の講ずべき措置**」と対になっている措置も多く、派遣先企業との連携が重要です。

同時に、各措置は相互に関連しています。

1 有期派遣スタッフの**雇用の安定**(二―九節参照)

2 **キャリアアップ措置**

①段階的、体系的な教育訓練

(**キャリア形成支援制度**の下、次の要件を満たす**教育訓練計画**を作成し、それに沿って行う)

・雇用している派遣スタッフ全員を対象とする。

・有給、無償で行う。

・キャリアアップとなる教育訓練内容とする。

・**入職時訓練**(就業前研修)を含む内容とする。

・無期雇用派遣スタッフについては長期的キャリア形成を図る内容とする。

②希望者全員に対する**キャリアコンサルティング**

(キャリアコンサルタントか、派遣先企業との連絡調整担当者が、対面、または電話で行う)

この結果を踏まえて雇用安定措置を行い、キャリアコンサルティングの推奨の周知が望まれる。

3 **均衡待遇の確保**

①派遣先企業の直接雇用の労働者の賃金水準との均衡に考慮し、一般労働者の賃金水準、当該業務内容、

職務の成果などに配慮して、派遣スタッフの賃金を決定する。

※その結果、賃金引き下げになることは極力避け、派遣料金の引き上げは極力、賃金引上げに反映する。

※通勤手当は、派遣会社の通常の労働者との均衡やその他の事情を考慮して不合理なものとしない。

②派遣先企業の直接雇用の労働者との均衡を考慮して、教育訓練、福利厚生を実施する。

③この措置に関して、当該派遣スタッフに説明する義務がある。同時に、派遣スタッフが説明を求めたことを理由に不利益な扱いをしてはならない。

4 派遣スタッフの**福祉増進**

派遣スタッフの希望、能力、経験に応じた、直接雇用の推進を含む、就業機会や教育訓練の機会の確保と社会・労働保険適用の促進、福利厚生施設の充実を含む、労働条件の向上、雇用の安定を図る。

※特に、雇用安定措置、キャリアアップ措置との関連性が深く、横断的に行う必要がある。

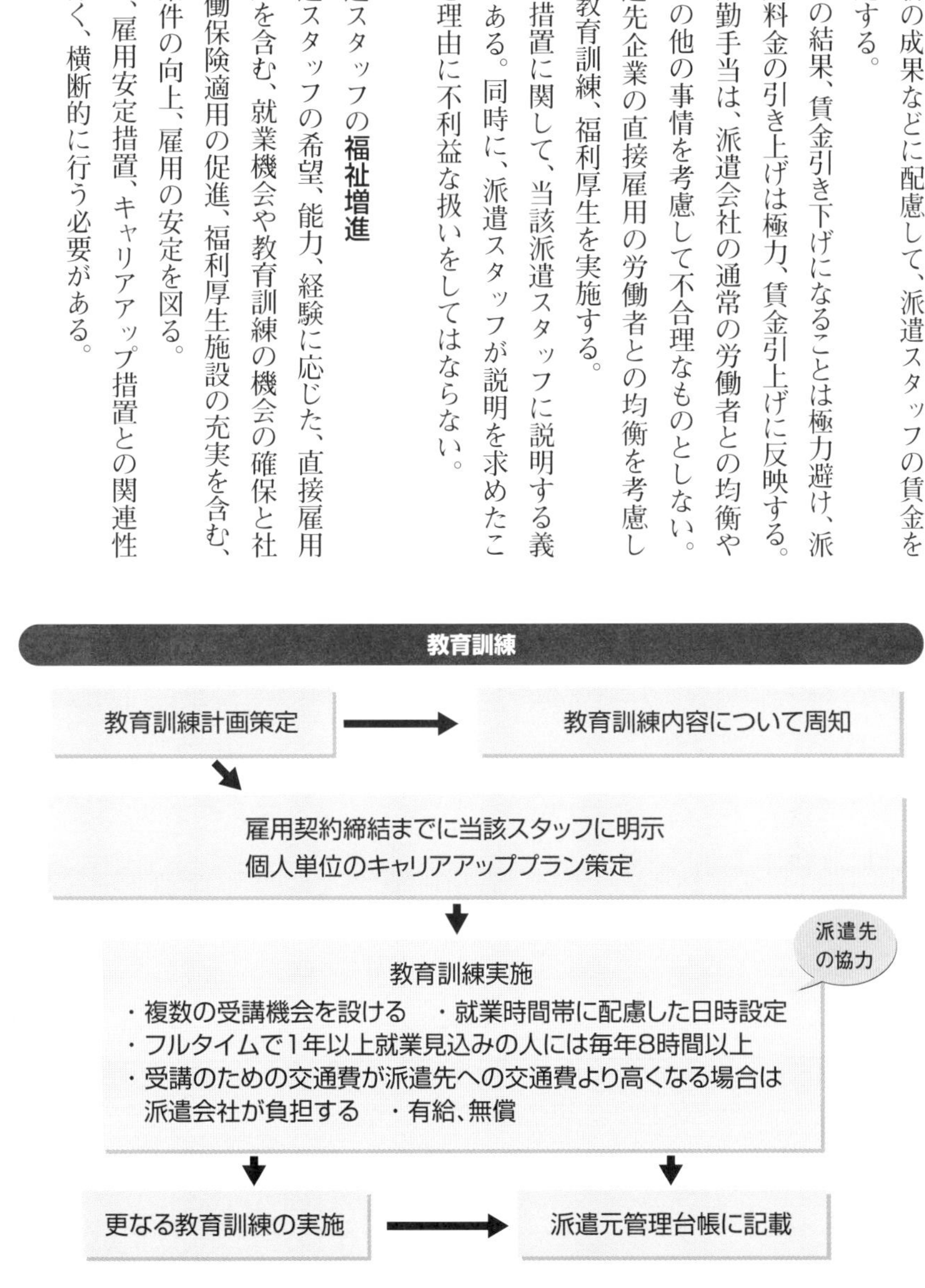

# 21 その他の派遣元の講ずべき措置

派遣会社の整備事項②

「**派遣元の講ずべき措置**」には、派遣先企業との派遣契約、派遣スタッフとの雇用契約（労働契約）と深く関わる措置が多く、また、禁止事項もあります。

## その他の派遣元の講ずべき措置

前節に続き、既に他の章や節で述べた措置も含め講ずべき措置を次のようにまとめました。

5 **適正な派遣就業の確保**

派遣先企業との連絡体制の確立、関連法規の熟知と周知を前提に行う。

①派遣先企業が法違反をした場合は是正を要請する。法違反をした派遣先企業に対して派遣を停止、または、派遣契約を解除する。

※派遣契約に定めた就業条件に基づき派遣すると労働基準法、労働安全衛生法に抵触する場合は、派遣会社も罰せられる。

②派遣元責任者が派遣先事業所を巡回し、法違反がないようチェックする。

③派遣先企業での問題には迅速、的確に解決を図る。

④安全衛生に関して派遣先企業と連絡調整する。（安全衛生教育、危険有害業務、健診結果に基づく対応、労働災害再発防止策についてなど）

※**時間外**、**休日労働**については、派遣会社の**三六協定***の締結、**労働基準監督署への提出**があれば、派遣スタッフの合意の下、派遣先企業が命じることができる。

6 **待遇**に関する説明

7 派遣労働者であることの明示

用語解説

＊**三六協定**　労働基準法36条に規定されている、労働者との協定のこと。

派遣スタッフとして雇い入れる際、あるいは雇い入れ後、派遣スタッフとなる場合、事前にその旨（紹介予定派遣の場合は、その旨）を明示する義務がある。

8 派遣終了後の**雇用制限**（派遣先企業の当該派遣スタッフの雇用を禁ずること）の禁止

9 派遣スタッフに対する**就業条件**の明示

10 派遣スタッフに対する**派遣料金**の明示

11 派遣先企業への通知

12 **派遣可能期間**の適切な運用

13 **日雇派遣**の原則禁止

14 離職後一年以内の労働者の派遣禁止

15 **派遣元責任者**の選任

16 **派遣元管理台帳**の作成、記載、保存と記載事項の通知

## 時間外、休日労働に関わる責務

●**就業規則**の合理的な作成

派遣スタッフは派遣会社の就業規則に従いつつ、派遣先企業の就業規則の服務規律などに従う必要があるため、大枠での仕組みを定め、詳細な労働条件は個別雇用契約書に定める旨、規定する。時間外、休日労働についても定める。

●**三六協定**（派遣スタッフを含め、常時 10 人以上の労働者を使用する場合、時間外、休日労働について労働者代表と締結）の労働基準監督署への提出。

●**派遣契約、雇用契約**に時間外、休日労働について定める。

派遣スタッフの労働時間については派遣先企業に、時間外、休日労働については派遣会社に責任があるため、派遣先企業の所定就業時間に基づき、派遣スタッフの労働時間を定める。割増料金は派遣契約に請求について定めれば、請求可。

22

# 派遣元責任者と派遣元管理台帳

派遣会社の整備事項③

**派遣会社は派遣を行う際、派遣契約、雇用契約の統括者としての派遣元責任者を選任し、派遣元管理台帳を整備して、適正な派遣と雇用管理を行います。**

## 派遣元責任者の選任

**派遣元責任者**は、その事業所の派遣スタッフ一〇〇人ごとに一人以上、自社社員(個人事業主や法人の役員も可)の中から選任しなければなりません。その場合、他の事業所の派遣元責任者を兼任できません。

製造業務の人材派遣を行っている場合は、製造業務に就かせる派遣スタッフ一〇〇人ごとに一人以上、**製造業務専門派遣元責任者**を選任しなければなりません。ただし、その製造業務専門派遣元責任者のうち一人は、製造業務以外の業務に就く派遣スタッフを併せて担当することができます。

また、派遣元責任者として在任中は、三年ごとに**派遣元責任者講習**＊を受講する必要があります。

## 派遣元責任者の責務

派遣元責任者には、次のような責務があります。

①契約の際、事前に派遣労働者であることを明示する。
②就業条件を派遣スタッフに明示する。
③派遣先企業へ通知する。
④派遣元管理台帳を作成、記載し、保存する。
⑤派遣スタッフに関連法規、制度、契約などについて助言、指導を行う。
⑥派遣スタッフからの苦情の処理にあたる。
⑦派遣先企業との連絡調整にあたる。
⑧派遣スタッフの個人情報を適正に管理する。
⑨派遣スタッフのキャリアアップ措置を管理する。
⑩派遣スタッフの安全衛生に関する連絡調整を行う。

＊**派遣元責任者講習**　受講して3年以内でなければ、派遣元責任者になれない。

## 派遣元責任管理台帳

派遣会社は、適正な雇用管理を行うため、また、行政監督用として、派遣会社の事業所ごとに、自社の常用雇用される者とそれ以外の者とに分けて**派遣元管理台帳**を作成し、派遣の際には派遣スタッフごとに必要事項(下段参照)を都度、記載しなければなりません。

この台帳は、労働基準法に則った**労働者名簿**＊や**賃金台帳**＊と合わせて調製することができます。また、**労働条件通知書兼就業条件明示書**の内容と関係が深いため、リンクして作成すると合理的です。

書面によらず、コンピュータのファイルでこの台帳を作成する場合は、必要に応じて文書として印刷できるように調製しなければなりません。

この台帳は、派遣終了日から三年間、派遣会社の事業所ごとに保存しなければなりません。紹介予定派遣とそれ以外の派遣とは分けて管理します。

トラブル、クレーム防止にも有効活用しましょう。

### 派遣元管理台帳

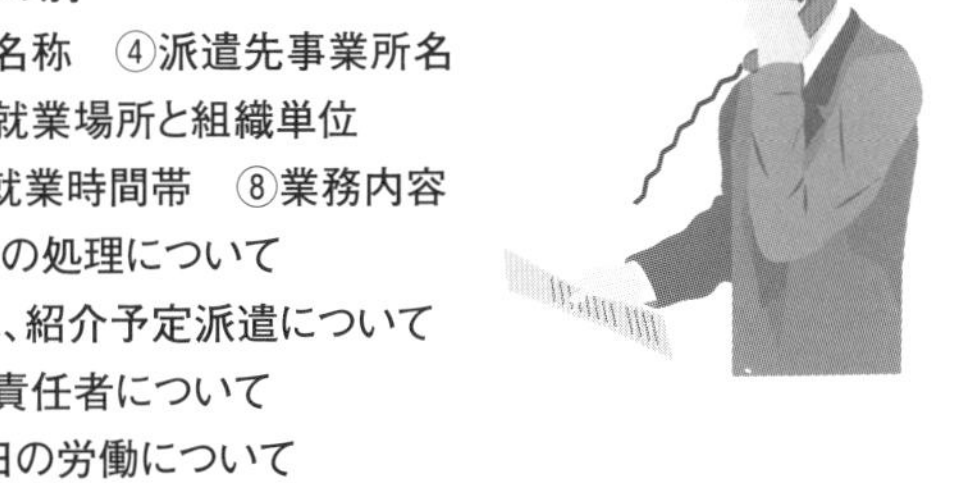

①派遣スタッフ氏名
②無期雇用か有期雇用かの別
③派遣先事業主氏名 or 名称　④派遣先事業所名
⑤派遣先事業所所在地、就業場所と組織単位
⑥派遣期間、就業日　⑦就業時間帯　⑧業務内容
⑨派遣スタッフからの苦情の処理について
⑩紹介予定派遣の場合は、紹介予定派遣について
⑪派遣元責任者、派遣先責任者について
⑫時間外、就業日以外の日の労働について
⑬期間制限の対象外の業務の場合、その業務について
⑭社会・労働保険の被保険者資格取得届の提出の有無(無の場合は理由)
⑮キャリアアップ措置実施日時、内容
⑯雇用安定措置の内容

＊**労働者名簿**　労働基準法第107条、109条によって、労働者の氏名、生年月日、履歴その他厚生労働省令で定める事項を記入することが定められている。

＊**賃金台帳**　労働基準法第108条において、各事業場ごとに使用者に作成義務が定められている。

# 23 トラブルへの法的対応

**派遣会社、派遣先企業、派遣スタッフが努力したにもかかわらず、ミスマッチやコミュニケーション不足、知識不足、認識不足などによるトラブルが発生することがあります。**

## トラブルに備えて

トラブルが発生した場合、派遣会社と派遣先企業は連携して、その解決にあたることになっています。

①派遣確定時に、**苦情処理**の方法を定め、契約書に記載して、派遣会社と派遣先企業が派遣契約を締結します。同時に、派遣会社はその苦情処理法を就業条件明示書に記載し、派遣スタッフに通知します。

②派遣元責任者と派遣先責任者は、それぞれ苦情処理の責任者として、その責務を果たします。

③苦情が発生したら、迅速に連携して解決を図ります。

④その苦情について、**派遣元管理台帳**と**派遣先管理台帳**に記載し、記録にすると共に、今後のトラブル防止の材料とします。

当然ながら、派遣スタッフが苦情を申し出たあと、それを理由に、派遣会社、派遣先企業共にその派遣スタッフに対し、不利益な取り扱いをすることは禁じられています。また、派遣会社、派遣先企業に法律違反があった場合は、派遣スタッフが告発者、被害者として訴えることができます。

二〇二〇年四月改正派遣法により、待遇に関するトラブル発生時の裁判外紛争解決手続(行政ADR)の規定が整備されました。

## 派遣スタッフに落ち度があった場合

それでは、派遣スタッフ側に落ち度があった場合はどうでしょうか。

もし、派遣スタッフが**懲戒**にあたるような行為を行った場合、派遣先企業は派遣会社に対して、派遣スタッフの交代や契約解除を要求することができます。

その際、派遣先企業が損害を被った場合は、派遣会社に対して**損害賠償**を請求することができます。

そもそも、派遣スタッフの起こしたトラブルの解決は、派遣会社の責務です。しかし、そのトラブルの内容や原因によっては、その派遣スタッフとの契約は今後いっさい結ばないとの断固たる姿勢が必要です。

いずれにせよ、トラブルを解決しても、その派遣先企業との取引中止どころか、社会的な信用を失い、派遣会社の存続も危くなる場合もあります。

ですから、それを教訓として、派遣会社は業務改善やスタッフ研修強化を図り、今後のトラブル防止と派遣先企業の信頼回復に努めなければなりません。

このように、派遣先企業と派遣会社には、それぞれの責務と、共通する責務とがあります。

労働基準法など関連法規ごとに責任をまとめると、次ページの表のようになります。

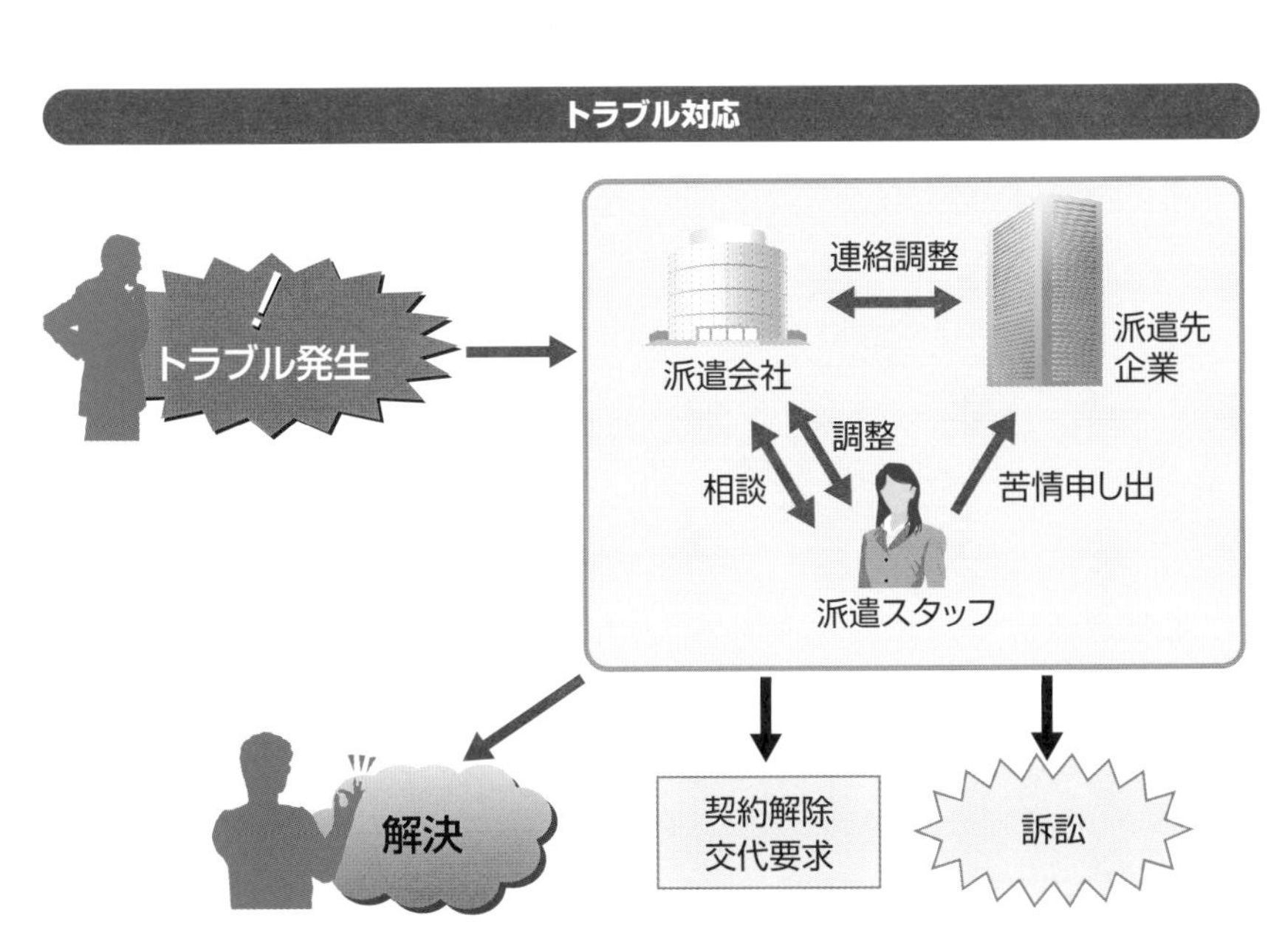

## 労働基準法上の責任

| 派遣元責任 | 派遣先責任 |
|---|---|
| 均等待遇 | 均等待遇 |
| 男女同一賃金の原則 | |
| 強制労働の禁止 | 強制労働の禁止 |
| | 公民権行使の保障 |
| 労働契約 | |
| 賃金 | |
| 変形労働時間制の協定の締結、届出 | 労働時間、休憩、休日 |
| 時間外、休日労働の協定の締結、届出 | |
| 事業場外労働に関する協定の締結、届出 | |
| 専門業務型裁量労働制に関する協定の締結、届出 | |
| 時間外、休日、深夜の割増賃金 | |
| 年次有給休暇 | |
| 最低年齢 | |
| 年少者の証明書 | |
| | 年少者の労働時間及び休日 |
| | 年少者の深夜業 |
| | 年少者、妊産婦等の危険有害業務の就業制限 |
| | 年少者、女性の坑内労働の禁止 |
| 年少者の帰郷旅費 | |
| 産前産後の休業 | |
| | 産前産後の時間外、休日、深夜業 |
| | 育児時間 |
| | 生理日の就業が著しく困難な女性に対する措置 |
| 徒弟の弊害の排除 | 徒弟の弊害の排除 |
| 職業訓練に関する特例 | |
| 災害補償 | |
| 就業規則 | |
| 寄宿舎 | |
| 申告を理由とする不利益取扱禁止 | 申告を理由とする不利益取扱禁止 |
| 国の援助義務 | 国の援助義務 |
| 法令規則の周知義務 | 法令規則の周知義務（就業規則を除く） |
| 労働者名簿 | |
| 賃金台帳 | |
| 記録の保存 | 記録の保存 |
| 報告の義務 | 報告の義務 |

## 労働安全衛生法上の責任

| 派遣元責任 | 派遣先責任 |
|---|---|
| 職場における安全衛生を確保する事業者の責務 | 職場における安全衛生を確保する事業者の責務 |
| 事業者等の実施する労働災害の防止に関する措置に協力する労働者の義務 | 事業者等の実施する労働災害の防止に関する措置に協力する労働者の義務 |
| 労働災害防止計画の実施に係る厚生労働大臣の勧告等 | 労働災害防止計画の実施に係る厚生労働大臣の勧告等 |
| 統括安全衛生管理者の選任等 | 統括安全衛生管理者の選任等 |
| | 安全管理者の選任等 |
| 衛生管理者の選任等 | 衛生管理者の選任等 |
| 安全衛生推進者の選任等 | 安全衛生推進者の選任等 |
| 産業医の選任等 | 産業医の選任等 |
| | 作業主任者の選任等、安全委員会 |
| | 統括安全衛生責任者、元方安全衛生責任者の選任等 |
| 衛生委員会 | 衛生委員会 |
| 安全管理者に対する教育等 | 安全管理者に対する教育等 |
| | 労働者の危険または健康障害を防止するための措置、事業者の講ずべき処置、労働者の遵守すべき措置、元方事業者の講ずべき措置、特定元方事業者の講ずべき処置 |
| | 定期自主検査 |
| | 化学物質の有害性の調査 |
| 安全衛生教育（雇入れ時、作業内容変更時） | 安全衛生教育（作業内容変更時、危険有害業務就業時） |
| | 職長教育 |
| 危険有害業務従事者に対する教育 | 危険有害業務従事者に対する教育 |
| | 就業制限 |
| 中高年齢者等に対する配慮 | 中高年齢者等に対する配慮 |
| 事業者が行う安全衛生教育に対する国の援助 | 事業者が行う安全衛生教育に対する国の援助 |
| | 作業環境を維持管理するよう努める義務 |
| | 作業環境測定、作業環境測定の結果の評価 |
| | 作業の管理、作業時間の制限 |
| 健康診断（一般健康診断等、当該健康診断結果についての意見聴取） | 健康診断（有害な業務に係る健康診断等、当該健康診断結果についての意見聴取） |
| 健康診断（健康診断実施後の作業転換等の措置） | 健康診断（健康診断実施後の作業転換等の措置） |
| 一般健康診断の結果通知、医師等による保健指導 | |
| | 病者の就業禁止 |
| 健康教育 | 健康教育 |
| 体育活動等についての便宜供与等 | 体育活動等についての便宜供与等 |
| | 安全衛生改善計画等 |
| | 機械等の設置、移転に係る計画の届出、審査等 |
| 申告を理由とする不利益取扱禁止 | 申告を理由とする不利益取扱禁止 |
| | 使用停止命令等 |
| 報告等、法令の周知、書類の保存等 | 報告等、法令の周知、書類の保存等 |
| 事業者が行う安全衛生施設の整備等に対する国の援助 | 事業者が行う安全衛生施設の整備等に対する国の援助 |
| 疫学的調査等 | 疫学的調査等 |

## じん肺法

| 派遣元責任 | 派遣先責任 |
|---|---|
| | 事業者及び労働者のじん肺の予防に関する適切な措置を講ずる責務 |
| | じん肺の予防及び健康管理に関する教育 |
| | じん肺健康診断の実施* |
| | じん肺管理区分の決定等* |
| じん肺健康診断の結果に基づく事業者の責務 | じん肺健康診断の結果に基づく事業者の責務 |
| じん肺にさらされる程度を軽減させるための措置 | じん肺にさらされる程度を軽減させるための措置 |
| 作業の転換 | 作業の転換 |
| 転換手当 | |
| 作業転換のための教育訓練 | 作業転換のための教育訓練 |
| 政府の技術的援助等 | 政府の技術的援助等 |
| | 法令の周知* |
| 申告を理由とする不利益取扱禁止 | 申告を理由とする不利益取扱禁止 |
| 報告 | 報告 |

＊の規定は、粉じん作業に係る事業場への派遣が終了した後は派遣元に適用する。

## 作業環境測定法

| 派遣元責任 | 派遣先責任 |
|---|---|
| | 作業環境測定士又は作業環境測定機関による作業環境測定の実施 |

## 男女雇用機会均等法（雇用の分野における男女の均等な機会及び待遇の確保等に関する法律）

| 派遣元責任 | 派遣先責任 |
|---|---|
| 職場における性的な言動に起因する問題に関する雇用管理上の配慮 | 職場における性的な言動に起因する問題に関する雇用管理上の配慮 |
| 妊娠中及び出産後の健康管理に関する措置 | 妊娠中及び出産後の健康管理に関する措置 |

# 業界人に聞く！

## Q. 苦労や努力が報われたこと、達成感、充実感が得られたこと、忘れられないことは？

勤続7年の派遣スタッフAさんの派遣終了が決まり、断腸の想いで告知しました。かなり落ち込んでいたAさんにこまめに連絡を取りフォローしたところ、正社員の仕事が決まりました。後日、Aさんが当社を訪ねてきて「Mさんが一生懸命応援してくれたから、新しいフェーズに進むことができました。本当にありがとうございます。」と言ってくれました。生涯、忘れられません！　(営業担当M)

就業開始後に不妊治療を始めたBさんは、一時は退職を考えられましたが、「働くことで社会と接点をもち、子どもが生まれたときに自分の仕事について語れるようになりたい。」と、働き続けることを決意。その後は未経験の業務にもチャレンジし、任された業務を1.5倍の処理スピードでこなすなど努力を重ねました。後日、無事妊娠され、派遣先企業担当者Xさんに伝えると、祝福してくれたばかりか、産休まで優しく見守ってくださり、最終日にはBさん、Xさんと三人での送別会を設けてくれました。育休明けのBさんはいまも活躍されています。営業冥利に尽きます！　(営業担当N)

土曜日に企業担当者から「月曜日から働ける人を10人集めて欲しい。」とメールがあり、自宅で気が遠くなりました。急遽、所属部署の人たちに応援を頼んだところ、なんと本当に10人集めることができ、驚くと同時に感動しました！　(営業担当O)

# 24 契約更新と派遣スタッフの都合による契約解除

**契約を更新しようとするときには、派遣契約（派遣先企業との契約）と雇用契約（派遣スタッフとの契約）の更新が、それぞれ法的に可能かどうかを確認しなければなりません。**

## 派遣契約更新と期間制限

派遣先企業の**事業所単位の期間制限**があり、その制限を超える派遣契約*は結べません。これは、契約を更新しても、制限以内ということを指しています。

また、派遣先企業がその制限を超えて人材派遣を活用したい場合は、前に述べた所定の手続きをします。

## 雇用契約の更新

それでは、派遣会社と派遣スタッフとの間に結ばれる雇用契約（労働契約）はどうなるのでしょう。

登録型労働者派遣の場合、派遣契約と雇用契約は同時に締結されますが、その際、同じ期間を設定すると合理的です。ですから、更新もまた同じ期間で設定することになります。

ただし、派遣スタッフ**個人単位の期間制限**に応じた期間を設定します。

また、派遣スタッフが労働者である以上、雇用契約は労働基準法上の**労働契約**の定めに準じます。それに抵触しないかも確認しなければなりません。

## 派遣スタッフからの雇用契約解除

契約期間中に、派遣スタッフが退職したい（常用型派遣）、現行の雇用契約を解除したい場合や、現行の雇用契約の更新が予定されているにもかかわらず、更新できない場合はどうなるでしょうか。

もちろん、やむを得ない事情の場合や、就業規則に沿った、正当な手続きによる退職、契約解除、契約終了

**＊派遣契約**　労働者派遣契約で基本契約を交わした上での個別契約。

は受け入れることになります。

ただし、中には正社員ではないからと、安易に決定する派遣スタッフもいます。さらには、現在の派遣先や就業条件では続けられないが、他の派遣先や就業条件なら続けられるケースがあります。

まずは、雇用契約の中途解除や雇用契約終了を回避できないかを検討、調整し、継続できるよう働きかけましょう。そして、何らかのトラブルが理由であれば、その解決が急務です。

それでも中途解除が回避できない場合、その雇用契約が解除されても、派遣契約期間は終了していません。迅速な交代要員の派遣が必要です。その事情によっては、当該スタッフの新たな就業機会も確保します。

なお、派遣スタッフ側の都合による雇用契約中途解除は、派遣先企業にとっては派遣会社側の都合です。交代の際は、派遣会社の責任で引継ぎ、申し送り、研修などを行い、交代しても業務に支障のないように配慮します。やむなく雇用契約終了に至る場合でも、更新に備え、交代要員を確保します。

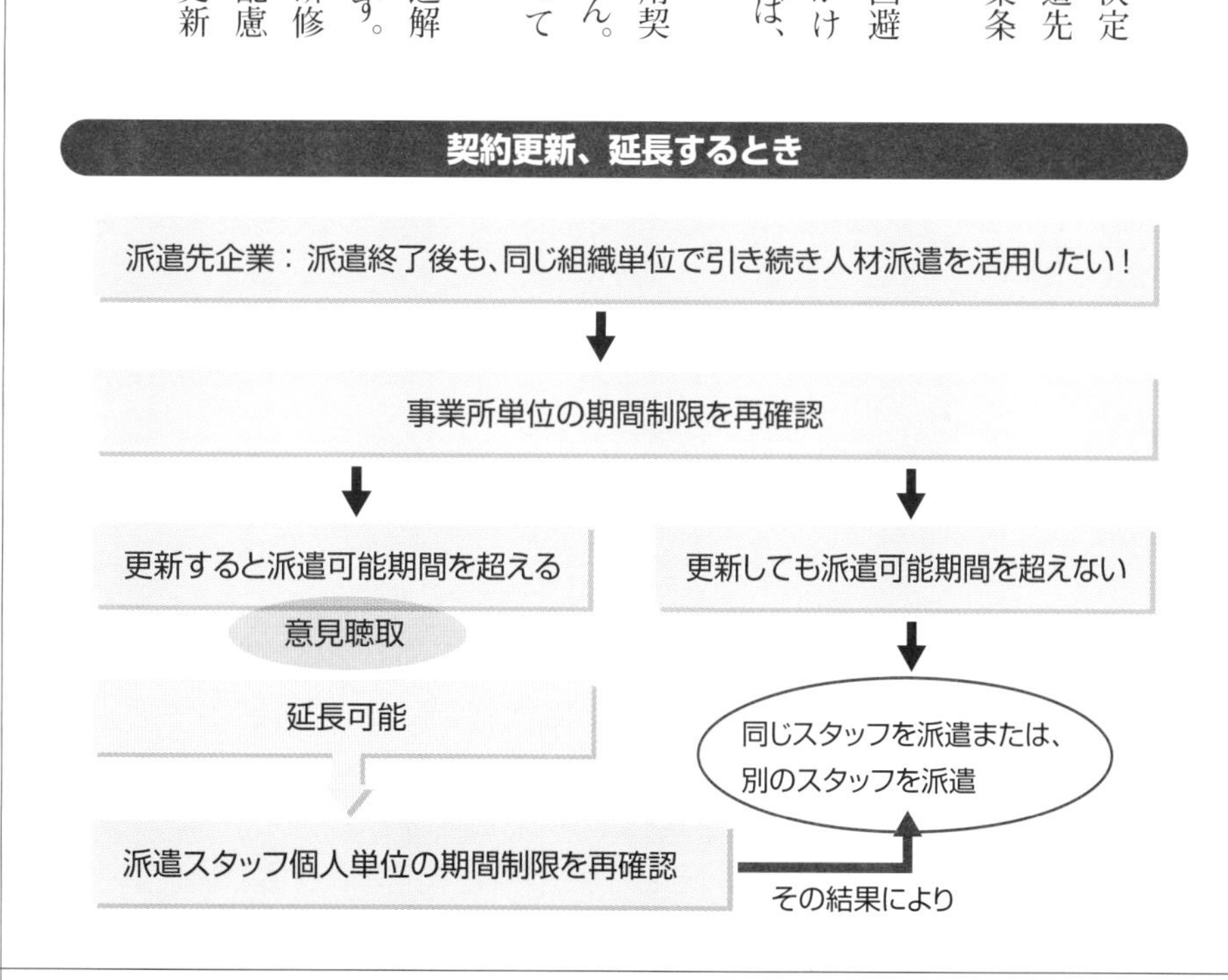

# 25 派遣先企業の都合による契約解除

前節では、派遣スタッフの申し出による雇用契約解除について触れましたが、この節では、派遣先企業側の都合によって派遣契約を中途解除する場合について、説明します。

## 派遣契約の解除と雇用契約

派遣契約(労働者派遣契約)が中途解除されても、雇用契約(労働契約)は期間満了まで継続しています。

したがって、派遣会社はその間、賃金を支払うと共に、派遣先企業と連携して派遣先企業の関連会社などでの就業を図る、または自社の別案件を打診するなど、当該スタッフの就業機会の確保に努めなければなりません。ただし、就業機会が確保できないときは、まず休業させ、その期間中は**休業手当***を支払います。

しかし、やむを得ず派遣スタッフを**雇い止め***、**解雇**する場合は、派遣会社に次のような責任があります。

①常用型派遣では、権利の乱用にあたる解雇は無効となり、登録型派遣では、やむを得ない事由がない限り、契約期間中に解雇はできない(解雇が無効とされた場合は、解雇後の期間も賃金の支払いなどを行う)。

②二カ月を超える有期労働契約の派遣スタッフを解雇する場合は、その三〇日前までに**解雇予告**をするか、解雇までの日数に応じた**解雇予告手当**を支払わなければならない(派遣スタッフから、解雇の事由などを求められたら、証明書を交付する)。

③有期労働契約の雇止め(登録型派遣)をする場合は、雇用契約が三回以上更新されているか、一年を超えて継続勤務している派遣スタッフについて、三〇日前までの予告が必要である(更新しないと明示している場合は例外)。

④一カ月に三〇人以上の離職者が出る場合は、ハローワークへの届出が必要である。

*休業手当　使用者側の責任で休業する場合は、平均賃金の6割以上の休業手当を支払うこと。

*雇い止め　有期労働契約について、雇用期間が満了したときに使用者が契約を更新せずに労働者を辞めさせること。

⑤離職した派遣スタッフが社宅や寮に入居していた場合は、離職後も一定期間住めるよう配慮する。

では、自社の都合で**派遣契約を中途解除**しようとする派遣先企業には、どんな責任があるのでしょうか。

まずは、相当の猶予期間をもって派遣会社に解除を申し入れ、派遣会社の合意を得ると共に、自社の関連会社などでの就業機会の確保を図ります。それでも、就業機会が確保できない場合は、中途解除により生じた派遣会社の損害を賠償*する必要があります。

このように、派遣契約の中途解除によって、非のない派遣スタッフの就業機会を奪うことを避け、やむを得ない解雇、雇止めにあたっても、しかるべき対処をしなければなりません。

それ以前に、派遣会社は人材派遣における契約の重みを再認識し、派遣契約、雇用契約の中途解除を防ぐべく、業務の精度を向上させる必要があります。ただし、派遣先企業側の解除事由によっては、むしろ派遣契約解除を促し、他の派遣先企業での就業を図ることが派遣スタッフの保護にあたることもあります。

**派遣契約解除の申し入れがあったら（派遣会社の責任）**

派遣契約解除の申し入れ → 派遣契約解除の合意／派遣先企業との連携 → 派遣スタッフの就業機会の探索　雇用期間満了まで賃金を支払う → 就業機会確保

就業機会なし
- 休業手当　解雇予告　解雇予告手当 → 解雇
- 雇止めの予告 → 雇止め

＊…**の損害を賠償**　休業時の休業手当、解雇時の解雇予告手当に相当する額以上を賠償する。

# 26 派遣スタッフとの契約を解除する

前節では、派遣契約の解除に伴う雇用契約の解除に触れましたが、この節では、派遣スタッフの勤務態度やミスなどを理由に、雇用契約を解除しようとする場合について考えてみましょう。

しかし、派遣スタッフに重大な規律違反、違法行為があった場合は、取引や派遣契約の状況を問わず、あるいは交代で済んでも、**雇用契約を解除**し、**解雇**(常用型)や**登録削除**(登録型)に至る他ありません。そして、そのために派遣先企業が損害をこうむった場合は、損害賠償を行うことになります。

ただし、「遅刻や欠勤が多い」「協調性がない」「仕事上のミスが多い」などが問題で、調整ができない場合は、就業規則に規定され、その程度が客観的に、社会通念上、解雇に値する場合のみ解雇が認められます。解雇事由と認められない場合は**不当解雇**となり得ますので、慎重に対処してください。

登録型派遣の場合は、今回、雇用契約の解除をすべきか、雇止めに留めるか、判断が難しいところです。

## 現派遣先企業での問題と雇用契約

派遣先企業から、派遣スタッフの質や言動、態度を理由に取引中止、派遣契約の中途解除を要求されることがあります。

もちろん、その要求どおりになるとは限りませんし、取引停止、派遣契約解除になっても、当該スタッフの雇用契約の解除に即つながるわけではありません。

まずは、派遣先企業、派遣スタッフや関係者からの事情聴取と十分な調査によって、事実を確認します。その事実によっては、迅速的確なクレーム対応や調整をすることで、それらが回避される、当該スタッフがそのまま就業する、あるいは派遣スタッフの交代に留まる可能性はあります。

## 解雇の留意点

実は、解雇に値する合理的な理由があっても、**休業期間***後の三〇日間は解雇できません（**解雇制限**）。ただし、とうていやむを得ない状況の場合は、労働基準監督署長の認定を受ければ解雇となります。

また、通常、必要な解雇予告の手続きは、次に挙げる者や場合については不要です（**解雇予告の適用除外**）。①日々雇い入れられる者、②二カ月以内の期間を定めて使用される者、③季節的業務に四カ月以内の期間を定めて使用される者、④試用期間中の者、⑤天災などのやむを得ない事由や労働者の責任によるもので労働基準監督署長の認定を受けた場合。

①〜④までは、所定の期間を定めて、または所定の期間を超えて引き続き使用される場合を除きます。前節の解雇予告の部分も参考にしてください。

このように、雇用契約解除の原則は同じでも、登録型と常用型とでは、異なる点もあります。それぞれに応じた対処が必要なのです。（下図参照）

**雇用契約解除の意味するもの**

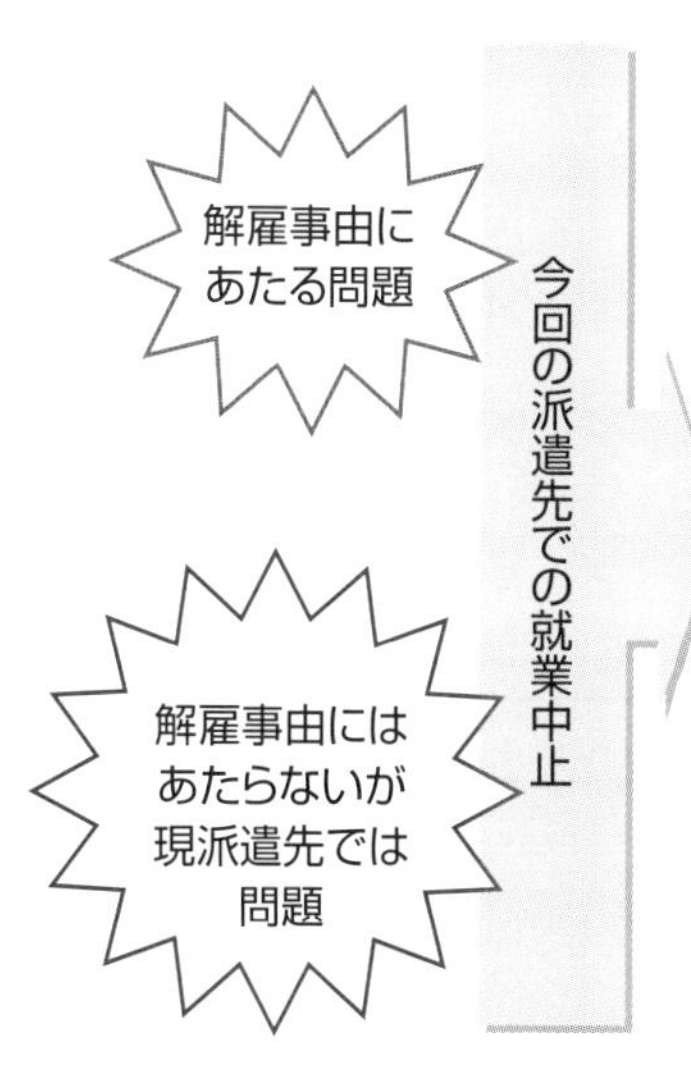


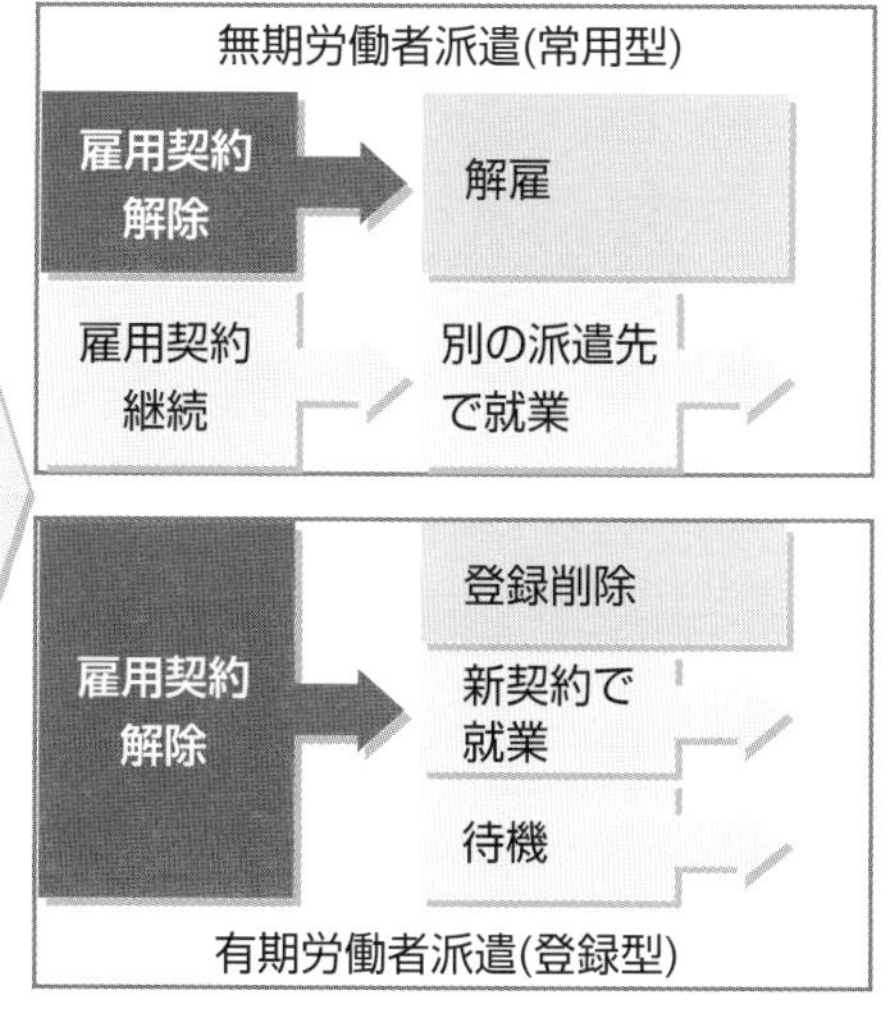

＊**休業期間**　業務上の疾病、または女性労働者の産前産後の休業期間。

# 27 収支構造の厳しい現実（売上）

この節では、人材派遣事業をメインとし、紹介予定派遣をサブ的に行う企業を想定して、その収支構造を見てみましょう。まずは、売上の構成から説明します。

## 人材派遣会社の売上

紹介予定派遣も行う一般的な派遣会社の場合、売上は、派遣料金収入、紹介手数料と、シンプルです。

しかも、派遣料金（派遣先企業への請求額）は時間単価に実働時間をかけたもので、時間外の割増料金が加算される程度です。実際には、「時間単価×一日の就業時間×一カ月、または半月の就業日数」で、一カ月分、または半月分を派遣先企業に請求します。

そもそも、「人材派遣」を活用する場合、時間外労働が発生しにくい業務、担当範囲に設定することが多いはずです。この「時間単価×実働時間」以外の料金がかからないという料金設定が人材派遣の特徴の一つであり、活用のメリットの一つでもあるからです。

ですから、各月の売上高は、契約の開始、満了、短期契約の数や大量案件の有無により、流動的なのです。

## 派遣料金の設定

派遣料金は業務内容とそのレベルによって決定されますが、相場や最低賃金はあるものの、業界での統一料金はありません。また、貢献度や就業期間などによって、値上げを期待できるとも限りません。

通常、難易度が高い、責任の重い業務の料金は高くなります。「同一労働同一賃金」が二〇二〇年四月から導入されましたが、本来の料金設定ともいえるでしょう。

一方、その派遣スタッフを評価しての派遣料金との誤解がいまだにあります。ただし、優秀なスタッフがいる場合、派遣会社からそのスタッフの有効活用の提案をするならば、そのスタッフの評価は料金設定の十分な理由となります。

これまでは、大量受注による料金値下げ（薄利多売）や高価格受注の利益によって低価格受注ぶんを補うこともありました。また、値下げは無理なので値ごろ感を狙い、派遣スタッフの質やサービス向上によって、受注獲得を目指すこともありました。

しかし、今後は「同一労働同一賃金」に沿った結果、大幅な料金値上げとなる可能性はあります。そのため、新規契約や契約更新が難しいケースもあるでしょう。

ともあれ、ニーズに合致した派遣スタッフをマッチングしたなら、その料金を妥当な料金、適正価格と派遣先企業は評価するはずです。

そもそも、「受注≠売上」ではなく、契約は受注案件に適した人材を派遣できるか、無事契約を満了するかにかかっています。柔軟な料金設定が難しいからこそ、多様なスキルをもつスタッフの確保とマッチング力が問われます。

**派遣料金見積から売上確保まで**

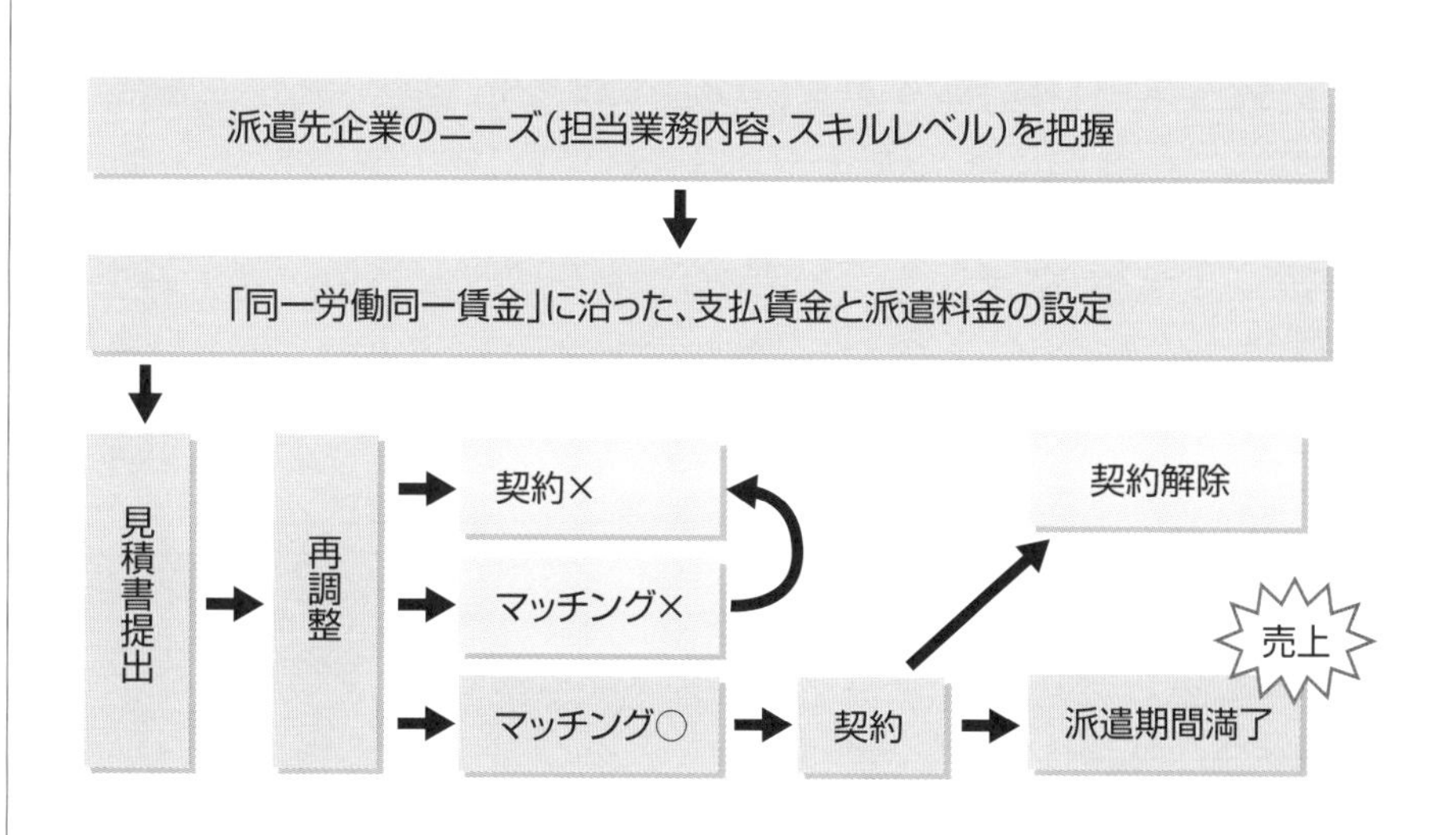

# 28 収支構造の厳しい現実（売上原価と経費）

「人材派遣は儲かるのか」とよく聞かれます。中には「派遣スタッフから、どのくらいピンハネしてるの？」と聞く人さえいます。人材派遣ならではの売上原価と経費を理解すると、その答えが出ます。

## ビジネスとしての人材派遣事業

人材派遣事業は社会貢献的要素がありますが、ビジネスである以上、利益が求められます。

といっても、派遣スタッフへ支払う賃金をピンハネしているのではなく、売上（派遣料金収入）から、まず派遣スタッフへ賃金を支払い、社会保険料などを負担し（売上原価*）、次に必要経費を負担した残りが利益なのです。当然、スタッフは賃金を了承してスタートしているのですから、搾取ではありません。

何しろ、派遣料金を上げれば受注が難しく、スタッフの賃金を下げればスタッフの確保が難しいのが人材派遣です。売上原価の主体であるスタッフの賃金は減らせず、一人あたりに相当なコストがかかります。さて、答えは出たでしょうか。

## 売上原価と経費

売上原価（仕入原価）は派遣スタッフの賃金を主とし、社会保険料（労災保険、雇用保険、健康保険、介護保険、厚生年金）、有給休暇にかかる費用や、場合によっては交通費負担も含めます。

登録型派遣の場合、未稼動スタッフも含めた、登録スタッフにかかる経費は常にあるものの、支払い賃金は雇用関係にあるときのみ発生します。言い換えれば、在庫は発生しません。

さて、派遣スタッフへの支払いは、「今回の担当業務の時間給×一日の就業時間×就業日数」で計算される給料がベースで、賞与や退職金はありません。

＊**売上原価**　（その年度の売上高に対応するぶんの仕入高）＝期首商品棚卸高＋当期仕入高－期末商品棚卸高で計算する。

　通勤交通費は、派遣先企業が負担することもあれば、派遣会社がスタッフ確保策の一環として、負担する場合もあります。通常は派遣スタッフの自己負担ですが、「同一労働同一賃金」の観点から支給されることが多くなりました。

　しかし、社会保険料や有給休暇分は派遣会社が必ず負担するため、社会保険加入要件を満たしても加入させない、有給休暇を取得させない悪質な業者もいます。ただし、これらの行為は違法であるばかりか、派遣スタッフや派遣先企業との信頼関係を破壊し、結果的にその業者の破綻を招きます。

　そもそも、社会保険加入要件を満たす、有給休暇が発生することは、「長期派遣」を意味しますから、負担額だけに着目せず、総合的なコストパフォーマンスを考慮すべきです。

　次に、経費についてですが、募集広告費や教育研修費などの派遣スタッフに直接的に関わる経費以外に、他の業界と同様、企業の必要経費があります。派遣業務を実際に行う直接部門、経理などの間接部門の経費と、人件費などの社員に関わる経費です(下図参照)。

**売上から引かれるもの**

| 項目 | 対象 | 内容 |
| --- | --- | --- |
| 売上原価 | 派遣中スタッフ | 賃金<br>社会保険料<br>有給休暇費用<br>(交通費)(時間外手当) |
| 経費 | 派遣中スタッフ<br>未稼働スタッフ<br>未登録者 | 募集広告費／教育研修費<br>健康診断料などの福利厚生費<br>通信交通費／消耗品費／雑費<br>(地代家賃)など |
|  | 派遣会社の各部門<br>派遣会社の社員 | 人件費／社会保険料<br>募集広告費／教育研修費<br>健康診断料／福利厚生費<br>通信交通費／消耗品費／雑費<br>地代家賃／接待交際費　など |

# 29 収支構造の厳しい現実(利益)

**利益を実際に計算してみると、「派遣業は儲かる」との甘い認識で開業しようとする人は愕然とすることでしょう。また、最終利益を考慮した予算、料金設定が重要です。**

## 利益の計算方法

まず、売上から前節で述べた売上原価を引きます。その金額が「売上総利益」(粗利益)で、その売上高に占める割合が**粗利率**(粗利)です。

ただし、通常、新聞などで示される「粗利」や情報公開が義務づけられているマージン率は「(派遣料金−支払い賃金)÷派遣料金」(**単純粗利率**)で計算され、平均二〇数%です。

これでは本来の粗利とはいえず不合理ですが、様々な期間の契約があり、社会保険料などの不確実要素を含めると本来の粗利が目安になりにくいため、やむを得ない算出法といえます。ですから、単純粗利率の平均値を一つの目安として、適正な粗利を計算し、維持すべき粗利を設定します。

計算上は、粗利を高く設定すれば利益が上がりますが、適正な派遣料金、適正な支払賃金でなければ売上につながりません。派遣料金を上げれば契約を得られず、支払賃金を下げれば派遣スタッフが応じないからです。ですから、「同一労働同一賃金」に沿い、適正な派遣料金設定、適正な粗利計算をした上での支払い時間給設定、あるいは支払い時間給をもとに必要経費分を乗せた派遣料金を設定することが原則なのです。

ただし、現行の派遣料金を下げざるを得ない場合は、粗利を低く設定し、支払い時間給を一定レベルに保ちます。派遣料金大幅値下げに合わせた大幅な支払い賃金値下げは、優秀な派遣スタッフを他社に取られることに他なりません。派遣スタッフへの現行賃金を下げるのは、他の経費削減、営業努力をしたあとの最終手段とするべきです。

次に、人件費と販売管理費を含めた必要経費を売上総利益から引くと**営業利益**となります。それに営業外収益、営業外費用を加減すると**経常利益**。最終的には、特別利益、特別損失なども考慮しますが、経常利益でその年度の利益を測ればよいでしょう。

そして、その利益の売上高に占める割合が**利益率**ですが、現在のところ一〜二％程度です。

## 派遣会社を立ち上げるとき

フランチャイジーで派遣会社を運営する場合、ロイヤリティのぶん、さらに利益率が下がりかねません。ですが、母体の知名度、ネットワーク、社会的評価によっては宣伝効果があり、母体のノウハウを活かし、サポートを受けるなら、業務効率化、社員育成も可能です。その場合、ロイヤリティが必要経費、あるいはそれ以上の意味を持つかもしれません。

どんなスタイルなら利益が見込めるでしょうか。

### 利益はどれほどあるか？

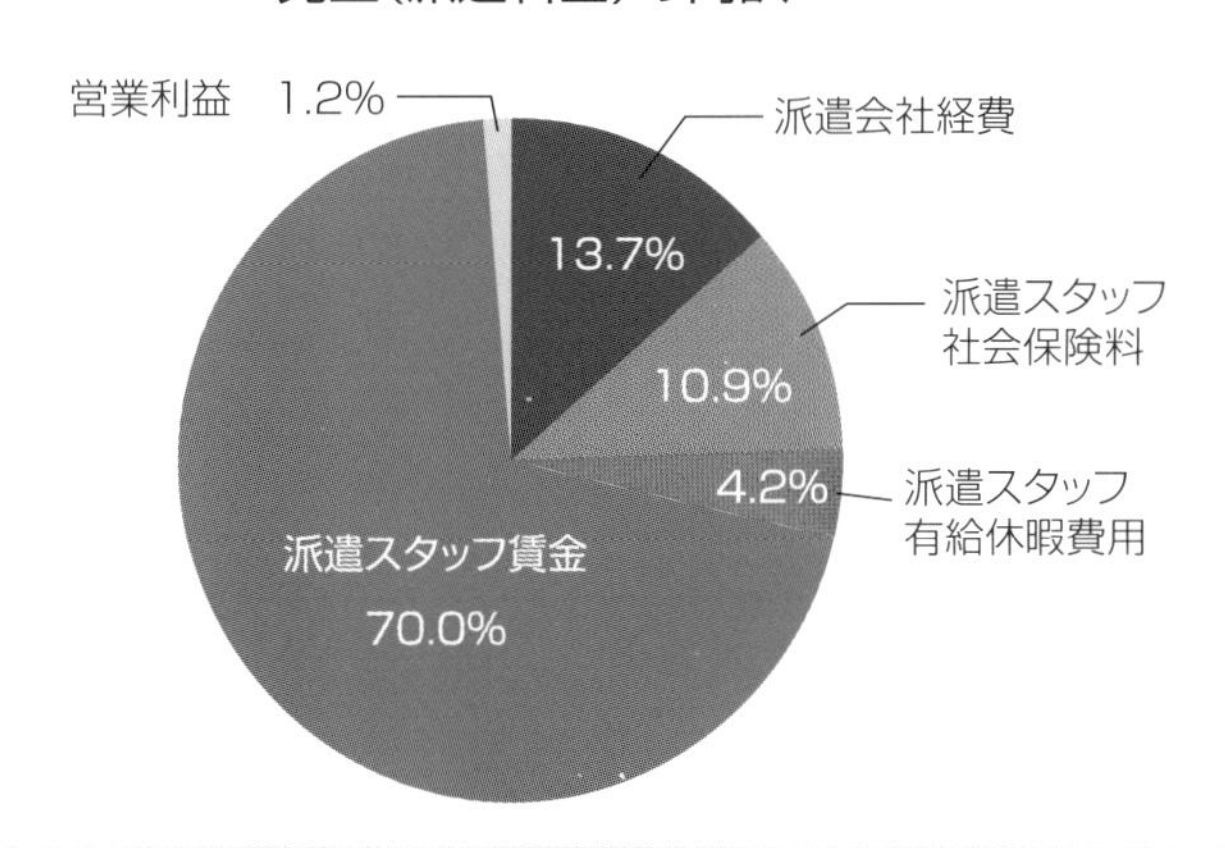


売上原価＝派遣スタッフの（賃金＋社会保険料＋有給休暇費用）

# 業界人に聞く！

## Q. 派遣業ならではのエピソードは？

派遣スタッフEさんから「派遣先Yの課長から、派遣期間が終わったら正社員にならないかと内々に誘いがあったが、断りたい。」と相談がありました。意思を確かめると「期限が決まっていて、間接雇用の『派遣』だからこそやれている。あの職場で正社員になりたいとは思わない。」とのこと。ほどなく、契約期間の確認という名目で課長を訪ね、正社員化の話とEさんの真意には触れず、結果的に契約満了、交代要員の準備、Eさんの次の派遣先決定（その時点では未定）を受け入れてもらうことができました。

その言葉どおり、Eさんが次の派遣先で活躍していたある日、かつての派遣先Y在職中の社員Fさんが当社へ登録に来ました。Eさんから当社や派遣について聞き、退職して派遣スタッフとして働きたいというのです。まずは、派遣システムとその特性について述べ、退職と派遣就業を熟慮するよう促しました。結果、当面は退職しないで、今後について計ることになりましたが、納得のいく選択をしていただいたと思います。（営業兼コーディネーターP）

派遣スタッフGさんが派遣先Zに通い始めて3日目、派遣先Gから「まだ来てないんだけど。」と怒りの電話。当社にも連絡はないし、無断欠勤かと青くなりましたが、まずは営業担当に派遣先Zに急行してもらい、Gさんに連絡を取り続けました。

すると、交通事故で連絡が遅くなったとのこと。軽傷でもあり、やむを得ないことと派遣先Zに納得していただけましたが、短期間であれ業務に支障をきたします。ピンチヒッター探しに難航し、なんとか決まったのは深夜のこと。派遣が開始しても何が起こるかわからないのがこの業界、他の案件と重ならなかったことが唯一の救いでした。（コーディネーターQ）

# 派遣コーディネーターの実務

派遣スタッフの面接とマッチングをメインとする職種をコーディネーターと呼びますが、派遣業務の特質を考慮した場合、派遣会社社員全員が、業務全体を把握し実践できる、広義のコーディネーターでなければなりません。

# 1 人材派遣は募集から始まる

**ここからは、前述した人材派遣業務の基本機能をさらに詳しく見ていきましょう。まずは、登録スタッフの募集業務を説明します。**

## 広義のコーディネーター

各部門の連携や兼務は当然として、管理職、経営者を含め、社員全員がすべての実務を知るべきです。

通常、登録からマッチング、その後のスタッフへのフォローを行うのが**コーディネーター**で、派遣先企業開拓とその後の企業向けフォローを行うのは、**営業担当**とされています。しかし、ここではその狭義のコーディネーターではなく、派遣業務のいっさいを統括する、広義でのコーディネーターの仕事を説明します。

## 登録スタッフ募集業務

派遣会社は、多様な媒体を活用して、多くの登録希望者を募ります。

それらの媒体の担当者とのコミュニケーションを密にとり、柔軟に対処してもらいます。常時の募集と懸案事項、緊急案件対応の両方の目的があるからです。また、媒体によっては、関連記事との連携が効果的です。

どの媒体でも、通常、派遣先企業名は伏せますが、了解を得て掲載することもあります。他に、登録や派遣会社についても掲載します。具体的案件がない場合でも、多い派遣例や、今後、受注が見込まれる職種を強調する、特定の層にアピールする言葉を選ぶなどの工夫をします。

次に、媒体をその特徴によって選びます。

テレビCMの場合、時間帯や番組内容に配慮し、認知度と企業イメージのアップを主内容とする、中長期的な取引先企業開拓や登録者募集を目的とします。

新聞広告の場合、掲載日を確認し、一般紙では、全国紙、地方紙、あるいは全国紙の地方版を比較検討します。日経、産経などの新聞は、専門性やスキルが高い、潜在的な転職希望者や余裕のあるセカンドキャリア選択者が多いため、専門職派遣やシニア派遣の常時募集、特定の大型案件に向きます。

折込広告の場合、広範囲の層が期待され、緊急案件、スポット案件などと、常時募集を組み合わせます。

求人情報誌やタウン情報誌の場合、常時募集と、ある程度時間的余裕のある特定案件に向きます。

求人情報サイトの場合、不特定多数の登録希望者の取り込みに役立ちます。

自社のホームページは、登録希望者募集をはじめとするスタッフ向け内容と、派遣先企業開拓をメインとする企業向け内容とがあります。そこでは、派遣や自社についての情報を提供した上で、案件情報や登録申し込み要領を伝えます。さらに、登録面接日時の予約、仮登録手続きや派遣スタッフ向け相談受付や登録済みスタッフへの緊急案件告知の機能をもたせます。

**登録スタッフ募集**

| | |
|---|---|
| 常時募集 | 派遣先やスタッフの層を特定せず、取り扱う職種すべてに多数の登録者を募る。（多い職種例、最低時間給、派遣期間例、就業時間例、勤務地範囲） |
| 具体的案件募集 | 既存の登録者に該当者がいない。一時的な大量需要。該当者がいるが、人数が足りない。（担当業務内容、派遣期間、就業時間、時間給、勤務地） |
| 特定職種募集 | 需要増が見込まれる職種など。一時的な大量需要。（担当業務内容、派遣期間、就業時間、時間給、勤務地） |

※留意点
・年齢制限を行うことのできる「例外事由（雇用対策法）」を除き、年齢制限は禁止。
・無期雇用の派遣スタッフを募集する場合は「無期雇用派遣」と表現する。

2

# 登録業務はマッチングの土台①

**登録申込受付は、単なる登録面接日時予約ではなく、重要な登録業務のスタートです。登録希望者や問い合わせ者が登録したいと思える対応を目指します。**

## 「申込＝登録」ではない

実際に登録の申し込みや問い合わせがあった場合、単なる登録面接の日時予約と思わないでください。まだ、登録を決定したわけではないからです。

どの業界の企業であれ、電話応対、メール対応はその企業の姿勢や質を問われるものです。それ以上に、職業人としてプロのスタッフを派遣する派遣会社の社員は、ビジネスマナーにおいて派遣スタッフの模範であり、ときにその教育研修に携わるわけです。なおさら、マナーに適った応対をしなければなりません。

しかし、まだ様子見段階の登録希望者に対し、マナーに適った応対をするだけでは目的を達成できません。登録面接時に持参するものや登録の流れを説明し、質問があればそれに対し正確な回答と説明をすることで、信頼を獲得し、登録まで導くことが必要です。

また、具体的な案件を公開している場合は、その案件の就業条件や業務内容を説明できるよう準備します。

その際、特定案件に興味があっての問い合わせの場合は要注意です。その案件に自分が適していない、希望とは違うなどと判断した場合、登録そのものを断念しかねません。その案件とは違う案件も存在すること、今後最適な案件が発生する可能性があることを説明し、登録を促しましょう。ましてや「その案件はもう決定したので」という素気ない返答は厳禁です。

そもそも、今後需要が見込まれる職種や未確定案件を具体的に公開する場合は、将来の可能性を強調しすぎて安請け合いにならないよう注意が必要です。

中でも、未確定のために、詳細を説明できない、競合他社との関係がある場合はどのように対応すべきかを事前に社内で打ち合わせておかなければなりません。

また、緊急案件の場合は当件に適しているか探った上で、早めの登録を促します。ただし、登録を決定していない段階で略歴などを伝えることに躊躇するケースがありますから、慎重に対応してください。

通常の登録とは別に、日時、会場を設定しての登録会や遠方での出張登録会を行う場合は、会場や駐車場の案内なども説明できるよう準備します。

## 社員全員の対応が重要

このように、派遣会社社員の対応いかんによっては、登録スタッフ数の増減どころか、マッチング、成約率、信頼への影響があります。

電話をかけてくる人すべてが「お客様」と考え、派遣業務そのものへの理解があってこそ、柔軟な対応ができるともいえます。また、社内の誰もが正確な情報提供、統一的説明、的確な対応ができるよう、役職や部署を超えた、事前の打ち合わせや周知が必要です。

**登録予約、問い合わせから始まる登録業務**

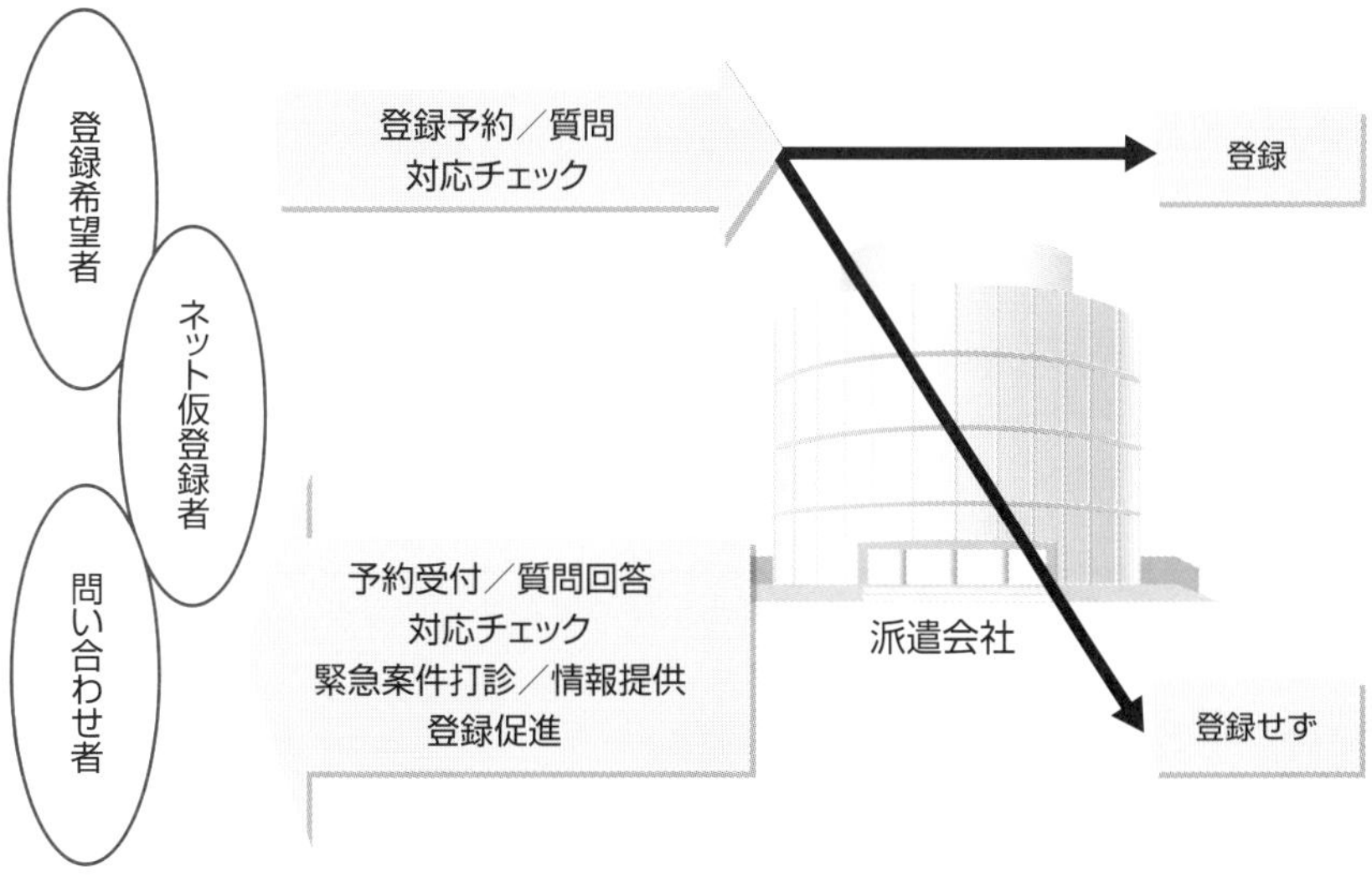

# 3 登録業務はマッチングの土台②

**登録申し込み、仮登録の次の段階は、面接をメインとする登録手続きです。登録の流れと、登録を促す働きかけについて説明します。マージン*率、教育訓練についての情報提供も必要です。**

## 登録の流れ

登録手続きでは、本人との面接によって、希望する業務やスキル、経験、適性、希望就業条件などを把握します。しかし、履歴書などの書面や仮登録情報のみによる本登録は避けるべきです。ヒューマンスキルや実務能力は、面接によっての確認が不可欠だからです。派遣スタッフには、職場適性や派遣先でのコミュニケーション能力も求められるため、なおさらです。コロナ禍により、オンライン登録がメインとなりましたが、一時的と心得ましょう。

まず、登録希望者が来社したら丁寧に迎え入れ、面接ブースへと案内します。ここはお互いの第一印象をチェックする場面でもあります。

その後、すぐに登録シートの記入を促さず、まず必要な事項を説明します。特に、社会保険、交通費、個人情報保護法などの不安材料になりかねない部分こそ丁寧に、説明することが信頼を得、登録につながり、ミスマッチや登録後、派遣後のトラブルをも防ぎます。ぜひ登録したい、ここから派遣されたいと思ってもらえるよう働きかけましょう。

## 登録の意思確認

前段階で、安心感を得られたなら、順調に登録手続きを進めますが、登録しないとの返答もあります。説明不足や誤解があればそれに応じた働きかけをしますが、なお登録しないということであれば、無理強いせず、気持ちよくお帰りいただく配慮をしてください。

**＊マージン**　派遣料金から賃金を引いたもの。

派遣会社に対する印象も口コミで伝わります。

いよいよ登録の意思が明確になったら、履歴書、職務経歴書などの必要書類を受け取り、同時にどのスキルチェックが必要かを判断します。

次に、登録シートに記入してもらい、その後、面接、またはスキルチェックを行います

スキルチェックでは、免許、資格の有無や自己申告にとらわれず、実務能力を測ることが重要です。

まず、一般常識テストの他、パソコンスキル、経理スキル、語学力など、具体的に何ができるか、どのレベルかを登録希望者自身が記入、入力してもらいます。

客観的なスキルチェックテストには、ペーパーテスト（語学、経理など）と実技試験があります。

実技試験の主流、パソコンスキルチェックは、データエントリー経験者、それらの業務の希望者のみではなく、パソコン操作経験者、事務希望者全員に実施してください。経験や要望と実際のレベルは必ずしも一致しないからです。語学力の場合、その言語を使って、どんな業務が可能かを確認します。同時に、受験状況によって、理解力、判断力、処理能力も把握できます。

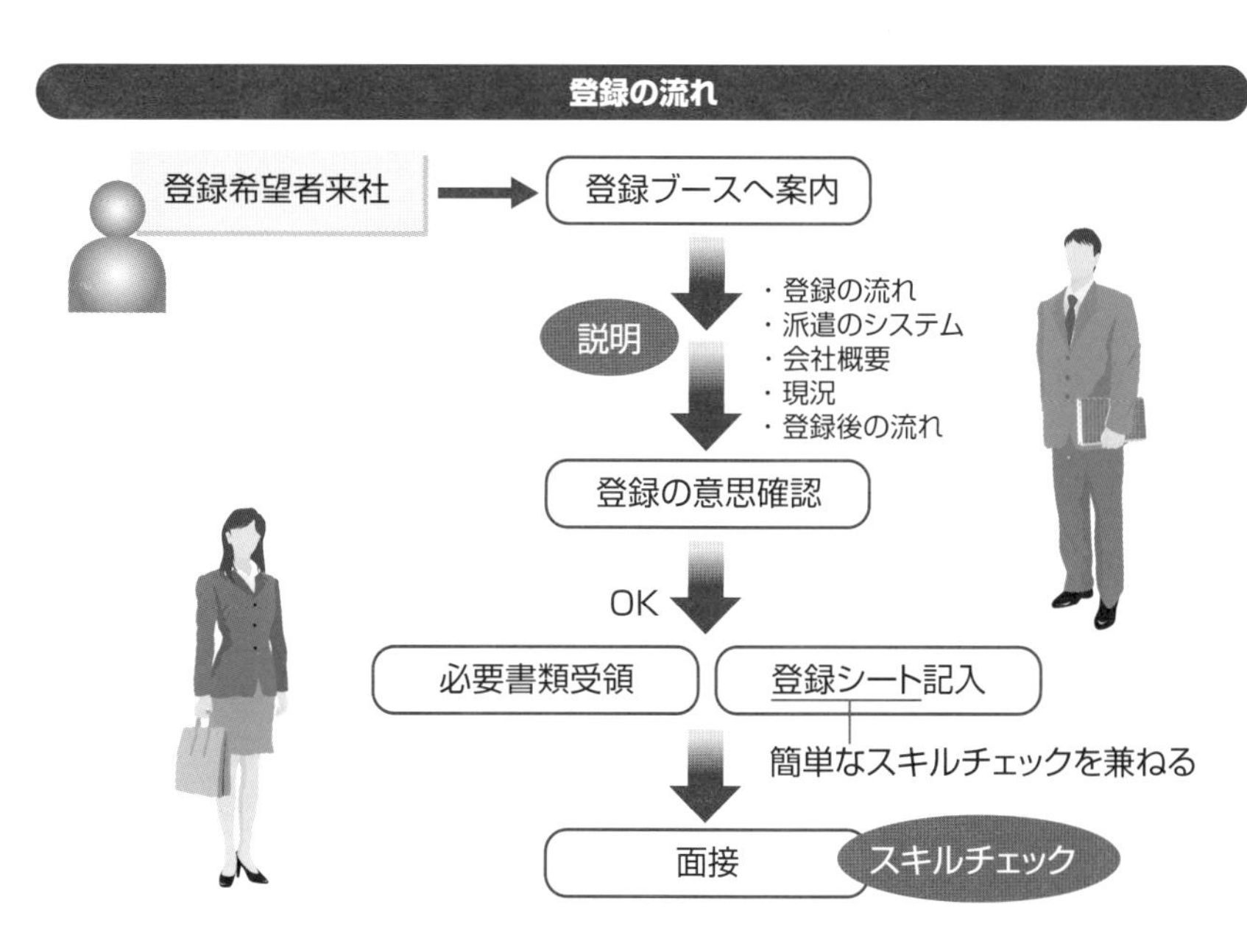

# 4 登録業務はマッチングの土台③

**派遣会社は、面接によってスタッフを見極めますが、同時に登録希望者も派遣会社を採点しています。面接は、登録業務の一番重要な部分です。**

## 面接で行うこと

面接では、登録希望者から受け取った履歴書、職務経歴書、記入済みの登録シート、スキルチェックシート、スキルチェックの結果をもとに、実際に会って話を聞く、観察することでマッチングに必要な情報を確認していきます。

この面接は、結果として「登録」そのものであり、登録者の増員と定着につながりますが、本来の目的は登録スタッフのキャリアやスキルの把握と、希望就業条件の確認です。マッチングもフォローも、この面接の精度次第ともいえるでしょう。

そもそもコーディネーターの最大の責務は面接であり、コーディネーターの業務のすべては面接から始まるのです。また、本人のスキルアップや条件の緩和によって可能性が広がるなら、その働きかけも面接の中で行うと効率的です。

ですから、面接は、機械的に処理できるものではなく、高度な面接スキルと真摯な態度、面接の重要性の認識が必要なのです。

具体的には、次のようなポイントがあります。

①環境の整備…温かく登録希望者を迎え、話しやすい面接スペースを準備します。
②マナーにかなった応対…登録希望者はお客様です。
③的確な応答…人材派遣や今後への不安、疑問に応えることで、登録希望者の理解度と会社の信用度を高めます。

④守秘義務…プライバシーの保護、話しやすい環境作り、信頼の獲得につながります。

⑤ヒアリングの精度…面接で確認すべき項目をすべて正確にヒアリングすることが重要です。

⑥可能性の拡大…希望職種の拡大や就業条件の緩和を図ります。

⑦先入観、固定観念によって判断せず、冷静、客観的に評価します。

⑧書類記載事項の確認…当人が記入した書類は自己申告であり、過大評価、過小評価や記入もれ、誤認があるかもしれません。

⑨登録希望者への節度ある態度…同世代の登録希望者や知人であれ、面接官としての立場は崩さないようにします。

⑩観察の重要性…登録希望者の服装、髪型、表情、態度、話し方などから、ビジネスマナーの修得度や社会適応力、心理状態、健康状態などをチェックし、就業可能か否かを判断します。ただし、研修やカウンセリングによって就業が可能な場合は、その案内もしましょう。

**面接で確認すること**

| | |
|---|---|
| ❶職業経験、専門知識、技術、能力 | ❶実務能力とそのレベル、職種適性（即戦力性、専門性はあるか） |
| ❷免許、資格 | ❷取得したのみか、実務能力はあるか |
| ❸パソコンスキル | ❸使用ソフト名とそのレベル |
| ❹希望職種 | ❹妥当性はあるか |
| ❺希望就業条件（期間、時間帯、曜日、勤務地、給料） | ❺❻条件を緩和できないか（一時期、第一段階、1回ならどうか） |
| ❻許容範囲（通勤時間、残業など） | |
| ❼退職理由、登録目的 | ❼❽❾職場適性、派遣スタッフ適性（職場での定着や契約満了が可能か？ 研修、意識改革、相談の必要性は？） |
| ❽ヒューマンスキル | |
| ❾意識、態度 | |

5

# マッチング業務

**マッチング担当者は、まずオーダー票の記載内容、つまり派遣先企業のニーズ、（業務内容、担当範囲、要求スキル、就業条件など）や職場環境、カラーを把握し、今回の案件に適したスタッフを選択します。**

## マッチング

営業担当者は、派遣先企業からの依頼内容（受注内容）をオーダー票（受注内容書）に記入し、マッチング担当者に渡します。そこで、マッチング担当者はそのオーダー票に従って、登録スタッフデータベースの中からマッチするスタッフを選択し、案件を説明し、交渉します。

当然ながら、オーダー票の内容を理解するには、職種やスキルについての知識が不可欠です。また、職場環境や会社のカラーについても、確認が必要です。派遣スタッフの業務遂行能力が高くても、職場不適応となれば**ミスマッチ**となるからです。オーダー票のみで把握できない場合は、営業担当者に直接確認します。

第一候補者がスタートできない場合は引き続きマッチングを行いますが、派遣開始後も、派遣先企業の増員要求や、派遣中スタッフの交代、ピンチヒッターの必要性に応じて、マッチングを行います。

その際、登録スタッフには、業務内容と就業条件を正確に伝えましょう。伝える内容、伝え方によっては、スタッフが適材で就業可能なのに、承諾してもらえない場合もあるからです。スタッフは、派遣会社から聞いたことをもとに判断するしかありません。細かく、具体的に、正確に必要事項をすべて伝えます。

特に、きつい条件（遠方、通勤時間がかかるなど）の場合、伝えていないとトラブルになるだけです。それも、ただ伝えるのではなく、経路や実際にかかる時間、交通費を調べた上で交渉します。同時に、契約更新の可能性の有無や残業の可能性などについても伝えます。

このような依頼、交渉は、近年メールと電話を併用することが多くなりました。メールならなおさらですが、その使い方次第でミスマッチにもなれば、ミスマッチを防ぐこともできます。

同時に、目的や状況に応じた、的確で柔軟な対応は、派遣会社やマッチング担当者の印象を良くするばかりでなく、スタッフとの信頼関係を築くもとにもなります。「この派遣会社に登録してよかった。ここから、派遣されたい」どころか、「希望条件より悪いけれど、ここでやってみよう」につながることもあるのです。

さて、マッチングは、派遣先企業のニーズと登録スタッフの経験、スキルとニーズを正確に把握することができれば、第一段階をクリアします。つまり、営業担当者が受注内容を正確にヒアリングし伝えることと、登録担当者が登録面接時に登録希望者の経験、スキルとニーズを正確に理解、診断し、その後のフォローによりスタッフ情報を更新することで、初めてマッチングが成り立つということです。マッチしない場合は、新規募集、既存スタッフの掘り起こし、譲歩の取り付けなどの調整を行います。

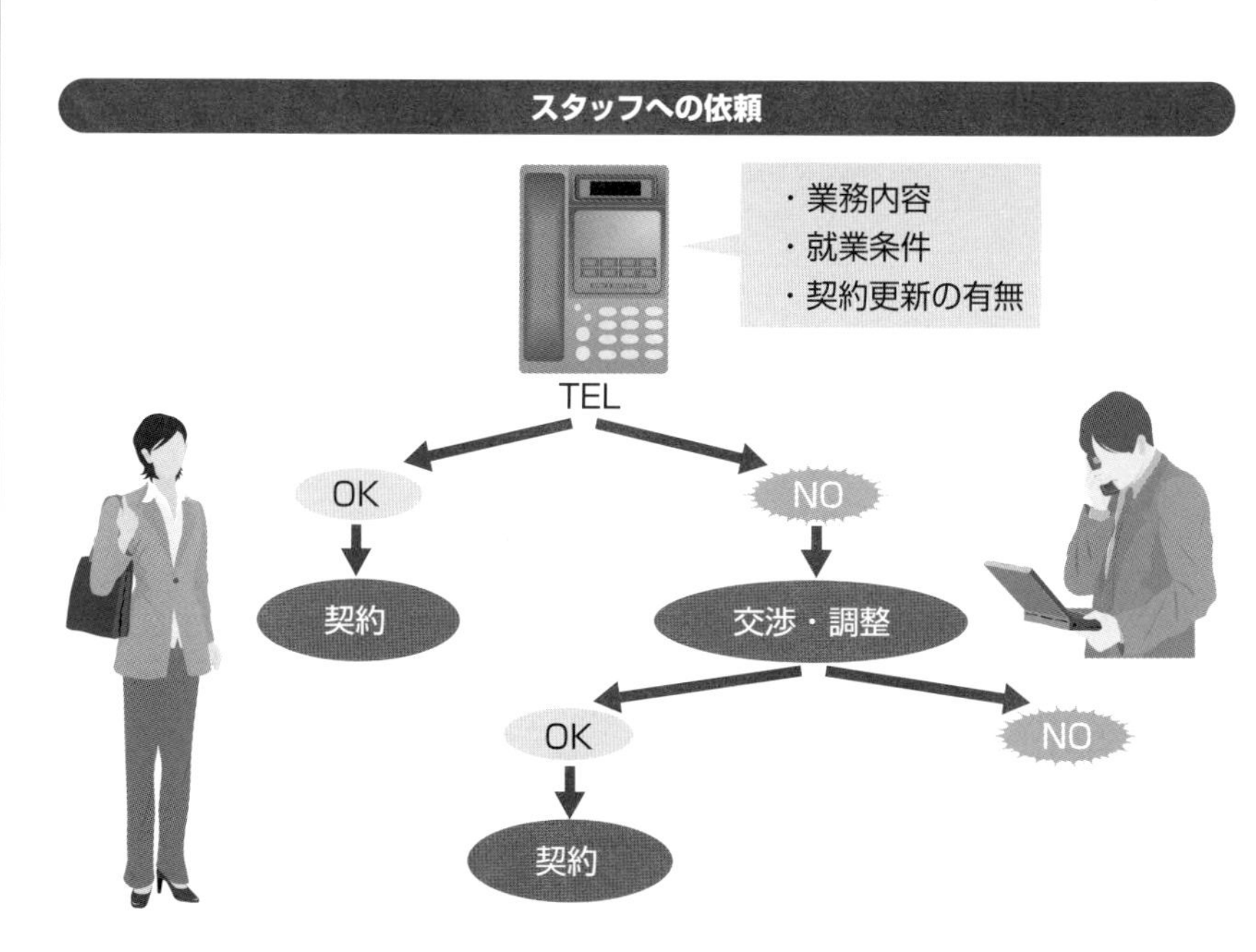

# 6 登録スタッフデータベースは資源

**登録スタッフの管理は、専用のソフトを使用し、コンピュータによって行うことがほとんどです。そのデータベースの情報更新と活用方法がマッチングの鍵です。**

## 登録スタッフのデータ管理

全国または複数の拠点を持つ派遣会社は、拠点単位や全国のネットワークによって、または、それらの併用によって登録スタッフを管理しています。

併用型大手は、全拠点で情報を共有し、登録スタッフの転居に伴う移管手続き、申し送りがスムーズに行われます。ただし、拠点の枠を越えてのマッチングには注意が必要で、優秀なスタッフを自社内で取り合う事態も起きています。個人情報の取り扱いの再確認と社内での明確な運用ルール策定が不可欠です。

規模やシステムを問わず、その登録スタッフ情報を絶えず更新すべく、定期的または随時、現況確認をします。その際、連絡が取れない、当分就業できないケースもありますから、二～三年に一度の割合で登録情報を整理し、場合によっては登録を抹消します。登録スタッフの希望による登録抹消と、それ以外の登録抹消については、登録時に十分説明しておきます。

また、派遣中のスタッフには経過や結果を聞き、長期契約の期間終了一カ月前に契約更新の確認をします。他社から派遣中の自社登録スタッフには、現況や今後の希望などを確認しておくと、再び自社からの派遣が可能になるかもしれません。

## データ検索と活用

データ検索は、以下のポイントに沿って行います。

・当該業務遂行能力（実務能力はあるか？）

・就業条件（就業できるか？）

・職場適性（その職場で働き続けられるか？）

しかし、派遣先企業のいうとおりの検索条件で「機械的に」ふるい落として、残ったスタッフを派遣する、残らなければ新規募集や検索条件を緩めての再度人選を行うという方法は、ミスマッチを繰り返す可能性があります。

派遣先企業、登録スタッフの言葉にとらわれず、真のニーズ、現状を正確に把握、データ化するという前提がなければ、残ったスタッフでも新規スタッフでも適材とは限らないからです。

また、検索条件設定やその緩め方にも、職種、資格に関する知識、受注内容の理解度、応用力、柔軟性が必要です。緩め方が適切でなければ、何度ふるい落としても適材を発見できません。

ただし、経験の浅い担当者が検索する場合や、相当数の登録スタッフを担当する場合は、ある程度機械的な検索も必要です。近年は、ＡＩによるマッチングの後、調整するケースも見られます。

いずれにしろ、すべてマッチする登録スタッフが見付かるとは限りません。その場合は調整します。

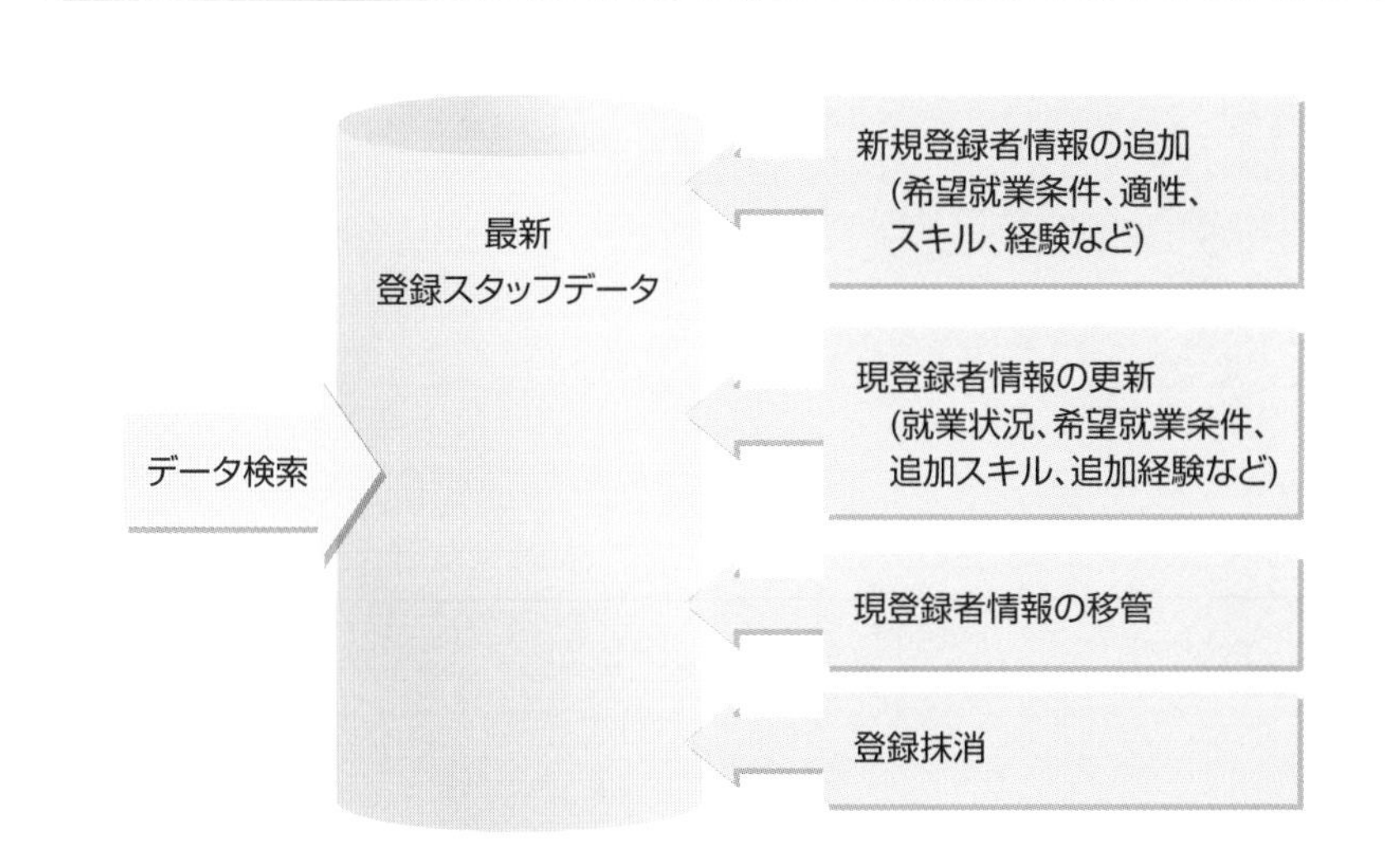

# 7 登録スタッフの個人情報管理

**登録スタッフのデータは個人情報です。企業と個人の間に立ち、そのデータを収集、管理し、そのデータをもとにマッチングする派遣業務は、特に管理に注意を要します。**

## 個人情報の取り扱い

二〇二〇年六月に成立した改正個人情報保護法によって、個人の権利拡大、「仮名加工情報」制度によるデータ活用、執行強化がなされます。ですが、派遣会社の個人情報に関する義務の原則は、以下の四つで、大枠に変化はありません。

**●個人情報の収集、使用、保管は、業務に必要な範囲に限定される**

①収集できる情報

・氏名、住所、連絡先電話番号など
・希望職種、希望就業条件
・職務経験、取得資格、保有知識、保有技術

②収集できない情報

・社会差別につながる恐れのある事項*
・思想、宗教、信条
・労働組合への加入状況

仕事上、その情報が必要である場合、本人の了解を得て収集することは認められます。

**●個人情報の適正管理のために必要な措置を講じなければならない**（氏名を削除し、社内の分析での使用可）

①個人情報の保管、使用について

・正確で最新のデータを保つ
・データの紛失、破壊、改ざんの防止
・正当な権限を持つ者以外アクセス禁止
・データが不要になった場合の適正な破棄、削除

②個人情報の厳重管理

**＊…のある事項** 人種、民族、社会的身分、本籍、家族の職業などの事項をいう。

③個人情報適正管理規定の作成
・データを取り扱うことができる者の範囲
・データを取り扱う者に対する教育訓練
・本人からの要求によるデータの開示、訂正、削除
・データの取り扱いに関する苦情処理
④個人情報の取り扱いに関する苦情処理

### ●個人情報保護法の遵守

派遣会社の事業主が個人情報取扱事業者*である場合、その義務を遵守しなければなりません。

### ●登録スタッフの個人情報と、派遣先企業で知り得た個人情報に関する守秘義務

適正な個人情報管理は、義務としてだけでなく、登録スタッフとの信頼関係の構築やトラブル防止につながります。また、そのデータを正確かつ最新のものにすることは、マッチングやフォローに不可欠でもあります。

最近は、派遣先企業から派遣スタッフに**秘密保持誓約書**の提出を求められることが多くなりました。派遣会社の取り組み姿勢や調整力も問われます。

**秘密保持誓約書**

個人情報適正管理規定
派遣会社
派遣先企業
秘密保持誓約書
OK
秘密保持誓約書
内容によってはOK
派遣スタッフ

＊**個人情報取扱事業者**　個人情報データベースなどを事業の用に供している者（その特定される個人の数の合計が過去6カ月以内のいずれの日においても5,000を超えないものは除く）。

# 8 マッチしないときの解決策

**派遣先企業のニーズに適した登録スタッフがいない場合、そのニーズに近い登録スタッフを候補として交渉します。その交渉には、コーディネーターのスキルと経験、資質が問われます。**

## マッチングできない場合の調整

派遣先企業のニーズに最適の登録スタッフをマッチングできない場合には、時間的猶予を確認した上で、新規登録者を募ります。登録スタッフに知人の紹介をお願いする場合もあります。

一方、派遣先企業のニーズに近い登録スタッフがいた場合は、登録スタッフ、派遣先企業の一方、または双方に以下のような確認と交渉を行います。

**①派遣先のニーズに対して…**

・当該業務に必要なスキルは、本当にそのレベルか。
・当該業務の類似経験でも可能か。
・事前研修や練習などにより就業可能か。
・契約期間、開始時期、時間帯などの条件は絶対か。
・担当範囲を変えることはできないか。

**②登録スタッフのニーズに対して…**

・希望就業条件は緩和できないか。
・希望外の職種に挑戦し、就業機会を増やさないか。
・一時的、短期なら就業できないか。

通常、派遣スタッフには、即戦力性、実務能力、職場適性が不可欠です。逆にいえば、それがあれば年齢、性別、資格は、譲歩を交渉することで解決し得るのです。

また、派遣先企業の希望条件が単なる目安や、最高の条件を挙げたに過ぎない場合もあり、個人のスキルや特性によっては問題にならない場合もあります。

さらに、高い専門性や豊富な実務経験が不可欠な場合もあれば、職場適性や吸収力があれば経験は問わない場合、周辺業務や類似業務経験のみでも可能な場合もあります。

そもそも、一部を除き、実務能力があれば資格は不要です。むしろ、資格があっても実務能力がなければ適材とはいえません。派遣先企業で「実際に何をするのか」を理解し、経験職種名、所属部署名、資格の有無ではなく、実践力にこだわって交渉しましょう。ただし、派遣先企業が「資格があるならＯＪＴで十分」というなら、それも一つの方法です。

一方、登録スタッフも、自分自身の過大評価、過小評価によって承諾しない場合や、情報不足や認識不足によって、高い条件を希望する場合もあります。むしろ、譲歩交渉がマッチングの鍵ともいえます。

このような譲歩を取り付けたり、ときに無理なお願いをすること自体、信頼関係があってこそです。結果がどうあれ、相手の立場に立ち、相手を尊重し、真摯な姿勢で臨むことが重要です。

そして、「○○さんから頼まれたのなら」と無理なお願いでも承諾してくれるスタッフが一人でも確保できたなら、一人前のコーディネーターといえるでしょう。

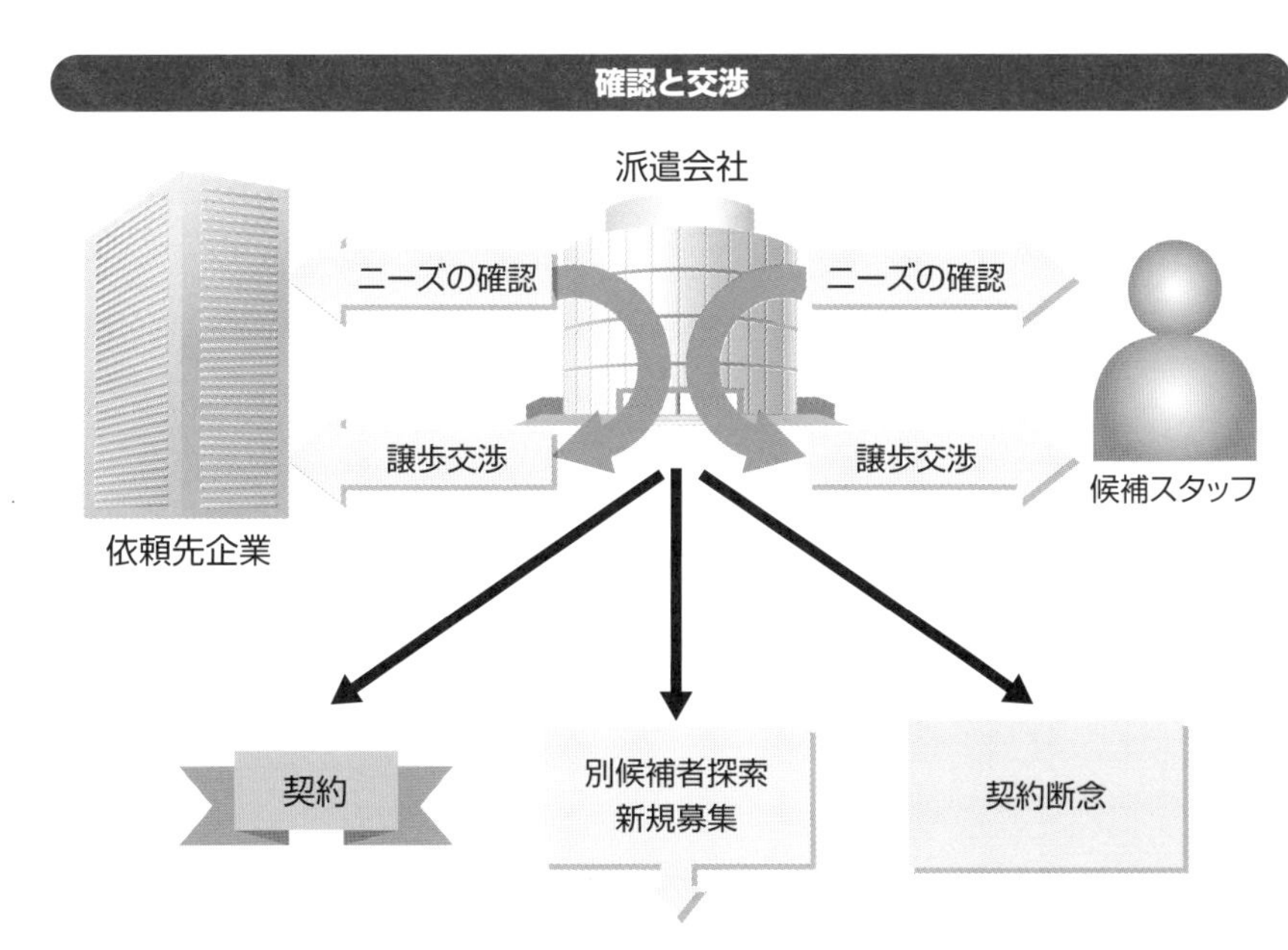

# 9 ミスマッチとトラブル

**ミスマッチの原因を放置したまま派遣を実施すれば、トラブルにつながり、派遣先企業からも派遣スタッフからもクレームが発生します。**

## ミスマッチからトラブルへ

これまでの原則を守れば、**ミスマッチ**は起きにくく、トラブルになることは少ないですが、三者が「人」であるために、ゼロにはなりません。また、各人が経験を重ねることでマッチングの精度を上げても、経験にない、予測できない事態は起こります。

しかし、確実にトラブルを減らすことはできます。

## ミスマッチの原因から対策を考える

ミスマッチの原因に留意してトラブルを防ぎます。

①要求スキルレベルと実際のスキルレベルの相違。
②業務内容や担当範囲の曖昧さ。
③派遣先企業担当者や直属の上司の「労働者派遣」に対する理解、認識不足。
④派遣先企業のカラー。
⑤派遣先責任者と指揮命令者との見解の相違。
⑥年齢や容姿にこだわる派遣先担当者。
⑦派遣スタッフの就業意識や価値観、性格、マナー。
⑧派遣スタッフのプロ意識の欠如。
⑨人間関係。
⑩勤務地。
⑪通勤時間や通勤手段、駐車場の有無（地方は、自家用車通勤が多く、通勤時間も短時間が普通）。
⑫就業時間、残業、休日出勤。
⑬開始時期、契約期間、契約更新の有無。
⑭業務の引継ぎ、申し送りの有無。
⑮指揮命令系統や責任の所在。

⑯社会保険加入要件を満たすか否か。
⑰保育園の確保、保育時間、就学時間との調整が難しい。
⑱社員食堂、休憩室などの有無と、使用の可否。
⑲喫煙可か、禁煙か。
⑳賃金はスタッフ個人を評価した賃金ではなく、今回の担当業務の料金であることを理解していない。

単に、営業担当者が派遣先企業のニーズを正確に把握し、正確に伝えれば済むことから、派遣先企業や派遣スタッフの意識改革が必要なこともあります。

また、派遣会社のシステム、各担当者の質、担当者間の連携、担当範囲も無視できません。その重要性の再認識、ときに改革が必要です。

ですから、営業担当者への働きかけ、再教育や派遣元責任者への提案（「労働者派遣」の認知度アップ、派遣先企業訪問など）も必要になるかもしれません。

結果的にトラブルが発生した場合は、今回のマッチングが不具合であるだけでなく、派遣業務自体が成り立たない、取引中止や優秀なスタッフを失いかねないと認識し、迅速に対処、今後に活かします。

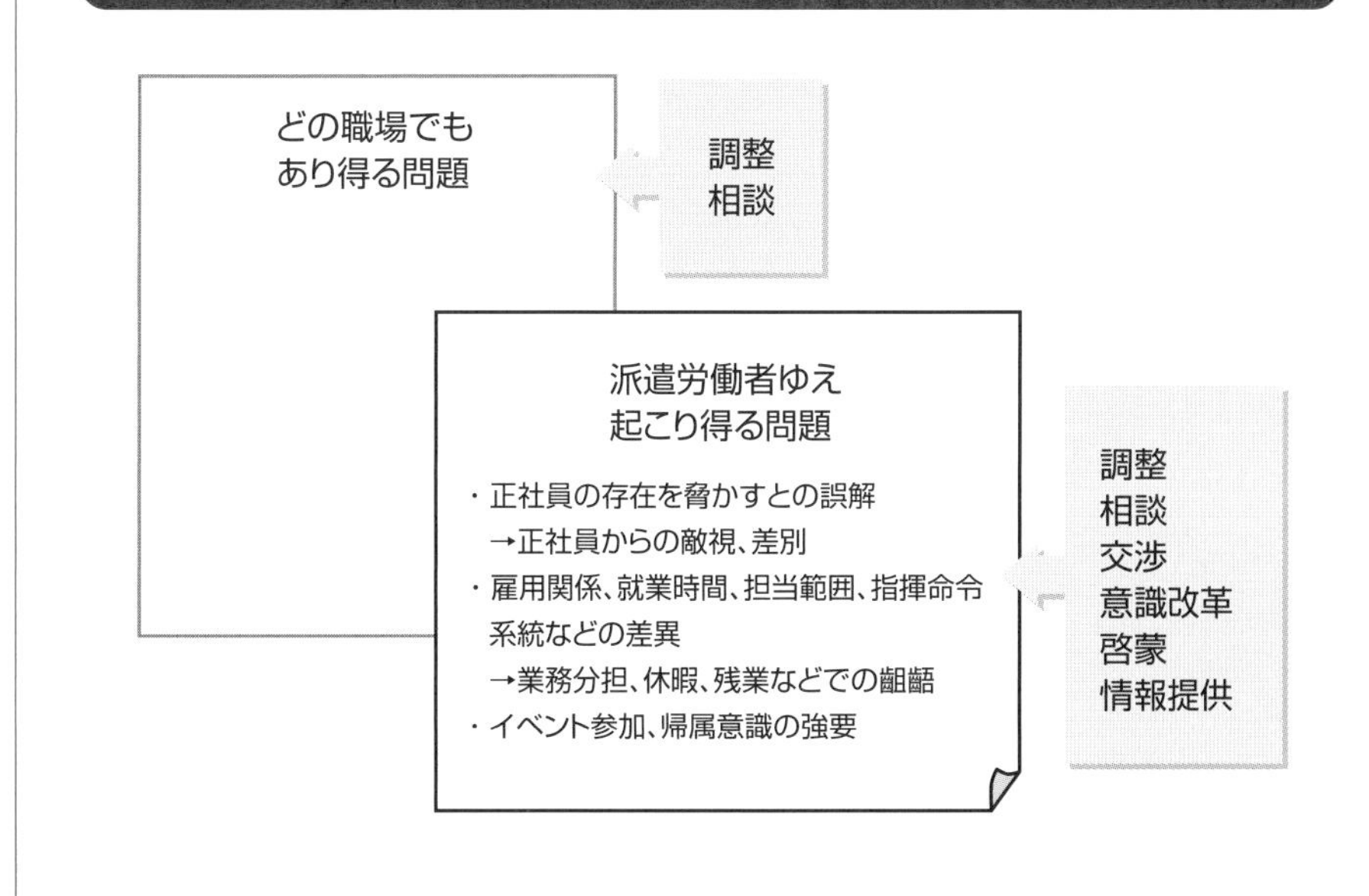

# 10 スタッフ管理業務

**通常の勤怠管理、支払い管理の他、様々な条件の契約の締結、派遣開始、更新、解除に伴う事務処理、および管理業務が随時、または突然発生します。**

契約管理、雇用管理業務が発生します。これらは先に挙げた数部門*の業務です。まず、後述する研修やキャリア・カウンセリング以外の業務について説明します。

## 派遣中のスタッフに関する業務

**タイムシート***をもとに、給料計算、支払い手続きをします。派遣スタッフの場合、契約期間や就業時間が様々であり、副業、兼業の可能性もあります。「扶養控除等申告書*」の提出を求め、その提出の有無と就業条件によって、所得税を甲欄、または乙欄で計算し、年末調整をします。有給休暇が発生すると、それを派遣スタッフに告知、説明し、その取得に関する処理を行います。また、要件を満たせば産休・育休や介護休業が取得できるため、その処理も行います。

## すべての登録スタッフ対象の業務

登録型の派遣会社は、現時点で雇用関係にある派遣中スタッフ以外に、多数の未稼動スタッフ、待機スタッフを抱えています。また、その登録スタッフ層も常時増加しつつ入れ替わり、状況も変化します。同時に、現在派遣中のスタッフも一時的に雇用関係にあるに過ぎず、どの登録スタッフも他社から派遣される、就業できない状態になる可能性があります。ですから、マッチングや優秀なスタッフを確保するためには、まず、現況を把握し、登録スタッフデータベースを常に最新の情報に更新しなければなりません。

それをもとに、必要に応じて様々な福利厚生サービス、教育、研修、相談業務が、また雇用関係にあるときは

*…**数部門**　スタッフ研修、キャリア・カウンセリング、スタッフ管理のこと。

***タイムシート**　始業時間、終業時間を派遣スタッフが記入し、派遣先担当者が確認したもの。タイムシートは、同時に派遣先企業への請求処理にも使用する。その問い合わせ対応、入金把握、売掛金管理も管理業務となる。

社会保険加入要件*を満たせば加入手続き、その後の契約状況により、喪失手続きをします。社会保険の給付に関する手続き、相談も受けます。

そして、雇用保険加入要件を満たせば、離職票の発行も含む雇用保険に関する事務処理を行います。労災保険は一日の雇用契約であれ適用になり、加入・喪失、労災が発生した場合の手続きも行います。

一方、雇用関係があるとはいえ、職場は派遣先企業であるため、勤怠管理は容易ではありません。しかし、タイムシートを勤怠管理の視点で検証すると、契約管理にもつながり、契約解除や無断欠勤などの防止になります。

さらに、現時点で派遣中のスタッフと、最近の派遣歴があるスタッフに対して、派遣会社は**定期健康診断**を実施しなければなりません。対象者選出、告知、手続き、実施と、それに基づく健康管理は、義務であり、同時に継続的就業を支えるものでもあります。機械的処理に終わらず、その視点での取り組みが必要でしょう。

**雇用契約と雇用保険**

<加入資格>

□31日以上の雇用見込みがあること

□1週間当たりの所定労働時間が20時間以上であること

雇用保険加入

↓

雇用契約期間満了

↓

1. 満了までに派遣元が次の派遣就業を指示しない場合
   ⇒満了時に被保険者資格喪失　　※2の場合を除く
2. 派遣スタッフが同一の派遣元での派遣就業を希望する場合
   ⇒満了後1カ月は被保険者資格継続
3. 満了時から1カ月経過時点で次の派遣就業(派遣先)が確定している場合
   ⇒次の派遣就業が開始されるまで、被保険者資格を継続

* **扶養控除等申告書**　給与の支払を受ける人が、その支払者に提出する書類。
* **社会保険加入要件**　健康保険、厚生年金については次節参照。

# 11 派遣労働者の社会保険（健康保険、厚生年金）

**派遣スタッフも一般の労働者同様、要件を満たせば社会保険に加入しなければなりません。しかし、様々な雇用契約の下、様々な派遣先で働く派遣スタッフの社会保険実務は煩雑で、特殊なケースもあります。**

## 社会保険（健康保険、厚生年金）加入

派遣スタッフは、派遣元（派遣会社）が社会保険適用事業所であれば、常用型は当然として、登録型であれ加入要件を満たす雇用契約を結んでいるときは社会保険の**強制被保険者**です。常用型、登録型を問わず、派遣先企業ではなく、派遣元（派遣会社）の社員として社会保険に加入しなければなりません。

ただし、次のような場合の人はその被保険者から外され、**日雇特例被保険者**となります。

①日々雇い入れられる者（一カ月以内）
②2か月以内の期間を定めて使用される者
③季節的業務（四カ月以内）に使用される者
④臨時的事業の事業所（六カ月以内）に使用される者

派遣スタッフは様々な期間の雇用契約を断続的、あるいは短期的に結んでいるため、加入要件である常用的使用関係にあたるか実態をもって判断しなければなりません。労働時間については「一日または一週間の労働日数が、その事業所の同種の業務を行う通常の労働者の三／四以上」であることが要件です。

ただし、三／四未満でも「週の所定労働時間二〇時間以上」「雇用期間が一年以上見込まれる」「月額賃金八・八万円以上」「学生ではない」「五〇一人以上の企業に勤務」のすべてに該当すれば加入します（五〇〇人以下の企業は労使の合意があれば加入）。

実際には、当初の雇用契約が二カ月を超えるならば契約時に即加入、二カ月以内の雇用契約（②）でも契約更新が確定すれば契約更新時（当初の契約終了日の翌

日）に加入します。また、臨時的に使用される場合でも常態化すれば、常用的使用関係にあるとみなされます。

では、二カ月を超える雇用契約で社会保険に加入していた派遣スタッフが次の雇用契約までブランクがある場合はどうでしょうか。登録型派遣に限り、次の雇用契約が同一の派遣元との一カ月以上の契約でブランクが一カ月以内なら引き続き社会保険被保険者、ブランクが一カ月以上なら資格喪失届を当初の雇用契約終了日から五日以内に提出することになります。

## 適用除外時の留意点

加入要件を満たしていない期間は国民健康保険または日雇特例保険と国民年金に加入するわけですが、**第2号被保険者**の配偶者がいる場合、要件によってはその社会保険の被扶養者として社会保険に加入します（**第3号被保険者**）。それに沿った働き方「**扶養の範囲内**」を希望する派遣スタッフも多く、専用窓口を設けることもあります。マッチング上の課題でもあり、今後の年金改革の行方を注視しつつ、対応しなければなりません。

### 雇用契約と社会保険

※国保：国民健康保険

| 雇用契約 | 社会保険 |
|---|---|
| A（2カ月超の雇用契約） | 健康保険 |
| | 厚生年金 |
| B（2カ月以内の契約で契約更新見込みがない） | 国保（契約期間のみ日雇特例被保険者の場合も） |
| | 国民年金　（国保のケースが多い） |
| C（2カ月以内の契約で契約更新した） | 日雇特例被保険者→契約更新時から健康保険 |
| | 国民年金→契約更新時から厚生年金 |
| D（2カ月超の雇用契約終了→1カ月以内のブランク→1カ月以上の雇用契約） | 健康保険（ブランクが1カ月以上ならその間は国保） |
| | 厚生年金（ブランクが1カ月以上ならその間は国民年金） |
| E（2カ月以内の雇用契約終了→ブランク→2カ月超の雇用契約） | 日雇特例被保険者→国保→次の契約開始時から健康保険 |
| | 国民年金→次の契約開始時から厚生年金　（実質的な雇用関係ならCと同じ） |

| | |
|---|---|
| 第2号被保険者 | 民間会社の社員（厚生年金加入）や公務員等（共済年金加入） |
| 第3号被保険者 | 第2号被保険者に扶養されている20歳以上60歳未満の配偶者（年収130万円未満） |

12

# 全員が営業担当

**人を扱う派遣業界でも、他の業界同様、顧客を獲得するための営業行為は不可欠です。ここでは、企業へ出向いての営業活動について説明します。**

## 顧客満足が重要

商品を見せることができず、商品を規格化できない人材派遣業界では、「信頼性」の獲得こそが基盤となります。また、受注は、最終目標でも真の顧客獲得でもありません。そのニーズに適したスタッフを派遣し、契約締結、満了、そして顧客が高い満足度を示したとき、初めて顧客を獲得したといえるでしょう。

そして、それは今回の契約成立だけでなく、今後の契約の可能性、業績拡大の見込みをも意味します。マッチングに不可欠な情報の収集(ニーズの把握)と正確な伝達、派遣先企業との譲歩交渉、契約期間中の管理や調整、トラブル対応も営業担当の役割です。それにはマッチング担当者、管理担当者との連携が不可欠であり、ときには兼務となります。

以前からの顧客に対して、あるいは数日間の契約の場合には、マッチング担当者が直接受注、交渉する場合もあります。

## 新規開拓

どの業界、企業でも、組織であれば、何らかのかたちで人を雇用しなければ、事業を継続することはできません。いい換えれば、どこにでもニーズはあるのです。

しかし、ただしらみつぶしに飛び込み営業をすることのみでは新規開拓はできません。技術革新、新職種の登場、企業の要求水準の高度化や多様化、人事制度、雇用計画、労働者派遣法改正などの情報収集とマーケット分析に基づき、派遣システムの活用提案をする積極的な姿勢が必要です。

また、派遣料金の値下げのみが、新規顧客獲得の方法ではありません。派遣料金は、派遣スタッフへの支払い賃金を妥当にして、なお利益を確保できる額が値下げの限界なためです。ただし、他の案件で利益を補うとか、その案件を獲得することによって今後の業績拡大が確実というのであれば、その額を多少下げることはできます。

ですから、値下げには限界があることを踏まえた上で、サービスの向上によってコストパフォーマンスを訴えましょう。企業が抱えている問題に対して、人材派遣による解決策を提案できたなら、価格競争に頼らず顧客を獲得できます。

つまり、人事コンサルティングこそが究極の営業行為といえるのです。これらは、後述する人材派遣活用のメリットでもあります。

さらに、人材派遣についての知識や認識が不足している企業については、提案以前に正確な情報提供、ときには啓蒙も新規開拓営業の一環となります。

## 顧客管理と深耕

旧得意先や現派遣先企業を、顧客として確定したものと考えて安心していてはいけません。

再受注や増員の可能性を探ることが重要です。以前の契約の分析によるアプローチも有効ですし、同部門への増員のみならず、同社他部門、グループ会社、同社他支店との取引開始が見込めるはずです。それらは、深耕すべき、「新規」営業対象と考える必要があります。

## 派遣期間中のフォロー

派遣開始後、定期的、または必要に応じて随時、派遣先企業を訪問し、派遣先企業担当者と派遣スタッフ双方への状況伺いをします。状況によっては、帰宅後の派遣スタッフに電話で確認します。それによって、双方の信頼性が高まり契約満了に貢献するだけでなく、問題の早期発見、早期解決、クレーム防止につながります。結果的に、再受注、増員や登録者の増大、自社のイメージアップにもなりますので、これも営業そのものといえるでしょう。

# 13 派遣会社社員に求められるもの

コーディネーターの仕事は、広範囲で深く、変化に富み、多様な知識と情報、職業経験や高い業務遂行能力、取り組み姿勢が必要です。この節では、コーディネーターに必要なコンピテンシー*を整理します。

## 知識、情報

派遣会社によっては、次に挙げる知識や情報を、研修や勉強会によって社員に習得させています。これらの知識や情報は、法務部が法的処理を担当したり、分業化が進んでいる派遣会社では、それほど要求されない場合もあります。しかし、実務に不可欠であり、常に最新でなければなりませんから、自主的に習得、収集する必要があります。

①労働者派遣のシステムと特徴
②他の人材ビジネスとの差異
③労働者派遣活用のメリット
④労働関連法規知識と改正情報　※一部略称
（労働者派遣法／労働基準法／職業安定法／労働安全衛生法／男女雇用機会均等法／雇用対策法／育児・介護休業法／個人情報保護法）
⑤社会保険制度、適用知識
⑥所得税、住民税、年末調整の知識
⑦業種、職種についての知識
（業務内容／工程、流れ／その業務に必要な知識、技術、資格、能力、レベル）
⑧会社組織、人事制度の知識

## 能力

急を要する、不測の事態の多いこの業界では、特に以下の能力が高いことが求められます。

①理解力、吸収力、判断力
②柔軟性、応用力

＊コンピテンシー　成果を上げている人の行動特性、取り組み姿勢、物の考え方。

③積極性、自主性、向上心
④企画力、提案力、交渉力
⑤問題発見能力、問題解決能力
⑥事務処理能力、パソコン操作能力
⑦情報収集能力、情報分析能力
⑧協調性、包容力
⑨時間管理能力、優先順位を付ける能力
⑩ストレス耐性、ストレス解消力、体力
⑪カウンセリング能力

## 取り組み姿勢・意識

これらのことから、どんな意識や姿勢で業務に取り組むべきか見えてきます(下図参照)。

さて、これらをすべて持つか、あるいは高いことがベストですが、まず目指す、心がけることがコンピテンシーでもあり、求められる人材像でもあります。

例え最善を尽くしても、経験を重ねても、不測の事態が起こり、多様な複数の懸案事項が同時に発生し、困難でストレスの多い業務ですが、だからこその達成感、やりがいもあるのです。

**望ましい姿勢と意識**

写真:Phillie Casablanca

◇ 常に相手の立場に立ち、行動する
◇ 業務の緊急性、重要性に留意し、優先順位をつける
◇ 不測の事態や変化に臨機応変に対応する
◇ 業務に必要な情報、知識、技術を自主的に獲得し、活用する。
◇ 常に、次工程や全体像に留意する
◇ 守秘義務を遵守し、個人情報の取り扱いに注意する

# 派遣コーディネーターないしょ話

■緑色の髪の乙女

しばらく仕事に就けなかった登録スタッフが仕事を再開するとき、そのアピールと様子伺いにオフィスを訪れることがあります。

ある日、久しぶりに顔を見せたAさんの髪は亜麻色ならぬ緑色。彼女はロンドン帰りだったのでした。思わず髪に目をやる私に、彼女は「派遣開始までに黒くします！」。

その後、案件を伝えたときに髪の色を確認したのはいうまでもありません。

■職務経歴書の様式は決まっていませんが…。

シニア派遣がいまほど盛んでなかった頃、50歳代前半の男性が登録に。履歴書と職務経歴書をお預かりした私は絶句してしまいました。なんと、職務経歴書はスヌーピー柄のメモ用紙に書かれていたのです。確かに職務経歴書の書式も用紙も自由とは申し上げたんですが。内容もメモ程度です。転職経験がないので、職務経歴書を書いたことがないのはやむを得ないのですが…。

■少子化対策

社員の産休や育児休暇取得の際、「派遣」を活用するのはよくあるケースです。

ある日、社員Xさんの育休の間、スタッフBさんを派遣。そのうちにBさんが妊娠。継続できるところまで働いてもらい、引継ぎ期間を設けてスタッフCさんを派遣しました。それから、しばらくしてCさんが妊娠し…。さて、社員Xさんが無事復帰して契約満了したある日、社員Yさんが妊娠。また受注して、スタッフDさんを派遣。

少子化はどこの話やら。派遣先企業のその席は、以後「子宝を授かる席」となりました。調整は大変でしたが、リピートオーダーもありましたから、売上増となったのでした。

# ビジネスとしての人材派遣

競争が激化する一方の人材派遣業界。綿密な市場分析をもとに、中長期的な視点に立ち、他社との差別化を図らなければなりません。しかし、派遣先企業、派遣スタッフ、派遣会社の三者の利害は一致する、という原点は不変なのです。

# 1 派遣活用のメリット

**厚生労働省によれば、欠員補充、業務量の変動、一時的需要などの際に必要な人材を迅速・的確に、コストをかけずに確保できることが、企業が人材派遣を活用する理由となっています。**

## 派遣先企業のメリット

人材派遣のシステムそのものが、メリットであり、企業が人材派遣を活用する理由でもあります。

### ●「①必要なとき」に「②必要な人材」を「③必要な期間」のみ利用できる

①「必要なとき」とは、社員の退職、休暇(傷病、出産、育児、介護など)／業務量増大／季節的、時期的繁忙期／社員が対応できない業務発生時／一時的業務発生時／断続的業務／緊急時／非常時などです。

②「必要な人材」とは、当該業務の遂行能力があり、自社の希望条件、要求レベルに合う人材のことです。

③「必要な期間」とは、その業務遂行、目的達成、納期厳守に必要な期間、時間を指します。開始や終了の時期、時刻や一日の就業時間もその必要性に応じて柔軟に設定できます。つまり、禁じられている**日雇派遣**を除き、一日から長期まで、一日数時間からフルタイムまで可能です。また、一カ月に数日の反復継続(曜日や締め日などにより)も可能です。なお、**期間制限**がある場合はその制限までです。

### ●コスト(人件費)の削減

給与、募集・採用費用、教育費用、社会保険料などの総人件費を考えたとき、正社員を雇用するよりも人材派遣を利用した方がリーズナブルです。

賞与、手当、退職金、有給休暇取得時給料*、社会保険料、定期健診料、募集採用費がゼロで、教育費、福利厚生費はゼロ、または少額なためです。

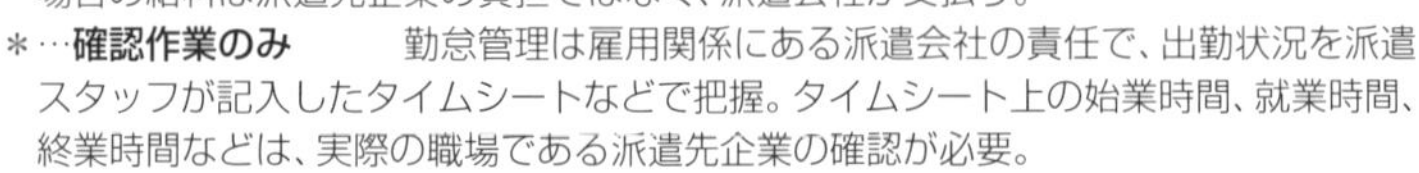
用語解説

＊**有給休暇取得時給料**　要件を満たせば、派遣スタッフも有給休暇を取得できる。その場合の給料は派遣先企業の負担ではなく、派遣会社が支払う。

＊…**確認作業のみ**　勤怠管理は雇用関係にある派遣会社の責任で、出勤状況を派遣スタッフが記入したタイムシートなどで把握。タイムシート上の始業時間、就業時間、終業時間などは、実際の職場である派遣先企業の確認が必要。

**●人事部、総務部、教育部門の業務軽減化**

雇用関係にあるのは派遣会社ですから、募集・採用業務、給与計算・支払い、社会保険の加入喪失・給付手続き、労災保険手続き、退職手続き業務は不要です。ただし、依頼する際に必要性や契約内容について検討するため、調査・分析、派遣会社との交渉・相談は多少発生します。派遣スタッフは即戦力性、専門性があるため、教育の必要は些少です。

**●雇用管理面での効率化**

勤怠管理は不要で、確認作業のみ*です。ただし、派遣スタッフとは**指揮命令関係**にありますから、派遣先企業としての責務から、指示、確認、苦情処理*の業務は発生します。また、合理的雇用管理の他、自社社員の過重労働防止や職場復帰支援につながります。

**●社員の活性化、当該業務の効率化、業績拡大**

時間単価で働き、短期間での成果が期待される派遣スタッフは、実務能力だけでなく意識や意欲が高いため、業務遂行以外の効果も大きいのです。活性化や模範としてのみの活用もあります。

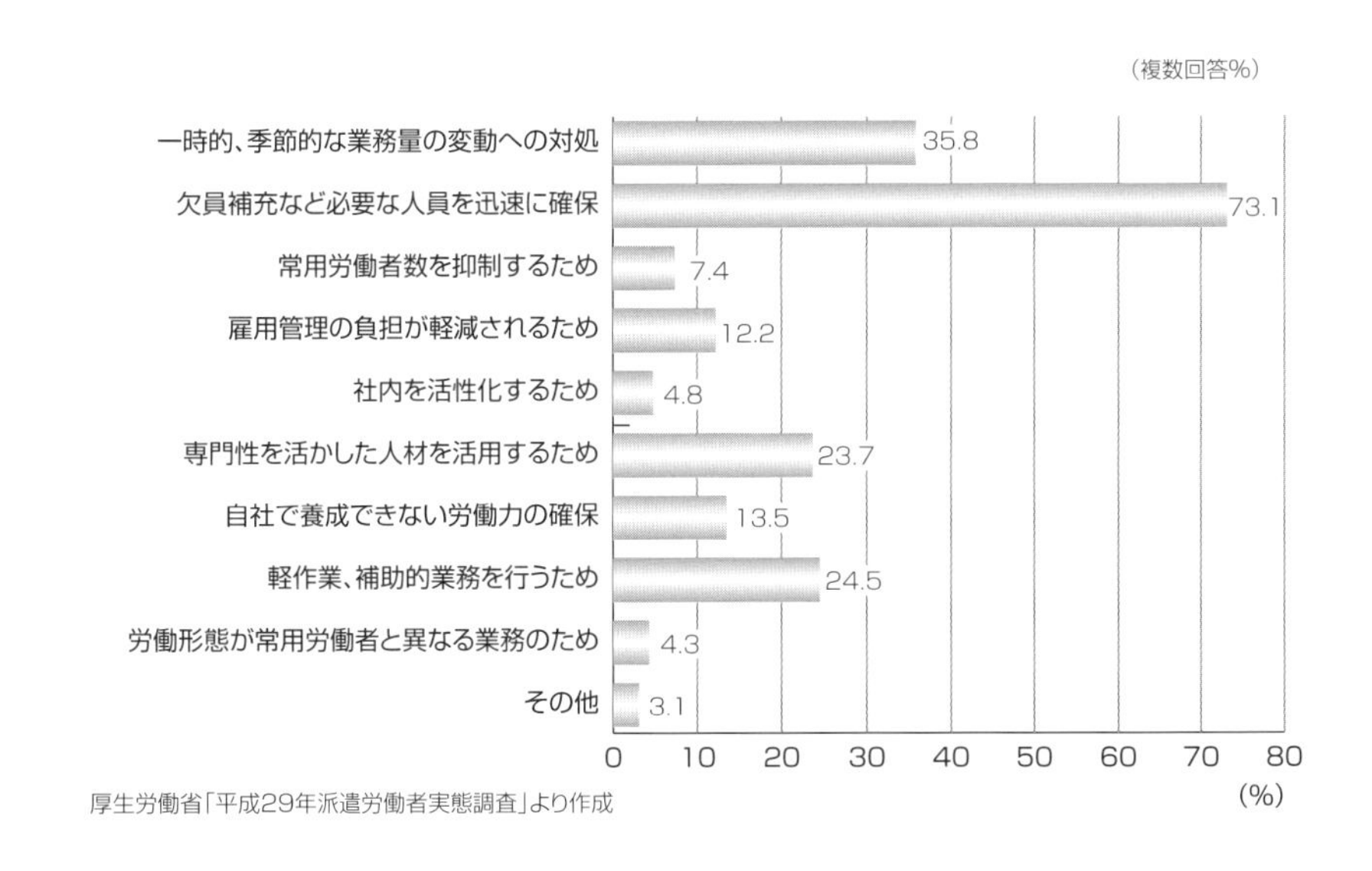

＊**苦情処理**　労働者派遣法では、派遣スタッフからの苦情・クレームへの対応、トラブルの相談をいう。派遣先企業と派遣会社との連携により、迅速に処理し、それに関して、派遣先管理台帳、派遣元管理台帳に記載することになっている。

# 2 望んで派遣？　しかたなく派遣？

**雇用環境の変化や雇用形態の多様化、就業意識、価値観、ライフスタイルの変化に伴い、派遣スタッフ像も多様化しています。**

## 派遣労働選択の理由

派遣会社に登録する労働者は、正社員になれないから仕方なくという理由だけでなく、前向きに「派遣」という働き方を選んでいます。それは以下に挙げるメリットに重なります。間接雇用、有期限、選択権がキーワードです。

### ●自分の希望、価値観、ライフスタイル、状況、計画に適した業務内容、就業条件、職場を選択できる

就業の保証はありませんが、希望する職種、条件を伝え、打診された案件を自由意志で決定できます。また、派遣先のニーズに合えばですが、就業期間、時間、時間帯や勤務地を自分で設定できます。そのため、家事、育児、介護、社会活動、自己啓発、趣味との両立や、自営業との兼業、副業、正社員や独立までの一段階としても適しています。

### ●会社組織に従属しなくてもいい

仕事内容を重視している人、組織に埋没することには抵抗がある人、オンとオフは分けたいと考える人に適した働き方です。

### ●専門性、能力、適性を活かせる

直接雇用の常用社員となれば、勤務年数や中長期的な人事計画によって、組織内での役割が生じ、実務から離れることもあり得ます。専門性などを活かせるとは限らないわけです。

＊…**の可能性が低い**　余分なコストをかけたくないため、そもそも残業が多い業務や緊急時を除き、時間外勤務は発生しにくい。また、雇用関係はないため、サービス残業はあり得ない。終業時間になると、派遣スタッフに帰宅を促す企業も多い。

**●仕事の範囲、指揮命令系統、責任が明確である**

担当業務内容・範囲・責任を定め、指揮命令関係を明らかにして契約します。

**●求職活動をせずに済む**

派遣会社がマッチング、交渉します。

**●今後の変化に柔軟に対応できる**

結婚、出産、転居、配偶者の転勤、Uターン、Iターンなどの環境や価値観の変化、能力向上、追加経験に合わせることができます。

**●年齢が不利になりにくい**

派遣料金は年齢や経験年数に正比例せず、担当業務内容、レベルや契約の特性によります。職場の潤滑材、指導者的役割や活性化のニーズに応えられる場合、経験豊富なことが有利にもなります。

**●休日出勤、残業の可能性が低い＊**

時間外手当の発生がコスト高＊となるからです。

**派遣労働を選んだ理由**

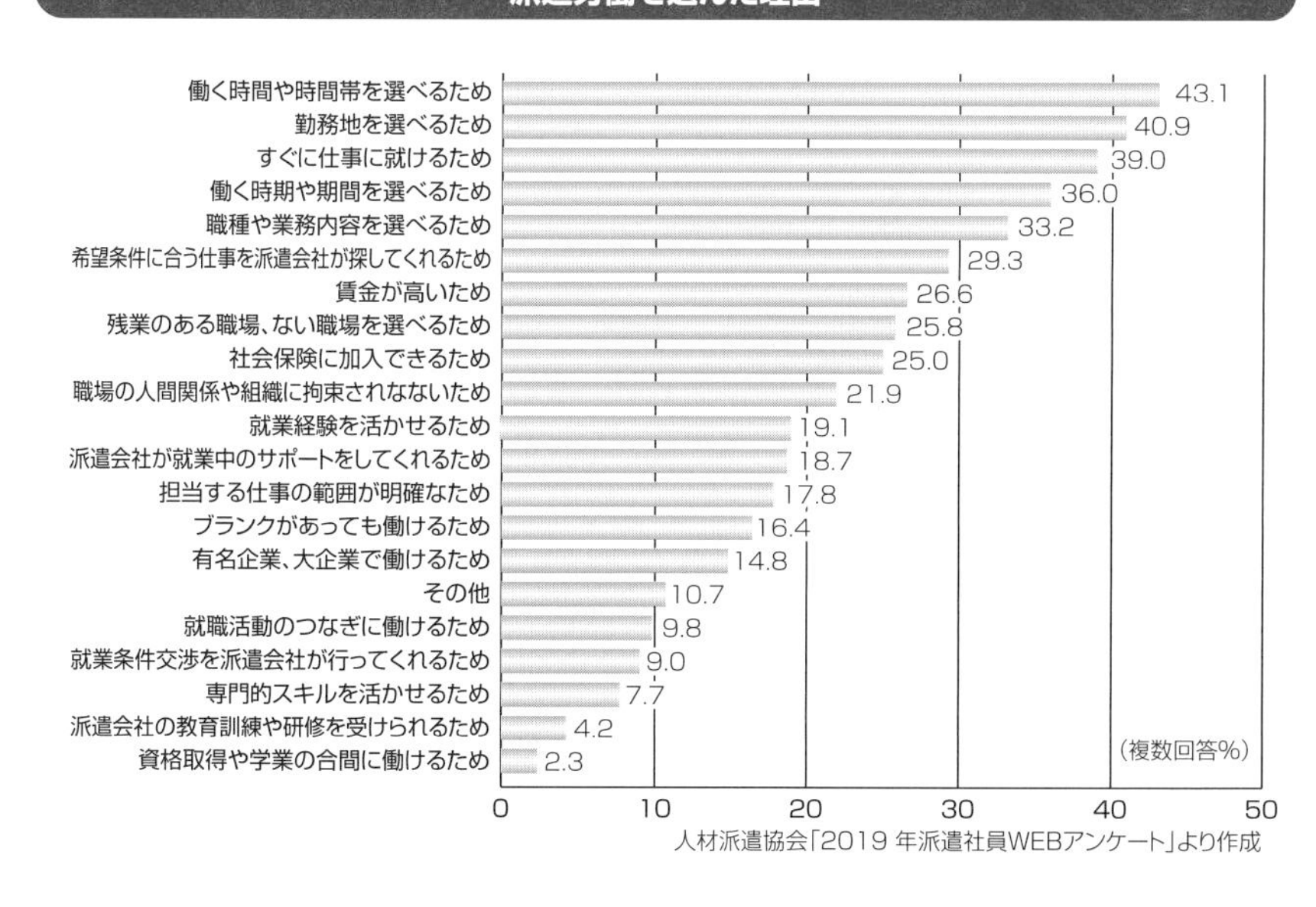

人材派遣協会「2019 年派遣社員WEBアンケート」より作成

＊…**がコスト高**　時間外勤務（残業）は、派遣会社が労働基準監督署に「三六協定」を提出していれば、必要に応じて発生し得る。割り増し分を請求しないことを条件に受注を獲得する派遣会社もあるが、多くの場合、派遣契約に時間外労働の割り増し分も請求する旨が記載されており、派遣先企業が割り増し分を支払うことになる。

# 「派遣」という働き方の現実と課題 3

**これまでに挙げてきたメリットを享受していないと感じている、むしろ弱者として不満を抱えている、派遣法改正によって、より不安を抱えている派遣スタッフもいます。**

## 人材派遣の現実を知る

人材派遣に対する不満や不安は、派遣先企業、派遣会社、派遣スタッフのいずれかの、システム、法規、責務、契約への認識不足や目先の利益重視から生じます。

本来、この三者は同等の立場で契約を結び、正三角形をかたち作るはずです。しかし、現実には派遣先企業の立場が強くなりがちで、それにおもねる派遣会社も存在します。

そのため、法的には禁じられている面接や履歴書提出によってスタッフを派遣先企業に選択させる、結果、年齢などを理由に派遣されないケースもあります。

また、社会保険の加入要件を満たしても、保険料負担を嫌い加入させないケースや、不利な契約締結、不当な契約解除も起きています。「正社員と同待遇」という名目での拘束や、正社員から敵視されるなどの問題に対処してくれない、などということもあります。

ただし、それらは本来の姿ではなく、良質の派遣会社や派遣先企業も存在します。反対に、派遣スタッフ側の誤解や認識不足によって、自らトラブルを招くこともあります。

まず、それぞれが自衛策として「本来の人材派遣」を理解し、相互に契約先として適しているかを検証し、選択されるよう心がけるべきです。

もともと登録型派遣の場合、「登録＝即契約」ではなく、複数の派遣会社に登録していても、どこからも派遣されない場合もあります。職種や就業条件を選べるという自由度は高いものの、仕事の保障はなく、収入は不安定です。当然、社会保険の加入要件を満たす契約でない限り、望んでも加入はできません。

そして、本来、スキル重視で年齢は問われないはずですが、当該業務遂行レベルが同一なら、若い方が有利な場合が多いのが現実です。また、年齢が高くなるほど、スキルアップが有効ですが、それでも派遣先企業のニーズに合わなければ、契約には至りません。

しかし、人間性や指導者的役割、潤滑剤的な役割や、社員の活性化を期待されることがあり、むしろ高年齢者が有利になることもあります。

また、「シニア派遣」や「専門職派遣」、派遣会社の研修制度によるスキルアップなどの活用によっては、年齢、経験、スキルの不利を感じないで済みます。

時給などの条件のみではなく、その派遣会社の信頼性をチェックすることが何よりも重要なのです。

さらに、派遣スタッフ自身も、プロの職業人意識を持つ信頼される存在として、自らコミュニケーションを図る姿勢が必要です。

それらの現実を踏まえることが、派遣会社にとっても重要です。

**派遣スタッフが派遣会社に抱く不安と不満**

写真:A Florian

# 人材派遣の原点に還る①

労働者派遣事業の歴史、現状、特徴、将来性、このシステムの特徴と派遣労働のメリットを分析すると、マネジメントポイントが見えてきます。

## 三者の利害は一致する

人材派遣本来の機能を果たし、長期的展望のもと、このシステムのメリットを活かすことが、すなわちマネジメントそのものです。

なぜなら、派遣先企業と派遣スタッフ双方のニーズが適合するからこそ契約ができ、契約を満了できる、つまり派遣会社は利益を得るのです。また、だからこそ、その契約期間のトラブルを防止でき、実績を上げ、その後の増員、再受注、再派遣につながるのです。他者を害して、一者または二者の一時的な利益のみを重視することは、結果的に継続的関係を断ち切り、利益確保どころか存続も難しくなると認識しなければなりません。三者の利害の一致点を目指し、調整することが利益につながるのです。

## 問題・課題はビジネスチャンス

景気の変動や個人、組織の変化にかかわらず、社会、特に「人」に関する問題は常にあります。その問題の解決策を提案し、実施できるなら、むしろチャンスといえます。柔軟な活用と多様なサービスの迅速な提供が可能な人材派遣だからこそ、解決できるはずです。

**①定年退職者、早期希望退職者の増大と後継者不足**

・シニア派遣／専門職派遣のニーズ拡大
・定年退職者自身の労働意欲と収入の必要性
・その欠員による需要拡大
・技術者、指導者、コンサルタント、管理者として

**②新卒者、若年者の雇用と早期離職**
・新卒派遣／紹介予定派遣のニーズ拡大
・教育研修制度、キャリア・カウンセリングの充実

**③ニート・フリーター対策**
・教育研修制度、キャリア・カウンセリングの充実

**④少子化対策、子育て支援、ワークライフバランス**
・産休や育児介護休暇取得の支援策として強化
・ワークシェアリングや短時間勤務制度との連携
・託児施設の開設または託児施設との提携

**⑤高齢化対策**
・介護福祉分野への派遣強化
・高齢者自身の雇用確保

**⑥社員の過重労働防止や有給休暇取得支援**
・人員削減によって過重労働になっている社員や休暇が取れない社員の仕事をシェアする

**⑦障害者の就業支援**
・就業可能な身体障害者、知的障害者の雇用支援

**⑧創業・起業支援**
・独立起業や経営に関するプロを派遣することで、一時的需要に応え、コスト低減効果を促す

**三者の利害は一致する**

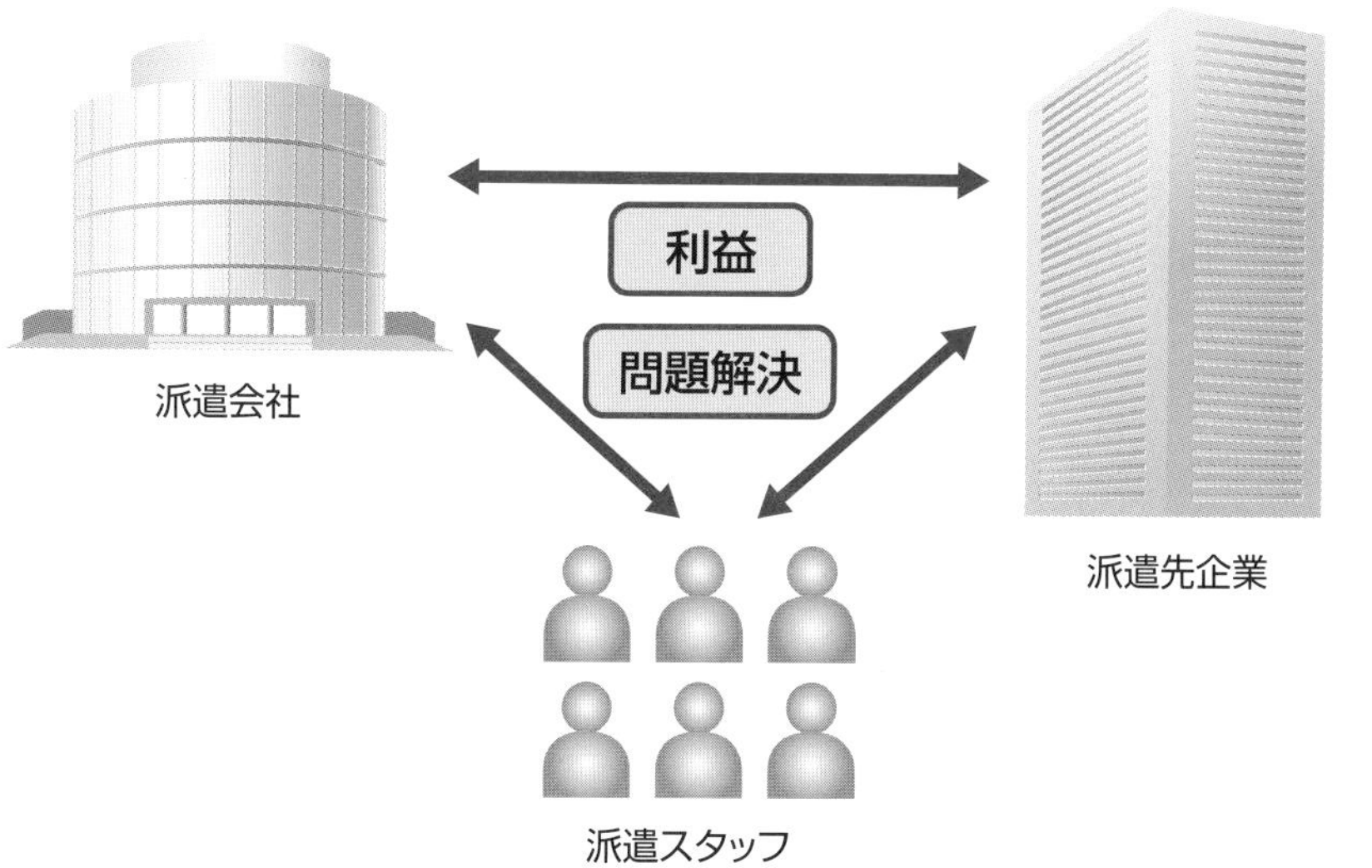

利益
問題解決
派遣会社
派遣先企業
派遣スタッフ

5

# 人材派遣の原点に還る②

**労働環境や労働者自身の変化は、人材派遣のニーズを拡大します。また、固有のお客様である企業と労働者に対応するのは、「人」である派遣会社社員です。**

## 変化からニーズは生まれる

経済状況や労働環境がどのように変化しても、企業は専門性、即戦力性を持つ多様な人材の迅速な提供を求め、同時に、多くの人材が就業機会を求めています。だからこそ人材派遣は、絶えず必要なのです。

今後も様々な変化がありますが、可能性を探り、リスクを最小限にした派遣会社は、柔軟に対応できるはずです。人材派遣にとって追い風となる変化だけでなく、一見マイナスと思える変化の中にも、新たなニーズや他者との差別化の材料があります。

## 信頼の獲得は最強の基盤

規格化できず、絶えず変化する「人」との契約は、一時的なものです。その間以外は拘束力がなく、その「人」の契約満了の保障をしなければならない人材派遣は、三者間の信頼関係があってこそ、初めて成り立つものです。単に「当てはめる」仕事ではありません。

しかしながら、その信頼が獲得できれば、契約満了だけでなく、トラブルやクレームの防止、削減ができ、新たな契約や再度のオーダーが可能となります。

そして、調整能力と真摯な取り組み姿勢が、信頼獲得、つまり事業基盤を作るのです。

## 自社の人材育成こそが鍵

これまで述べてきたように、派遣会社社員には、様々な能力と知識、取り組み姿勢が必要です。

最初からそれらを身に付けている人は少なく、通常の業務を滞りなく進めるだけでも、学習や実務経験が必要になりますが、業績アップや変化への対応には足りません。そして、最善を尽くしても、新たな問題が起こるのがこの業界です。

単なる機械的な処理、マニュアルどおりの対応ではなく、臨機応変な行動をとれるように教育することが、遠回りのようで、実は業績へとつながります。

## 顧客は「個客」

顧客のニーズは多様であり、決して一律ではありません。その一律ではない部分を把握していなければ、マッチングができず、譲歩交渉もできません。

顧客である、派遣先企業と派遣スタッフの固有のニーズを具体的に確認をしないまま進行すると、問題が起きがちです。事前に確認しなかったその一点が、双方あるいは片方にとって譲れない要素であるかもしれません。ですから、双方の固有のニーズを明確にして初めて、双方のニーズに応えることができるのです。

一方、ニーズが個別であることは、カスタマイズができるということですから、他社との差別化が図れます。

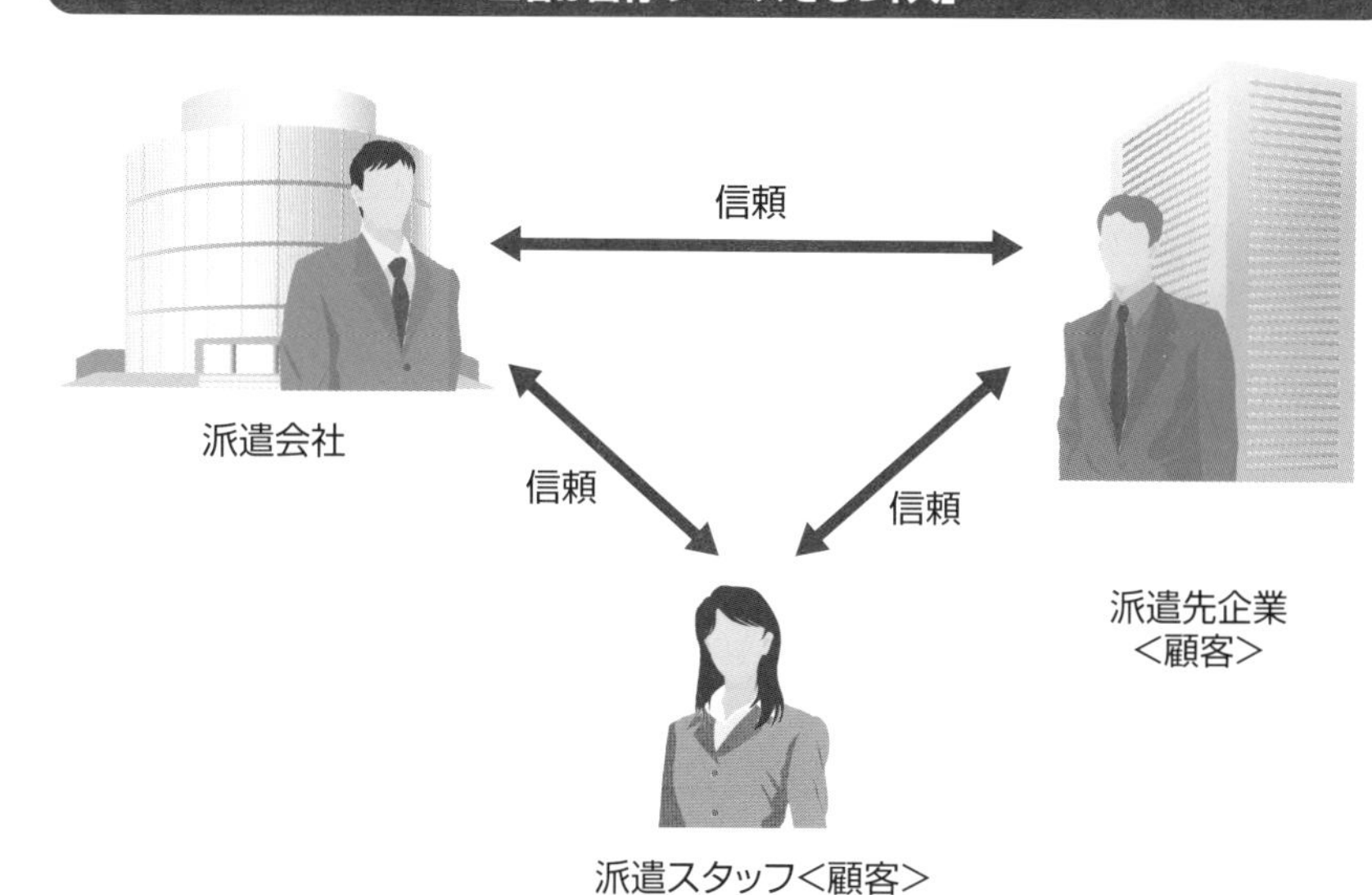

# 6 人材派遣の原点に還る③

突発的なニーズや問題に迅速、的確に対応し、潜在的なニーズ、課題を引き出すのが人材派遣です。

## 真のコストパフォーマンスを考える

派遣会社は、自社社員の教育費の他、登録スタッフの教育費、社会保険料などの費用が発生します。

これらのコストは、特に中小の派遣会社の経営を圧迫しますが、必要なコストまで削減すると、利益どころかマッチングができず、売上すら立ちません。社会保険料不払いなら、違法ですし、信頼を失います。

また、すぐに結果がわかる費用だけでなく、教育費、カウンセリング経費など、中長期的にしか結果が出なかったり明確に結果が出ない費用が多いのも、この業界の特徴ですが、それも、れっきとした必要経費なのです。

さらに、費用に限らず、時間、労力もまたコストです。その時間と労力を効果的に使えば、法定福利費以外の費用を節約できるはずです。これは、三者が「人」だからこそでもあります。中小の派遣会社でも、大会社以上の効果を得られる可能性が、ここにあります。

## 迅速、的確な対応は営業そのもの

企業の急なオーダーにも応えられるからこそ、人材派遣の意味があります。さらに、増員・交代要請、トラブル、クレームは、予測したり、または防止すべく努力しても発生するものです。その緊急事態に対し、ただちに対応してこそ、再オーダーにつながります。

また、登録型派遣の場合、優秀なスタッフを定着させるためには、迅速に案件を案内して他社と雇用契約を結ぶことを防ぎたいものです。

このような、迅速な対応を必要とする事項が、同時に発生し、また同時に進行します。

ですから、受注できても、派遣中でも、そして、優秀な人材が登録してきても、まだ営業実績とはなっていないと認識すべきです。迅速に的確な対応ができてはじめて、それは営業実績になったといえましょう。企業訪問することだけが営業ではありません。

## 人材派遣ビジネスはコンサルティングビジネス

企業は当初から人材派遣に対するニーズを明確にしているでしょうか。明確になったときに、それに応じることだけが人材派遣ビジネスではありません。

派遣会社は企業のパートナーとして、問題解決、課題達成や、その結果の業績拡大に貢献できるはずです。それには、派遣システムの活用提案を含むコンサルティングが有効であり、高次の営業となります。

かつて、人材派遣は「正社員の雇用を阻むもの」として、その企業の正社員や行政当局から敵対視されたことがありました。しかし、正社員との共存共栄どころか、活用次第では、その立場を守ることもできます。そうした視点に立ち、経営、運営に関わるコンサルティングにまで範囲を広げられるのです。

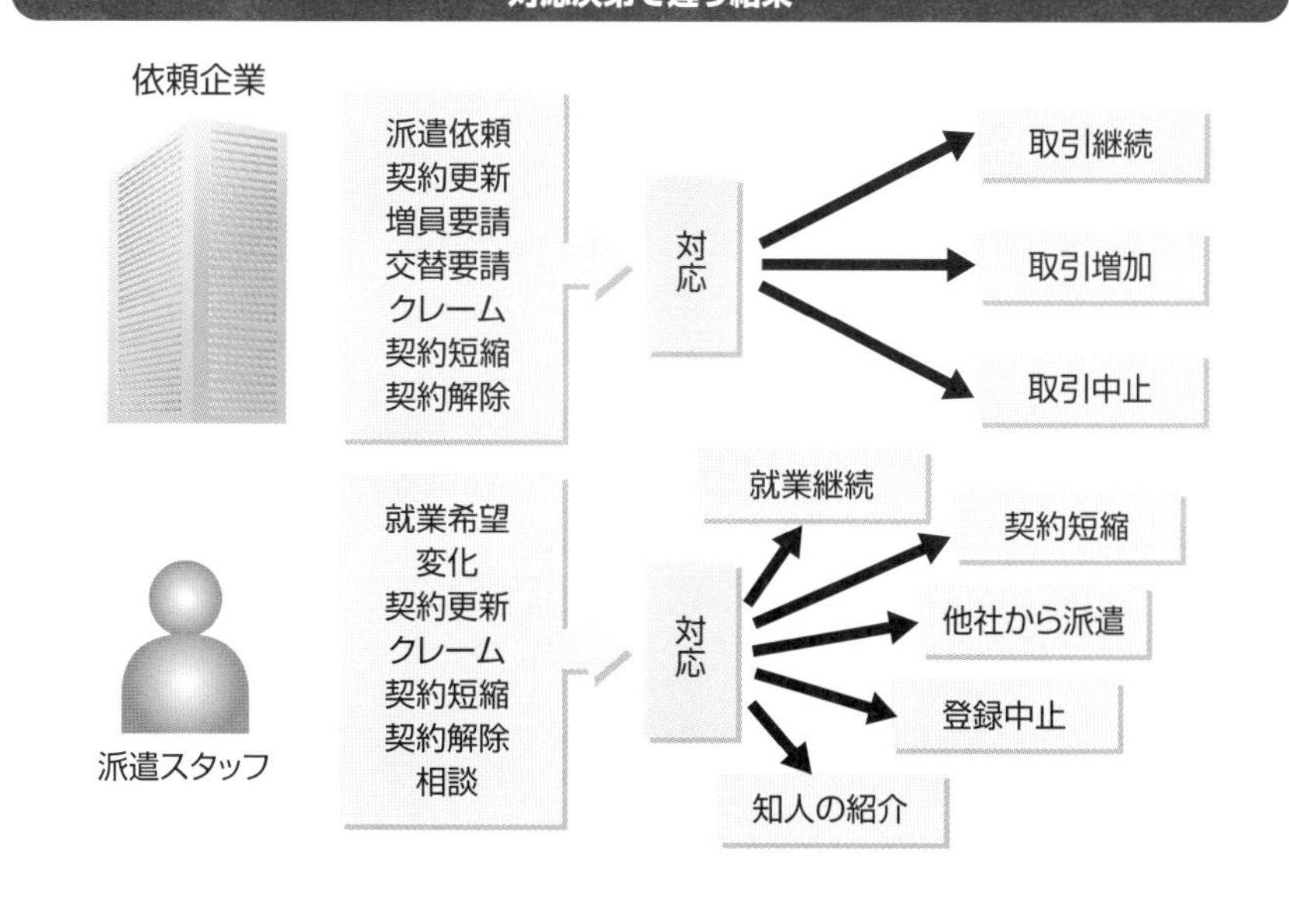

# 7 人材派遣特有の運営ポイント①

規制緩和と規制強化にゆれる中、雇用環境や労働者自身の意識の変化によって、この業界の市場は変化し続けています。そのため、競争は激化する一方です。

## 小規模の派遣会社にも可能性

これまでに述べたことを踏まえずに、安易に派遣会社を立ち上げることは無謀といわざるを得ません。また、既存の派遣会社も、激変する時代状況を考慮せず、従来の方法で運営を続けるとすれば、淘汰を免れないでしょう。特に、系列によって、ほとんど競争なく受注を確保できていた恵まれた派遣会社は、それに甘えず、自力での受注獲得を心がけなければなりません。規模や知名度、過去の実績に頼って企業努力を怠ってきたり、業務の細分化、システム化によって、機械的処理を繰り返してきたなら、なおさらです。

一方、単なる人手の提供、人事の代行業務に留まらず、コンサルティングビジネスへと成熟した企業が目立ち始めました。これは、必ずしも大企業のみに可能なのではありません。本来の業務を当たり前に遂行した上で、先見力と柔軟性、創造性を生かし、工夫すれば、小規模の派遣会社にも可能なはずです。企業の規模の大小を問わず、他社との差別化ができる派遣会社のみが、今後業績を拡大できるでしょう。

では、派遣会社を立ち上げ、本来の業務を遂行して運営し、さらに、その先に辿り着くためにはどうしたらよいのでしょうか。

ここでは、新規に派遣会社を起業する、あるいは現在の経営者の再認識という視点で整理していきましょう。

もちろん、これから派遣会社に就職、あるいは再就職する人の基本姿勢としても重要です。経営者の意識で、業務に取り組むことが実績につながるのです。

**成功するためのポイント**

**①選ばれる派遣会社のかたち**
企業と登録希望者から選ばれるために。

**②経営者のマネジメントスタイル**
従来型から、現代型へ。自社の社員からも選ばれるために。

**③柔軟な組織作り**
堅固だが、硬直していない柔軟な組織作り。

**④明確な目標設定と適正な収益性**
損益分岐点と最終利益を考慮した、積極的だが、夢想や幻想でない数値目標を立てる。

**⑤WANTSをNEEDSに変える営業戦略**
曖昧な願望や要求を具体化しよう。

**⑥多数の優秀な派遣スタッフの確保策**
確実なマッチングを継続的に行うために必要。

**⑦組織の両輪である営業、コーディネーターの育成**
確実な業務遂行は、社員の育成から。

# 8 人材派遣特有の運営ポイント②

どんなに受注件数が多くても、その案件に適した人材が登録、または雇用されていなければ、派遣することはできません。そのため、多くの人から選ばれる派遣会社を作らなければなりません。

## 選ばれる派遣会社のかたち

派遣会社は、サービスを「形」にしてお見せすることができません。だからこそ、目に見える立地も重要な要素です。まずは、安心して登録・契約できる会社の「形」を作ることから始めます。

では、登録者として初めて派遣会社を訪問すると仮定しましょう(次ページ図参照)。

社内の雰囲気はどうでしょうか。通常、登録希望者が来社すると、面接ブースまで案内します。

明るく、開放的な職場がベストです。社内の雰囲気や登録担当者だけでなく、直接関わらない社員の態度が悪ければ、登録しようとは思いません。派遣会社に自分の職歴や希望条件、場合によっては個人的な事情を伝えて登録し、その後も、その派遣会社の社員とのコミュニケーションをとり、自分が実際に働く職場を委ねなければならないからです。つまり、派遣会社社員全員の態度が、登録に影響を与えるのです。

結果的に、いずれかの段階で登録希望者に悪い印象を抱かせたなら、そのスタッフが登録しないだけでは済まず、会社の悪い噂が流れ、他の登録希望者や、派遣先企業からも選ばれないということにもなりかねません。

## 経営者のマネジメント・スタイル

派遣会社社員の雇用や定着も流動的です。業績拡大だけでなく、社員や業界志望者にとっても魅力的な職場を作ることが経営者には求められるのです。

また、いまやどの業界でも、従来の指示命令監督型ではマネジメントできません。

さらに、派遣先企業のパートナーとして、コンサルティングできるよう、派遣会社自体が理想的なマネジメントを実践していなければなりません。派遣会社は雇用や人事の問題を解決している、いわばモデルであるべきです。つまり、以下のような**コーチ型マネジメント**が求められているのです。

・長期計画の下に、短期計画を立てている。
・状況に応じての計画変更、代替案選択を決断できる。
・自身がプロセスから関わる姿勢がある。
・結果のみでなく、プロセスを評価している。
・部下が自主的に行動できる体制を整えている。
・部下がリスクを恐れず、挑戦できる環境を創る。
・部下の強みや長所に着目している。
・部下の提案や主張を取り上げる姿勢がある。
・自身が問題解決能力を持つだけでなく、部下の問題解決能力を育てようとしている。
・自身が常に情報収集、分析、自己啓発している。
・自身がワーク・ライフ・バランスを実現している。

**選ばれるかたちを整える**

写真：SSDG Interiors

派遣会社

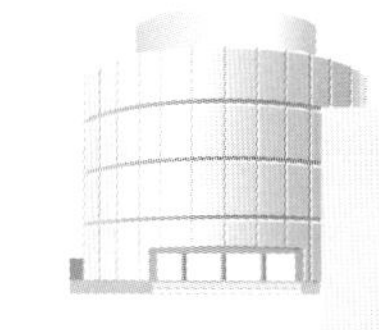

◇ 立地条件
・主要路線の駅近く
　　（地方は駐車場に配慮する）
・アクセスがわかりやすい
・安全で開放的な場所
・ビルのオーナー、キーテナントが堅実な業界、信頼性の高い企業、官公庁である

◇ エントランス
・入りやすい雰囲気、オープンな造り
・すぐに社員が対応できる構造、体制

# 9 人材派遣特有の運営ポイント③

**経営者は、仮に実務を行わないとしても、その実務のいっさいと業界の実情、社会の変化を把握していなければなりません。その上で、企業の方向設定、戦略立案、社員管理を行っていくのです。**

## 柔軟な組織作り

各部門の連携が不可欠で、不測の事態に臨機応変に行動しなければ、業務そのものが成り立たないこの業界では、柔軟な組織であることが求められます。

ですから、部署や職種を越え、役職を問わず、全社員が派遣業務の一連の流れを熟知した上で自主的に問題解決に向けて行動できるよう、経営者はサポートすべきです。

## 明確な目標設定と適正な収益性

上昇志向ながら現実的に達成可能な数字でなければ目標ではありません。業界ならではの収益構造のため、コストの適正化があって、売上は利益に反映されます。

成長性（対前年比）、生産性（社員一人当たりの数値）をもとに数値目標を設定し、収益性を計ります。この場合、**損益分岐点**を計算し、**損益分岐点比率**が八五％以下になることを目指しましょう。

・**損益分岐点（損益がゼロになる売上高）**
必要経費と売上から計算する。利益が得られる最低ライン。

・**損益分岐点比率**
「損益分岐点をどの程度超えているか＝損益分岐点÷売上実績」これが、60％台なら超一流、70％台なら優秀、85％以下は良好と判断できる。

**【売上に関係する数字】**月間売上高、年間売上高、時間単価、稼動人数、期間別契約件数、新規受注獲得数、再受注数、成約率、シェアなど。企業の規模によっては、部門別、ブロック別、四半期ごとなどに分割することも必要。

## WANTSをNEEDSに変える

営業業務の究極は人事コンサルティングであると先に述べました。

例えば、労働者派遣法などの動向に対処するのは当然ですが、関連法規の正確な理解は、営業の機会を作る上でも有効です。

人材派遣を活用している企業であっても、現在の派遣受入状態や今後の雇用計画が、関連法規に抵触しないか、悩んでいる場合があるからです。

また、活用を検討している企業の関連法規への疑問に応えることが営業のスタートになるのです。

同時に、前述した「社会の問題、課題はビジネスチャンス」「派遣システム活用のメリット」について具体案を提出できるはずです。

**経営者のマネジメントスタイルがもたらすもの**

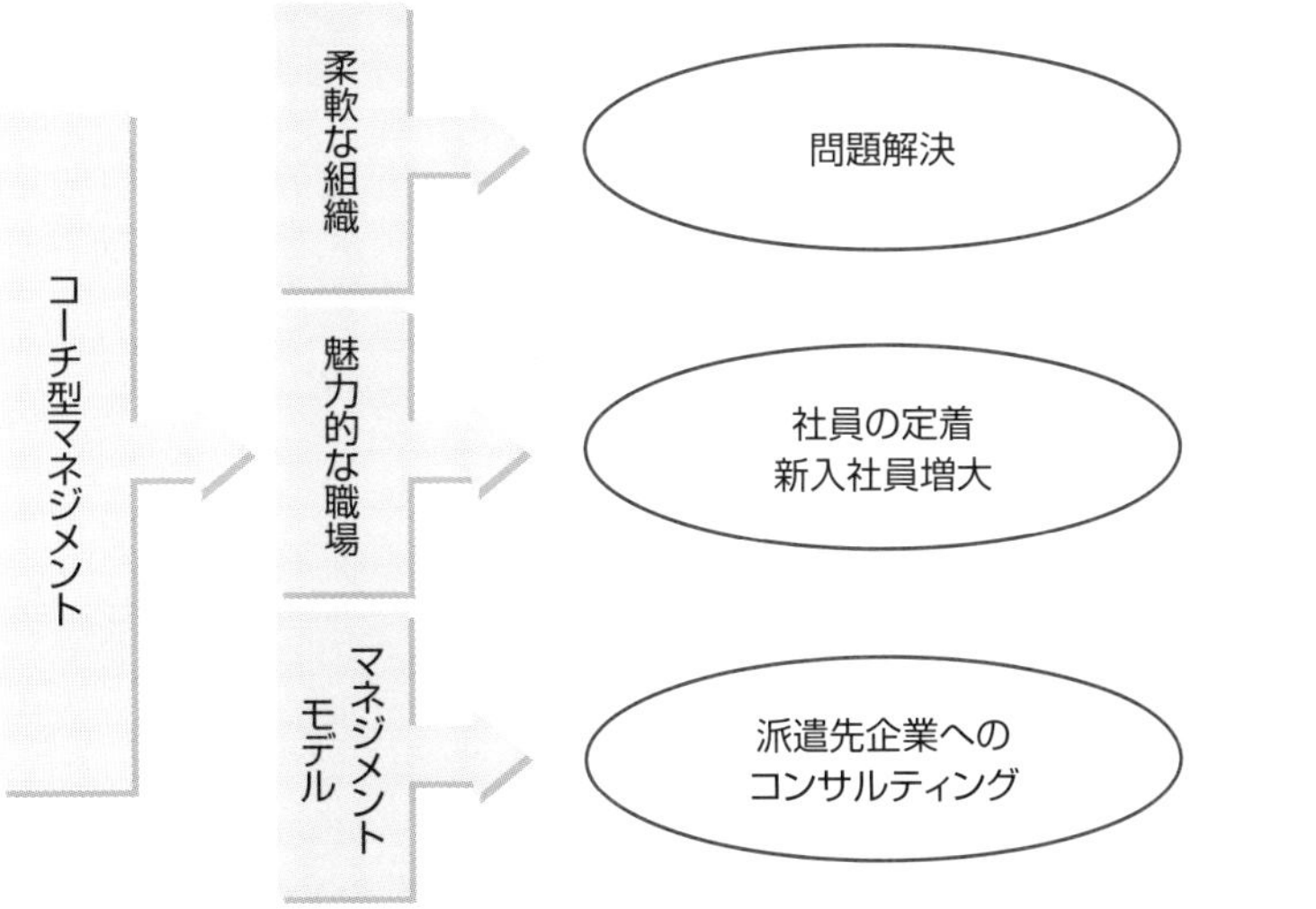

# 10 人材派遣会社のタイプ

**人材派遣会社は、「独立系」と「資本系」に大別されます。それぞれの特徴を見ていきましょう。**

## 独立系人材派遣会社

「**独立系**」は、最初から労働者派遣事業として立ち上げた派遣会社です。その大手は総合人材サービスとして**ワンストップサービス**を全国展開し、海外進出、吸収合併を続け、巨大化しています。そのため、売上高とシェアのランキング上位は、これらの大手が占めています。

大手のトップは、日本における人材派遣創成期の、いわばカリスマ的存在が多く、そのトップの方針や考え方によって、それぞれカラーがはっきりしています。創業期は、業務の性格上、中途採用者を多用しましたが、組織の巨大化によって分業化、システム化が進み、新卒者を大量に採用するようになりました。若年者が活躍しやすい職場ではありますが、経験値や責任感の不足、機械的処理に陥りやすい弊害も、中には見受けられます。

いずれも競争力と創造性に優れ、チャレンジ精神と活気に溢れていますが、大手でない限り、安定度は低いといえます。

## 資本系人材派遣会社

「**資本系**」は、様々な業種の親会社のもとに立ち上げられた派遣会社です。グループ系、系列系会社ともいえます。派遣先企業のほとんどがグループ会社という場合や、派遣スタッフの多くがグループ会社出身という場合もあります。その多くが親会社・グループ会社のネットワークや信頼性を生かし、親会社の業種を得意分野として、安定的成長を遂げています。

しかし、ときとして、その安定度から、グループ会社間の馴れ合いや危機意識の欠如を生むこともあります。そのため、派遣スタッフが本来のメリットを享受できず、直接雇用的拘束を受ける、派遣先企業の問題解決にならないということも起きています。

また、会社の上層部は、親会社、グループ会社からの転籍、出向であることが多く、実務を把握していない、営業力をさほど必要としない場合もあります。

そのため、多くは余裕があり、ゆったりとした雰囲気ですが、派遣会社の競争力が育ちづらく他社への切り替えや派遣スタッフの不満も見受けられます。

一方、グループ会社の雇用の調節弁そのものである派遣会社も多く、注意が必要です。

このように、派遣会社にはそれぞれに特色があります。「独立系」はそのトップを、「資本系」はその親会社を、特に調べておくとよいでしょう。

再就職や転職、あるいは登録するにしろ、その派遣会社がどのタイプの会社であり、自分に適しているかどうかを検証する必要があります。

**独立系か？　資本系か？**

| パーソルテンプスタッフ株式会社<br>（パーソルグループの基幹企業）　独立系 | |
|---|---|
| 母体／グループ | パーソルグループ |
| 設立 | 1973年、事務処理サービス業としてテンプスタッフ設立 |
| 沿革 | 1981年、支店展開開始。1993年からグローバル展開を積極的に行う。以降、事務職以外の職種の取り扱い拡大、障害者雇用支援や教育、医療、介護、保育などの多様な分野に特化した部門を開設するとともに、同業他社や関連分野の企業を子会社化。<br>2008年、ピープルスタッフと経営統合、テンプホールディングス㈱を設立（現パーソルHD）し、2016年には新グループブランド「PERSOL」を発表。M&A、新規事業展開など、グループ拡大は続く。 |
| 事業内容 | 事務系を主とする人材派遣、紹介予定派遣 |
| 資本金 | 22億7,300万円（2018.3.31現在） |
| 売上高 | 9,258億1,800万円（2019.3.31現在） |
| 従業員数 | 45,434名（2019.3.31現在） |
| 自社ネットワーク | グループ会社75社（2019.10.1現在） |
| グループネットワーク | グループ会社135社（人材派遣、人材紹介、再就職支援、アウトソーシング、コンサルティング、教育・研修、調査・研究・開発、シンクタンク他）<br>国内492拠点、海外188拠点（2020.4.1現在） |
| 経営理念 | 雇用の創造／人々の成長／社会貢献 |
| 特徴／強み | お仕事検索サイト「ジョブチェキ」<br>自社保育所設置など早期から育児支援に取り組み、女性の就業支援に注力。スキルアップ支援、キャリアコンサルティングが充実しており、フォロー専任者「スタッフフォロー」を置く。 |
| その他 | 創業者の篠原欣子氏は2010年秋から米経済誌「フォーチュン」の「経済界の最強の女性50人（米国外）」に11年連続で選出されている。 |

| 株式会社スタッフサービス<br>（スタッフサービスグループの基幹企業） 独立系 | |
|---|---|
| 母体／グループ | リクルートグループ＞スタッフサービスグループ |
| 設立 | 1981年、事務処理サービス業を創業<br>1983年、事務系分野人材サービス ㈱スタッフサービス設立 |
| 沿革 | 1990年、㈱スタッフサービス・ホールディングス設立。1997年、テレビCM「オー人事オー人事」で知名度急上昇。2001年、全国展開完了する。その間、アウトソーシングや技術者、医療・介護分野等のグループ会社を開設する。<br>2007年、㈱リクルートが㈱スタッフサービスHD全株式を取得。2008年、派遣事業子会社を統合し、主要2社スタッフサービス、テクノサービスを中心とした運営体制へ移行する。2013年、介護職の常用型派遣開始。2014年、事務職の常用型派遣事業「ミラエール」を本格展開する。 |
| 事業内容 | 人材派遣、紹介予定派遣、人材紹介 |
| 売上高 | グループ 3,049億円（2019.3月現在） |
| 従業員数 | グループ 4,229名（2019.3月現在） |
| グループネットワーク | 173拠点（人材派遣、人材紹介、アウトソーシング、障害者雇用推進） |
| 経営理念 | 「チャンスを。」 |
| 特徴／強み | 総合検索サイト「オー人事ネット」<br>ものづくり系エンジニア「スタッフサービス・エンジニアリング」<br>IT、WEBエンジニア「エンジニアガイド」<br>メディカル系「スタッフサービス・メディカル」<br>製造系「働くナビ」<br>事業部横断お仕事提案アプリ「アリカモ」 |

| 株式会社パソナ<br>(パソナグループの基幹企業) 独立系 | |
|---|---|
| 母体/グループ | パソナグループ |
| 設立 | 1976年、人材派遣業を創業<br>1988年、テンポラリーセンター設立 |
| 沿革 | 創業後、フランチャイズを含め、全国展開開始。<br>1993年、社名を㈱パソナに変更する。以降、人材派遣事業を拡大するとともに、障害者雇用促進、企業内保育所運営代行、福利厚生サービス、ビジネスインターン制度、人材ブリッジバンク事業、就農支援など先進的な事業を含め、多角的な総合人材サービスを進める。その間、海外展開や関連分野企業、グループ会社を吸収合併する一方、分社化、非子会社化によりグループ体制を整備。<br>2007年、株式移転により、純粋持株会社、㈱パソナグループを設立する。2011年、関東雇用創出機構(現パソナマスターズ)を吸収合併。引き続きMAや新規事業展開を行う他、地方再生事業などにも注力。 |
| 事業内容 | 人材派遣、紹介予定派遣 |
| 資本金 | 1億円(2019.5.31現在) ※グループ50億円 |
| 売上高 | 3,270億円(2019.5月期) |
| 従業員数 | 9,317名(2019.5.31現在) |
| グループ<br>ネットワーク | グループ会社67社:人材派遣、BPOサービス(委託・請負)、コンサルティング、教育・研修、グローバルソーシング、人材紹介、キャリア支援、アウトソーシング、地方創生他 |
| 企業理念 | 「社会の問題点を解決する」 |
| 特徴/強み | 検索サイト「JOBサーチ」<br>スキルアップ支援、キャリアコンサルティング、福利厚生が充実。<br>新卒派遣、就農支援、地域活性化事業の先駆け。 |
| その他 | 早くから社会貢献事業に取り組む。 |

| 株式会社リクルートスタッフィング<br>（リクルートグループの人材派遣領域企業） 資本系 | |
|---|---|
| 母体／グループ | 株式会社リクルート(人材メディア)／リクルートグループ |
| 設立 | 1987年、㈱リクルート人材センター・シーズ事業部より独立し、㈱シーズスタッフを設立 |
| 沿革 | 1990年、㈱リクルートシーズスタッフに社名変更後、アウトソーシング、人材紹介を開始。1999年、㈱リクルートスタッフィングに社名変更する。以降、関連分野企業を子会社し、拠点数を増やす。<br>2007年、リクルートグループ傘下となったスタッフサービス社とで、シェアを拡大すると共に、グローバル化を推進。 |
| 事業内容 | 人材派遣、紹介予定派遣、アウトソーシング |
| 資本金 | 19億3,940万円 |
| 売上高 | 2,239億円(2019.3月期) |
| 従業員数 | 2,206名(2020.4月現在) |
| 自社ネットワーク | 全国38拠点 |
| グループ<br>ネットワーク | 「Indeed」などの求人情報検索サイト、「リクナビ」などの就職・転職・アルバイト・パート情報サイト／広告宣伝、マーケティング、ライフ情報サイト・情報誌(住宅、結婚、旅行、飲食、美容)／人材紹介、再就職支援、コンサルティング、人材教育、人材派遣他 |
| 経営理念 | 「就業機会の創出によって社会に貢献する」 |
| 特徴／強み | 母体の知名度、信用度や多様な事業を展開するグループネットワークを生かし、マーケティング、情報収集、マッチング、アフターフォローできる。 |
| その他 | 母体、リクルート社は大学生向け採用情報専門広告代理店として創業し、就職活動を開かれたものにした。社員の自立性、チャレンジ性を重視する風土はグループ全体に及ぶ。 |

| アデコ株式会社<br>（外資系アデコグループの日本法人）　独立系 | |
|---|---|
| 母体／グループ | アデコグループ（スイス） |
| 設立 | 1985年、アディアジャパン㈱設立 |
| 沿革 | 1957年に前身となるAdia（スイス）が、1964年に前身となるEcco（フランス）が創業。1996年、AdiaグループとEccoグループが合併し、Adeccoグループ誕生。前後して、アディアジャパンは数社を合併統合し、数回社名変更するが、2004年アデコジャパン㈱に社名変更する。以降も、グループや自社がエリアや事業を拡大し続けている。 |
| 事業内容 | 人材派遣、紹介予定派遣、アウトソーシング |
| 資本金 | 55億6000万円 |
| 売上高 | 1,805億円（2019年度） |
| 従業員数 | 3,000名 |
| 国内ネットワーク | 北海道から沖縄まで<br>グループ会社：㈱VSN、アデコビジネスサポート㈱、㈱A-STAR（人材派遣、人材紹介、コンサルティング、人事アウトソーシング、人材育成） |
| グループネットワーク | 60を超える国と地域、5000以上の拠点 |
| ビジョン | 「キャリア開発があたりまえの世の中をつくる」 |
| 特徴／強み | キャリアコーチ制度（フォロー専任者による就業支援、キャリアコンサルティング）<br>グローバルネットワークを活かしての企業の海外進出、海外での採用と国内での海外人材採用支援 |
| その他 | 事業内容では「人材」を「人財」と表現している。 |

| マンパワーグループ株式会社<br>（外資系マンパワーグループの日本法人） 独立系 | |
|---|---|
| 母体／グループ | マンパワーグループ(アメリカ) |
| 設立 | 1966年、マンパワー・ジャパン㈱設立。日本最初の人材派遣会社となる。 |
| 沿革 | 1974年、全国主要都市に拠点を置く。1981年には全国にオンラインシステム導入。1986年には日本人材派遣協会初代会長となる。以降、関連分野企業の子会社化など、事業範囲と規模を拡大する。<br>2011年にはマンパワーグループ㈱に社名変更し、総合人材サービスとしてのグループ力を強化する。 |
| 事業内容 | 人材派遣、人材紹介、再就職支援、アウトソーシング、ITソリューション、コンサルティング |
| 資本金 | 40億 |
| 従業員数 | 2,981名(2020.4月現在) |
| 国内ネットワーク | 全国142拠点(2020.4月現在) |
| グループネットワーク | 80か国、地域に2,600拠点 |
| ビジョン | 「我々は働く世界に力を与えます。」 |
| 特徴／強み | 派遣、紹介予定派遣サイト「JOBNET」<br>若年者の無期雇用派遣／プロフェッショナル派遣／IT未経験者の育成・就業支援<br>人事課題別に専門部隊を設置。拠点はすべて直営店。グローバルネットワークによる雇用調査、人材・労働市場の実情、情報を提供、活用。長年の人材ビジネス実績を活かした提案。 |
| その他 | 母体マンパワーグループは世界で初めて「人材派遣」という仕組みを作り上げた。 |

# 11 ビジネスを支える専門団体

**人材派遣事業の専門団体として、一般社団法人日本人材派遣協会があります。業界最大の団体で、厚生労働省から公式団体として認められています。また、その協会を含む横断的団体があります。**

## 日本人材派遣協会

一般社団法人**日本人材派遣協会**は、労働者派遣法の趣旨に則り、労働者派遣事業の適正な運営を図るため、事業の健全な発展と労働力の需給の適正な調整、派遣労働者の雇用の安定・福祉の増進への寄与を目的に、一九八六年に設立されました。

大多数の派遣会社が会員となり、その会員会社から年度ごとに会長が選出されます。

また、国際人材派遣事業団体連合（CIET）に加盟し、グローバルな事業活動をも推進しています。

厚生労働省はこの団体を業界第一の公式団体とし、派遣法等に関する報告や連絡調整、コンプライアンスの徹底を協会に求めています。

具体的には、派遣元責任者就任に欠かせない「**派遣元責任者講習**」の実施や、派遣会社開設、運営に必要な情報、知識の提供、派遣先企業への啓蒙、マスコミへの露出による業界の認知度アップ、コンプライアンス研究などを行っています。近年は協会会員企業、派遣社員が共同で利用できる「教育研修プログラム」を開発し、キャリア形成支援事業にも注力しています。

さらに、業界のモラル向上、社会貢献、信頼獲得のため、憲章を制定し、必要に応じた専門委員会設置によって、その活動を強化しています。

協会ホームページは、派遣会社、派遣労働者、派遣先企業の支援の窓口でもあり、同時に厚生労働省からの委託事業である相談センターの窓口となっています。

## 日本人材サービス産業協会

一般社団法人日本人材サービス産業協会は、二〇一二年に代表的な人材サービスの四団体、日本人材派遣協会、日本人材紹介事業協会、全国求人情報協会、日本生産技能労務協会が設立した連携横断組織で、二〇一三年には日本エンジニアリングアウトソーシング協会が加わり、派遣事業、職業紹介業、求人広告業、請負事業の四種類をカバーできるようになりました。

労働市場についての調査研究、情報発信や人材サービス事業者の交流、研鑽とともに、個人と企業に向けての多様な支援、政策に関しての提言も行っています。

これまで、「求職者の早期就業支援、就職・転職コストの削減」「成長産業への転職促進」「就業機会の拡大、再就職・職場復帰支援」「情報提供、啓発による公正な採用の促進」に努めてきました。

多様な人材サービス業界人にとっても、潜在求職者を含めた個人、企業にとっても、横断的組織の果たす役割は大きいですが、様々な課題があります（下段参照）。これは、派遣業界の課題でもあります。

**人材サービス産業の課題（日本人材サービス産業協会）**

□有期雇用労働者（派遣、請負など）のキャリア形成

□就業管理を通じた、派遣・請負労働者の能力、処遇向上

□マッチング能力の向上によるミスマッチの防止

□人材育成による人材サービス産業の高度化

□人材サービス産業に対する誤解

人材派遣　請負　人材紹介

求人広告

# 12 その他の人材サービス専門団体

**派遣会社と密接な関係のある人材紹介業界の専門団体とその他の人材サービス団体を紹介します。**

## 全国民営職業紹介事業協会(民紹協)

公益社団法人全国民営職業紹介事業協会(民紹協)は、民間の労働力需給の適正化と労働者の雇用の安定、福祉増進を目的に、厚生労働大臣の許可を受け、一九八七年に設立されました。職業紹介が可能である主要な職種を、ほぼすべて取り扱う全国統一団体で、次に挙げる一一の職業別団体を統括しています。

●**専門的・技術的職業、管理的職業、事務的職業、販売**
・一般社団法人日本人材紹介事業協会
※ホワイトカラーの職業紹介をメインとし、通常「人材紹介」としてイメージされるスタイルの事業者から成る、代表的な団体です。

●**芸能家**
・芸能事業者団体連合会

●**看護師・家政婦(夫)**
・公益社団法人日本看護家政紹介事業協会

●**理容師・美容師**
・西日本理美容師職業紹介事業協会

●**配ぜん人***
・一般社団法人全国サービスクリエーター協会
・NPO法人全国ホテル&レストラン人材協会

●**モデル**
・一般社団法人日本モデルエージェンシー協会

●**調理師**
・公益社団法人日本全職業調理士協会
・全国調理士紹介事業福祉協会

●**クリーニング技術者**

＊**配ぜん人**　ホテル、レストラン、料亭、大使館などで料飲接遇サービスをする人。
＊**マネキン**　宣伝販売や接客サービスによる販売促進のプロのこと。

・全国クリーニング技術者紹介事業協会

● マネキン＊

・公益社団法人全日本マネキン紹介事業協会

## 製造業関連団体

・**一般社団法人日本生産技能労務協会**

二〇〇〇年に設立した製造に携わる労働者の就業促進、就業環境改善、能力開発と労務管理の適正化・効率化が目的の団体で、製造請負事業者が大半です。

・**一般社団法人日本エンジニアリングアウトソーシング協会**（二〇〇七年設立）

製造業アウトソーシングの団体です。

・**中部アウトソーシング協同組合**（一九九二年設立）

東海地方の製造業務の請負・派遣会社の団体です。

## 旅行添乗サービスの団体

・**一般社団法人日本添乗サービス協会**

一九八六年に設立した添乗員＊の育成、福利厚生、保護による、旅行者の利便向上と観光事業の発展を目的とし、国土交通省の所轄の派遣会社の団体です。



**業種別人材サービス団体の役割**

情報提供

人材育成

会員の福利厚生

業界と行政との連携

職業環境の改善

＊**添乗員**　旅行業法に定められている主催旅行、新企画旅行に同行し、旅行管理を行う主任者。

13

# 派遣会社の選び方

**派遣会社に勤める場合、企業が人材派遣を活用する場合、求職者が派遣会社に登録する場合、いずれも派遣会社を慎重に選ぶ必要があります。**

## 派遣会社を選ぶとき

まずは、厚生労働省の許可を受けていることが大前提ですから、それをチェックします。

労働者派遣の許可証の写しが事業所内に掲示され、広告やパンフレット、名刺に許可番号があるはずです。

ただし、紹介予定派遣を取り扱うには、職業紹介の許可を得ていなければなりません。その場合は、その許可番号も添えられているはずです。

また、掲示の義務はありませんが、多くの事業所では、派遣元責任者講習や職業紹介責任者講習の受講証明書も掲示されています。

では、会社の規模による傾向を見ていきましょう。

大手は、拠点数、求人数、取り扱い職種が多く、担当区域、担当分野、ネットワークが広いため、広範囲の多様なニーズや大型案件に迅速に応えることができます。また、社員と派遣スタッフ双方の福利厚生、研修制度が充実しています。経営基盤も安定的で、コンプライアンスを重視していますが、分業、効率化が進んでいることで、一部には機械的に対処する弊害も見受けられます。

それに対し、小規模事業所や新規参入組は安定的とは言い切れませんが、地域密着、ニッチ探索、密度の高いフォローなどによって堅実な運営をする、専門分野を特定することで差別化する派遣会社もあります。

規模だけによらず、各社の方針、制度、特徴や実際の事業内容、専門分野に着目しましょう。近年、設けられた「優良派遣事業者認定制度(厚労省)」は一つの目安として、自分で確かめることが重要です。

## 担当者を見極める

しかし、HP、広告や会社概要では判断しがたく、その派遣会社の企業理念、コンプライアンスや取り組み姿勢が全社員に浸透しているとは限りません。社員の取り組み姿勢、実務能力には差があるのです。

問い合わせ、訪問や応募の際、各社の対応、つまりは対応する社員を以下の観点からチェックしてください。

□人材派遣のシステム、諸条件、制度、義務、権利や自社の特徴について明確に説明しているか。
□案件やニーズについて、具体的に把握しているか。
□登録の際、面接を省いたり、軽視していないか。
□機械的処理、形式的対応に終始していないか。
□社員が社会人としての良識、マナーを心得ているか。
□質問やクレームに迅速、的確に対応しているか。
□常に相手の立場に立ち、公平、真摯な態度か。

派遣会社の社員は、対外的には自社の代表であり、現実的には担当者次第ともなるからです。

**派遣会社を選ぶ**

□労働者派遣事業の許可、有料職業紹介事業の許可を確認する。
求めに応じて、許可証が提示される。/事業所に掲示されている。
（労働者派遣契約の際に、契約書に許可番号が記載されている。）
□派遣会社の母体、規模、取扱職種、得意分野、カラーを確認する。
□問い合わせや訪問、応募の際の社員の対応と社内をチェックする。

※人材サービス総合サイト（http://www.jinzai-sougou.go.jp）には、許可を得たすべての事業所の情報（許可番号、得意職種、取扱職種、行政処分内容など）が掲載されている。
※人材派遣協会サイト（www.jassa.jp）で人材派遣についての情報、知識を得る。

# 派遣スタッフに聞く！

## Q. 派遣会社について言いたいことは？

系列系派遣会社から、そのグループ会社に派遣されて長いのですが、派遣会社は派遣すればそれきりで、定期的に状況伺いに来ることもなく、こちらからの相談に真剣に取り組んでくれない。業務内容、職場環境も把握していない様子。隣の部署では短期間に何度、派遣スタッフが変わったことか、適任者をではなくて、通える人なら誰でもいいという感じです。グループ会社だから、努力しなくても契約できるからなんですかね。案の定、後から他の派遣会社に切り替えられてしまいました。私は職場が自宅から近いので我慢してきましたが、もう契約更新はしません。他の派遣会社に登録します！

（派遣スタッフC）

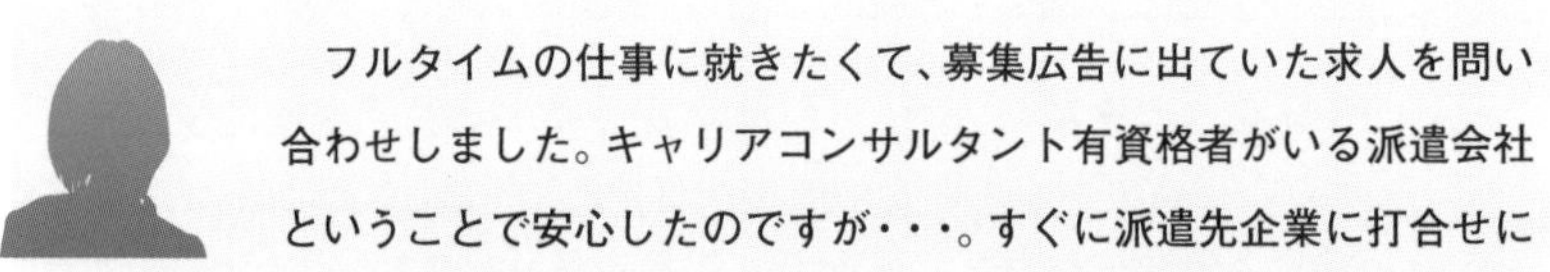

フルタイムの仕事に就きたくて、募集広告に出ていた求人を問い合わせしました。キャリアコンサルタント有資格者がいる派遣会社ということで安心したのですが・・・。すぐに派遣先企業に打合せに行って（あとから思えば、禁じられているはずの「面接」）、派遣先企業の方ともいい雰囲気に。その後、開始日など具体的なことはあとで連絡するという派遣会社の言葉を信じて待っていたのですが、なしのつぶて。何度、派遣会社に連絡しても担当者不在で、ようやく話ができたと思ったら、契約できなかったとのこと。それならそれで早く連絡すべき。基本的なマナーもできていません！

その後、別の派遣会社に行ったら、その対応の良さに驚きました。これが本来ですよね。今は、その派遣会社からの仕事一筋です。

（派遣スタッフD）

# 第5章

# ケーススタディ（様々な対応）

派遣スタッフは、様々な経験、能力、知識や技術を持っています。そして、「派遣」という労働スタイルを選ぶ理由も様々なら、価値観、就労観、ライフスタイル、環境も様々です。その多様な派遣スタッフに対して柔軟な対応をするためには、キャリア・カウンセリングスキルが不可欠です。

# 1 派遣スタッフのタイプ別対応①

**派遣スタッフのタイプに沿った対応は、スタッフの就業機会を増やし、定着率やモチベーションを向上させ、結果的に売上げの向上にもつながります。ここではキャリア形成支援を中心に説明します。**

## キャリア・カウンセリングは必須

優秀なスタッフを確保するためには、**キャリア形成支援**、**ライフプランニング支援**、つまり、**キャリア・カウンセリング**もまた必須です。改正派遣法で義務付けられたキャリアコンサルティングと同義ともいえます。ただし、その対象層に合わせてカスタマイズします。ビジネスである以上、契約の可能性に配慮したコストパフォーマンスが重要だからです。

## 求職ビジョンが不明確な人

将来的に再就職、キャリアアップしたいが、希望職種が不明確で、その準備段階にある人の場合、まず、自己分析、環境理解に基づく方向性設定を支援します。その結果、明確になった希望職種の妥当性とスキルアップの時間的、経済的余裕を検証し、それに応じた支援や案件紹介を行います。

ただし、期限付きで派遣スタッフになる、あるいは現在のスキル、条件ですぐに可能な仕事を望んでいる人には、現時点での妥当職種や妥当条件を打診します。

また、職業経験がないか、アルバイト経験のみの場合は、興味や関心、適性、学生時代の経験、アルバイト経験などの分析から始めます。

## 限定された分野のキャリアの人

専門性が高いと思われる人には、まず、登録面接やスキルチェックにより、分野とレベルを確認します。

本当に専門性が高い場合には、当人がこの専門分野の現状に通じていることが多く、自分のスキルを正確に理解し、表現することができ、希望職種や就業条件の妥当性を自ら判断できます。その場合は、見込み企業にそのスタッフのスキルを売り込むのも一案です。

ただし、専門性が限定され過ぎていて選択肢が少ない場合は、付加価値を付けるスキルアップ支援や専門性の低い、広範囲の仕事で可能性を広げてください。

自己申告のみの場合や専門的過ぎてスキルチェックが難しい場合は、本当に専門性が高いかを含め、経験豊富なマッチング担当者に指示を仰ぎます。

また、実際に派遣する場合は、派遣先企業の指示に従い、柔軟に対応するよう伝えます。派遣スタッフが派遣先部署の社員より能力が高く、経験も豊富な場合、指示の不透明性や不合理性を指摘して、職場で浮くこともあるからです。最悪は配置転換や交代要求につながりかねません。職場適性を考慮したマッチングと、就業前研修による「プロの派遣スタッフの心構え」の習得が前提条件です。

同時に、派遣スタッフ自身の意識や努力も重要です。それが当人の就業機会を増やすことも伝えましょう。

**キャリア・カウンセリングの効果**

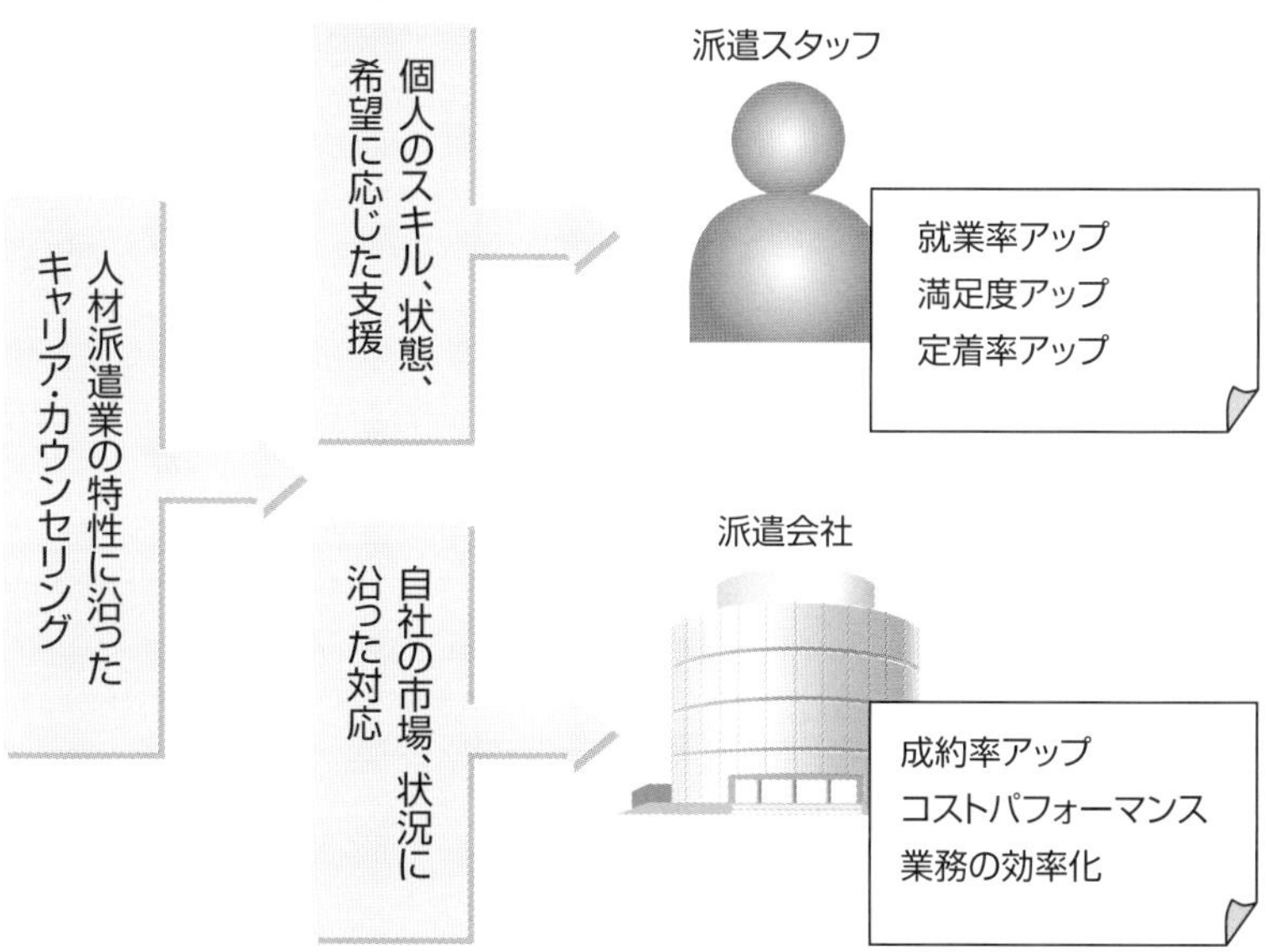

人材派遣業の特性に沿ったキャリア・カウンセリング

個人のスキル、状態、希望に応じた支援

派遣スタッフ

就業率アップ
満足度アップ
定着率アップ

自社の市場、状況に沿った対応

派遣会社

成約率アップ
コストパフォーマンス
業務の効率化

# 2 派遣スタッフのタイプ別対応②

派遣スタッフのキャリアやタイプによっては、意識改革やカウンセリングも必要です。前節とは違うタイプの派遣スタッフにどう対応するかを考えてみましょう。

## 広範囲のキャリアがあり、多くの選択肢を持つ人

本当に広範囲の職種に対応できる専門性と即戦力性があるかどうかを、面接やスキルチェックによって検証し、現実に就業可能な職種を選定します。

経験時期や経験職種によっては、技術革新、システム化、機械化の影響で、即戦力性につながらない、またはニーズがない場合があります。ときには、広範囲のキャリアがあるものの、どれも専門性に欠けるということもあるでしょう。就業を急ぐ場合は、条件を下げてのチャレンジも必要です。

時間的に余裕がある場合は、広範囲に有効な、あるいはニーズの多い職種に絞ってのスキルアップ支援を行います。

## 専門性や即戦力性の弱い人

若年層に限らず、異動が多い、あるいは実務から離れていた中高年者や管理職経験者、広範囲に対応できると主張する人にも多いタイプです。

専門性や即戦力性が弱いことを派遣スタッフ自身が認識している場合は、スキルアップ支援を行います。その認識がない場合は、まず自己理解、環境理解をすすめ、ときには意識改革を行います。

その結果を踏まえ、希望就業条件を下げる、あるいはスキルアップしての専門性、即戦力性向上をアドバイスします。

## 未経験の業種や職種を希望している人

まず、登録の目的や、未経験の業種、職種を希望する理由を確認します。単に未知の仕事に対する憧れや、前職以外なら何でもいいとか、適性を考えずにニーズがあるからという場合もあります。中には、経験はないものの、学習や資格取得によって準備したという人もいます。

いずれにせよ、本来は実務能力と即戦力性を要求されるのが派遣であるということを再認識してもらい、このままでは就業が難しいことを告げるべきです。

ただし、十分に準備した、あるいはその職種に対する適性があり、短期の研修で就業が可能であれば、その上での派遣も考慮することです。業種、職種によっては、未経験でも可能な場合があるからです。

長期的にスキルアップや実務経験を積む必要があるなら、いま可能な業務で働きながら、目指す業種、職種への準備を進めることも一つの方法です。

## 就業を希望しているが、積極性、協調性、柔軟性に欠けている人

スキルがあっても、仕事に対する積極的な取り組み姿勢や、派遣先企業の社員との協調性や柔軟な態度がなければ、派遣することは望ましくありません。

ですから、ヒューマンスキル研修や個別面談によって、その問題が解決するのであれば、まずヒューマンスキルの重要性から説きます。その効果が期待できない場合や、それでもニーズがない場合は、就業が難しいことも伝えましょう。

一方、長期的なカウンリングや医学的治療が必要な場合は、専門機関への相談や受診も必要です。派遣会社にカウンセリングルームや提携医療機関がある場合は、その活用を促すとよいでしょう。

# 3 コミュニケーションは最強のツール①

派遣スタッフとのコミュニケーションは信頼関係を築き、派遣業務を円滑に遂行するために不可欠なものです。ここでは、派遣確定から派遣期間中のコミュニケーションを説明します。

## 契約締結、派遣開始後のフォロー

長期派遣の場合、実際に派遣がスタートする以前に、派遣先企業に派遣スタッフを同行し、打ち合わせや顔合わせをする場合があります。職場環境の確認と通勤のシミュレーションができ、スムーズなスタートを切ることができます。

しかし、派遣会社によっては、事前打ち合わせと称して、事前面接を行うケースがあります。それは、法的に禁じられているだけでなく、信頼をも失いかねません。

通常、派遣開始初日には、始業前に営業担当が派遣スタッフと共に、派遣先企業に挨拶をし、終業後は帰宅後の派遣スタッフへ状況伺いをします。派遣スタッフの不安解消とスムーズなスタートにつながります。

その後、時期を捉えて、定期的、あるいは随時、派遣先企業を訪問し、派遣先企業と派遣スタッフに対する状況確認、場合によっては調整を行います。派遣先企業では、派遣スタッフが本音を言える環境にない、時間が取れない場合もありますから、派遣先企業訪問より頻度を上げ、帰宅後のスタッフへ電話を入れます。

長期派遣の場合は、月次訪問の他に契約更新時、契約終了決定時、契約満了時にフォローします。短期・単発の場合も終了後のフォローは欠かせません。

通常、派遣先企業を訪問してのフォローは営業担当者の役割ですが、コーディネーターが同行する、あるいはコーディネーターが単独で訪問する場合もあります。最近は、この業務を専任とする部門を設けている派遣会社もあります。

その間、派遣先企業での人間関係や業務のミスマッチなどの要因ばかりでなく、稼動中のスタッフの派遣開始後の変化*によって、就業を継続できない場合があります。どうしても継続できない場合、派遣会社は交代要員を出さなければなりません。日頃からスタッフとのコミュニケーションがうまくとれていれば、早期にそれらの問題に気付き、交代の準備などの解決策も素早く行うことができます。また、スタッフへのフォローは、電話、メール、企業訪問だけでなく、はがき、手紙、レポートも活用します。

中には、定期的にワーキングレポート、期間満了時にはフィニッシングレポートの提出を求めている派遣会社もあります。健康診断などの福利厚生やスキルアップ研修は当然のこと、給与明細に、各種案内やスタッフ向けの情報誌を同封する場合もあります。

さらに、年賀状などの時候の挨拶、冠婚葬祭対応、バースデイプレゼントや懇親会の開催によって、スタッフとの密なコミュニケーションをとっている場合もあります。

**派遣期間中のフォローの効果**

**一次効果**
- 派遣スタッフや派遣先企業との信頼関係構築
- 派遣スタッフの実務能力・レベル・コミュニケーションスタイルの確認
- 派遣先企業の職場環境・業界の実情などの確認

↓

**二次効果**
- 契約の満了
- トラブル回避、問題の早期解決、クレーム低減
- 優秀なスタッフの確保
- 他社からの派遣スタッフの評価アップ

↓

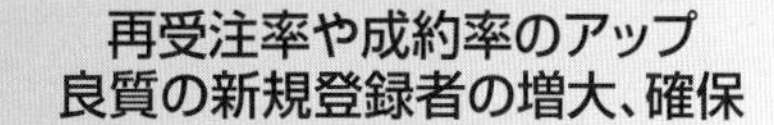

*…**の変化**　配偶者の転勤、転職、家族の病気、本人の妊娠、出産、病気など、本人の意思、希望、責任ではなく、避けられない、予測できない変化も起こる。

# 4 コミュニケーションは最強のツール②

**マッチングと優秀なスタッフ確保のためには、新規登録者募集だけでなく、待機中のスタッフや現在、他社から派遣されている自社登録スタッフへのフォローも重要です。**

## 待機中スタッフへのフォロー

派遣会社が、多くの登録スタッフを抱えていても、依頼案件すべてをマッチングできるとは限りません。

マッチするスタッフがいない可能性がある他、登録スタッフデータが最新でなければ検索は徒労であり、今後、就業の可能性がまったくない登録スタッフをカウントするわけにはいかないからです。

ですから、新規募集による登録者数の増大と併せて、既存登録スタッフの現況確認、スキルアップ支援、キャリア・カウンセリング、各種サービスなどのフォローによって、良質なスタッフの確認と定着を図るのです。

そのフォローによって、現時点や将来の就業の可不可、現在のスキルや希望就業条件を確認でき、働きかけによってはさらに可能性を拡大できます。

長く休眠していたスタッフの復活もあり得ます。

## 他社から派遣されているスタッフへのフォロー

登録スタッフが他の派遣会社から派遣されている場合があります。では、その登録スタッフへフォローを行うメリットとは何でしょうか。

第一に、次は自社から派遣するためです。どの派遣会社（登録型）も契約満了後の派遣スタッフを拘束できません。

第二に、成約率のアップと教育費の削減です。もしも、他社からの派遣期間中にスキルアップや意識変化、実務経験、追加経験をしているとしたら、以前よりマッチする案件は増えているはずです。また、教育をしなくても、すでにスキルアップしているともいえます。

さらに、新規派遣先開拓につながります。その派遣先企業、派遣職種などについての派遣スタッフからのヒアリングによって、派遣ニーズのある企業情報（業務上、知り得た派遣先企業の機密を除く）を得ることもできるのです。すでに人材派遣を活用しているその企業は、見込み客でもあるからです。

その際は自社から派遣中のスタッフのフォローと同様に行います。また、登録時に、その後の変化については随時連絡してもらうように伝えてください。それが、登録スタッフの待機期間を短縮し、稼動率を上げ、収入アップにつながることを認識してもらうのです。

近年は、登録スタッフがオンラインで情報を更新するしくみをもつ派遣会社もありますが、確認は必要です。

このように、コミュニケーションは双方向的なものであり、その効果とメリットも双方にあるのです。

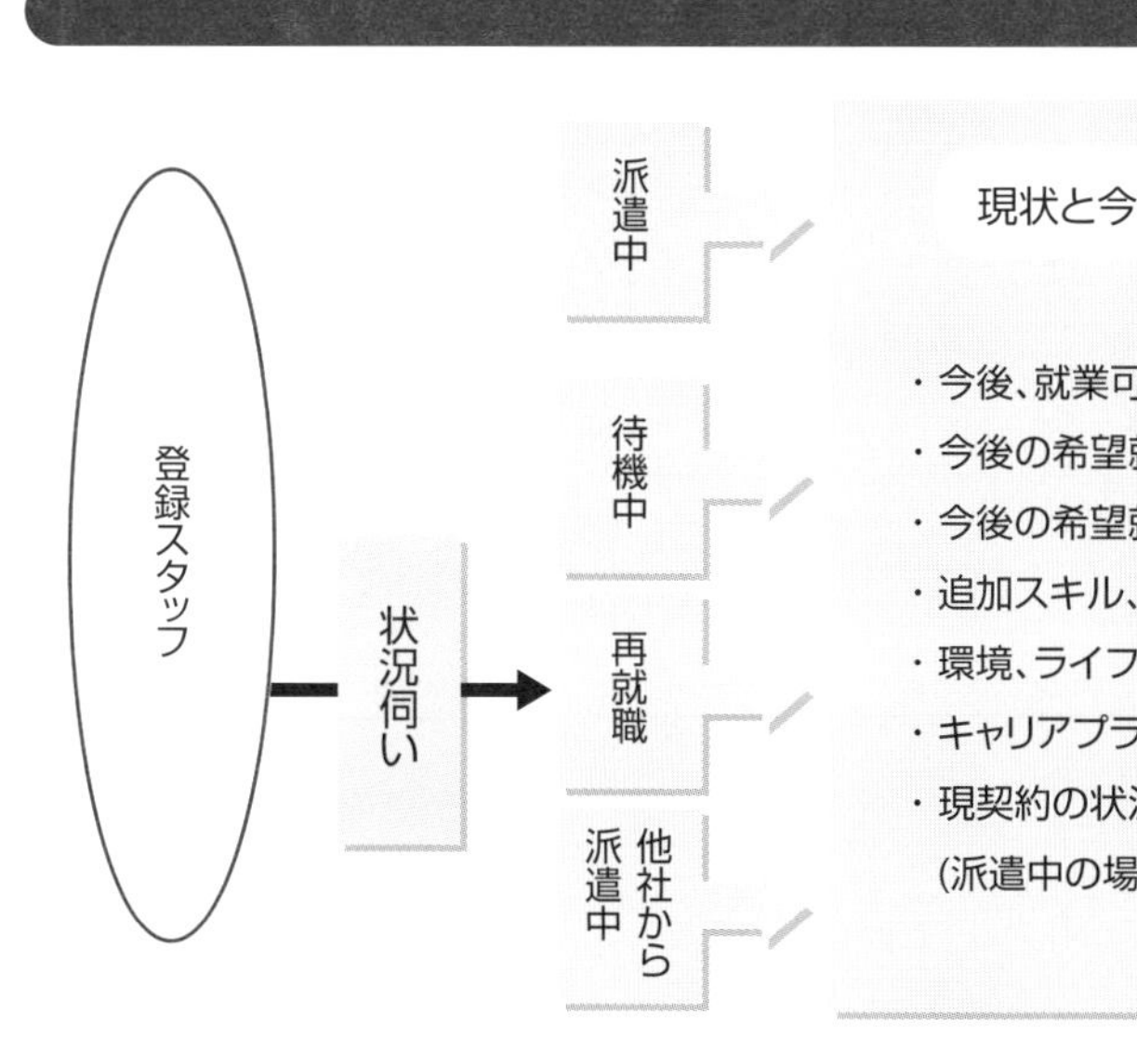

# 5 派遣スタッフのキャリアアップ

**派遣会社は、様々なニーズや高い要求レベルに対応できる、多様な質の高いスタッフを、常に確保していなければなりません。そのための研修とキャリアアップ措置との関係を探ります。**

## スタッフ研修とキャリアアップ措置

派遣したスタッフへの評価が高ければ高いほど、受注の増大、優秀なスタッフの定着、登録スタッフ数の増大につながります。それは結果的に、広告宣伝、営業効果ともなります。

同時に派遣スタッフの就業機会を増やし、賃金アップにもつながります。

いずれにしろ、派遣先企業のニーズの多様化、要求レベルの高度化に対応できるよう、より料金の高い仕事を獲得できるよう、派遣会社はスキルアップ支援に努める必要があるのです。

一方、派遣会社には、派遣スタッフの**キャリアアップ措置**が義務付けられています。

ですから、派遣スタッフの今後の**キャリアプラン**の策定を支援し、そのプランに沿って体系的な教育訓練を行わなければなりません。大手は専任のキャリアコンサルタントが主となって関わり、中には就業上の悩みまで対応するケースもあります。

この措置は、派遣スタッフとしてのスキルアップというより、正社員になることを後押しするという要素が大きいですが、その内容によって差別化も図れます。ただし、中小の派遣会社にとって負担が大きいため、工夫が必要です。

さて、スタッフのスキルはテクニカルスキルのみで決定するものではありません。**ヒューマンスキル**や**コンセプチュアルスキル**＊も大きな要素です。特に、派遣スタッフとしての「プロ意識」は重要です。

用語解説
＊**コンセプチュアルスキル**　問題発見能力などの課題対応能力。

ただし、「新卒派遣」を除き、登録スタッフには職業経験があります。場合によっては、派遣スタッフとしての経験も豊富です。育成、教育どころか、他のスタッフの見本、あるいは指導者となるほど質の高いスタッフもいます。その場合には、敬意を払いつつ、再確認という姿勢で臨むことになります。

大手派遣会社では、登録部門、スタッフ管理部門、研修部門あるいはキャリアコンサルティング部門がそれぞれ独立しています。しかし、大手の小支店や中小の派遣会社では、部門が独立しているとは限りません。その場合には、コーディネーター自身が研修のインストラクターを務めたり、研修の案内や企画運営の他、研修後のスキルアップ度の情報をスタッフデータに加える作業に携わる、あるいはキャリアコンサルティングを行うことがあります。

当然、研修効果も踏まえてのマッチングになります。ですから、スタッフ研修の意義と重要性を認識し、スタッフ研修の実務能力も身に付けなければなりません。同時に、登録スタッフへ研修の意義と必要性を伝え、受講を促すことが必要です。

**スタッフ研修とキャリア措置**

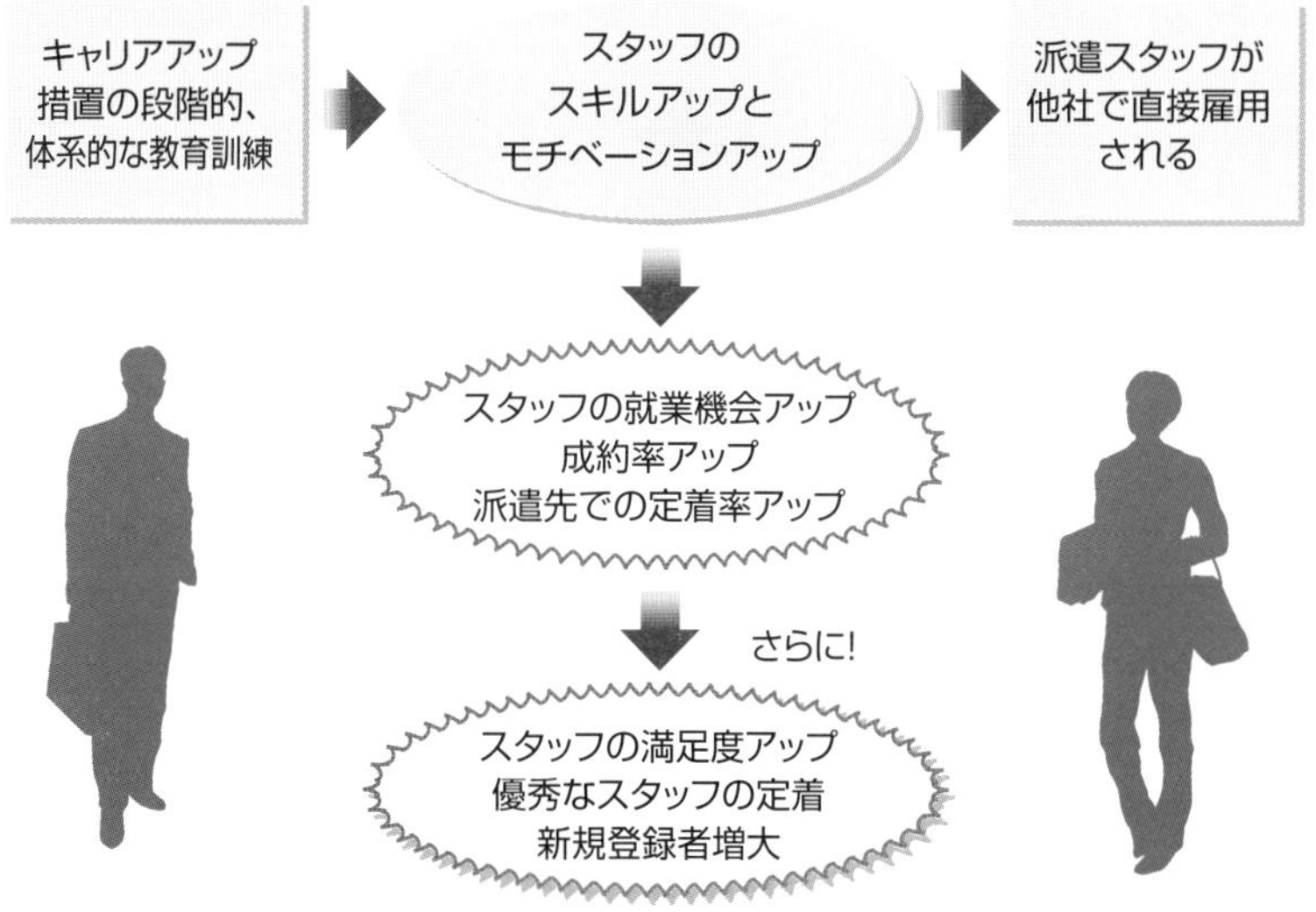

キャリアアップ措置の段階的、体系的な教育訓練
→ スタッフのスキルアップとモチベーションアップ
→ 派遣スタッフが他社で直接雇用される

↓

スタッフの就業機会アップ
成約率アップ
派遣先での定着率アップ

↓ さらに!

スタッフの満足度アップ
優秀なスタッフの定着
新規登録者増大

# 6 スタッフ研修の実際

**研修は、登録時研修（就業前研修）とスキルアップ研修の二つに大別されます。その内容と効果を見ていきましょう。**

## 登録時研修（就業前研修）

**キャリアアップ措置**で義務付けられている入職時の教育訓練でもある**登録時研修**は、基本研修（登録スタッフ全員が受講、同一内容）であり、受講料は無料とします。

研修内容は、「人材派遣の仕組み／プロの派遣スタッフとしての心構え／派遣先企業の求める人材／派遣先企業での働き方・マナー／自己管理／自己啓発の重要性／派遣会社とのコミュニケーション」などで、ヒューマンスキル研修（主として、ビジネスマナー研修）を兼ねる場合もあります。研修時期は登録面接時、一定人数登録完了時、月次、初回契約確定時などで、集合、または個別で行います。

初回の契約が確定したときに、契約締結、タイムカードの書き方など、各種書類の記入、管理法の説明や給料支払い、社会保険加入などの各種手続きをしますが、その際に個別に実施することもあります。

以前は、「受講終了者のみを派遣する」ということで、登録スタッフへの意識付けや派遣先企業へのアピールになりましたが、キャリア措置で義務付けられたため、型通り流していては差別化にはなりません。

しかし、トラブルを防ぐ、不安感、孤独感を取り除く意義を再確認して臨めば、トラブル防止策にもなります。

## スキルアップ研修

スキルアップ研修は、オプション研修＊ともいい、従

＊**オプション研修**　必要・希望に応じて、講座を選択して自由に受講できる。メニューが多彩。

来はほとんど有料でしたが、キャリアアップ措置の「**段階的、体系的な教育訓練**」に該当すれば無料、有給とします。また、その範囲外であれ、スキルアップにより、成約できるなら無料としたほうがよいでしょう。

研修内容は、**テクニカルスキル**研修、（経理、営業販売、貿易実務、SE、プログラマー、翻訳・通訳などの実務研修、パソコン研修、語学研修、資格取得研修）と、ビジネスマナー、プレゼンテーションスキルなどの**ヒューマンスキル**研修です。

大手派遣会社は自社で研修体制を築いていますが、地方の場合や特殊な研修については外部の研修機関と提携しています。内容は多岐に渡り*、多くは実務能力を向上させ対応範囲を広くする、キャリアアップにつながるものです。

キャリアアップ措置とは別に、福利厚生サービスとしての、趣味的色彩の濃い研修を設けている場合もあります。

近年、育児中のスタッフ向けに託児所付きの研修を実施することが増えました。

＊**内容は多岐に渡り**　講義と演習、パソコンソフトによる独習、通信教育、E-ラーニング、OJTなど。研修期間、時間も様々。

# 7 スキルアップ研修

**実務能力のアップに直接つながるテクニカルスキル研修と職業人として不可欠なヒューマンスキル研修を説明します。**

## テクニカルスキル研修

実務経験はあるものの、スキルが低い、資格がないという場合には、この研修が有効です。

一方、受講、資格取得のみで実務経験がない場合は、受講・資格取得を向上心や吸収力を示すものとして、派遣先企業への譲歩の材料となるかもしれません。

中でも、業種、職種、企業を問わず、パソコンスキルは必要とされるため、パソコン研修だけでも、WORD、EXCELの他、多数のメニューがあります。

また、SE、プログラマー、インストラクター、CAD技術者、ネットワーク管理者など「専門職派遣」「育成型派遣」として特化している場合は、必要なスキルに応じた研修を実施します。

そして、登録スタッフへのサービス、募集効果を目的として実施することもあります。

登録スタッフのスキルを把握すると共に、派遣先企業から求められているスキルの種類、内容、レベルについて、情報収集し、スキルアップについてアドバイスすることも、コーディネーターの役割です。

研修にあたっては、キャリアアップ措置の一環として、合理的なプランニングが必要です。

## ヒューマンスキル研修

登録スタッフは、新卒派遣を除き職業経験があるため、ヒューマンスキル研修のメインである**ビジネスマナー**は再確認程度で、派遣ならではのことに重点を置きます。

ただし、まったくビジネスマナー研修の必要のないスタッフや、マナー研修講師経験者がいる一方、職業経験があっても、年齢を重ねていても、研修が不可欠な人もいます。

実は、ビジネスマナーが身に付いていないために、実務能力があるのに派遣できない、あるいは派遣先企業でトラブルやクレームが発生することもあるのです。

即戦力性が求められる派遣スタッフが実力を発揮するには、その職場に早く慣れ、職場の人と良好なコミュニケーションをとることが先決です。

ビジネスマナーは形式ではなく、職業人として、プロの派遣スタッフとして必須なばかりでなく、便利なツールでもあることを認識してもらいましょう。

そして、コーディネーターは、ビジネスマナー研修のインストラクターになることが多いですが、そうでないとしてもスタッフの見本でなければなりません。それは、会社のイメージそのものでもあり、同時に派遣先企業、登録スタッフとの信頼関係を築く手段でもあるのです。

**スキルアップ研修**

就業前研修

ヒューマンスキル研修

テクニカルスキル研修

実務スキルアップ
専門性アップ
職務遂行能力アップ
職場適応力アップ
可能性アップ

# 8 クレーム対応

**どんなに最善のフォローをして、トラブル防止や満足度アップを図ったとしても、クレームはあり得ます。そのクレームに迅速、的確に対応できるかどうかで、今後が決定するのです。**

## クレーム対応の重要性

派遣スタッフの質、派遣料金や担当内容、賃金に対する不満より、派遣会社のフォロー、アフターサービス、問題解決に対する不満が大きいことがあります。また、派遣スタッフ、派遣先企業、派遣会社のいずれにも非がないトラブルや、予測できない事態もあり得ます。

このようなクレームに際し、派遣先企業と派遣スタッフの両者に対して、派遣会社は、迅速、的確に、しかも同時に対応しなければなりません。しかし、その対応こそが派遣業務の鍵でもあります。

## 派遣先企業からのクレームへの対応

通常、派遣先企業からのクレームは、営業担当者が対応しますが、重大なクレームであれば、上長が派遣会社、あるいは拠点の代表として対応します。

それと同時に、派遣スタッフに事情や現状を確認したり、ときには指示、指導や依頼を行います。

派遣スタッフに非がない場合、コーディネーターは派遣スタッフの味方として、自社の営業担当者と交渉することも必要です。

実は、派遣先企業の受け入れ体制や職場の雰囲気、直属の上司（指揮命令者）に問題があるかもしれません。派遣先企業の職場環境を確認し、派遣先責任者と相談の上、直属の上司とコミュニケーションをとる機会を設けるなどの改善策を講じます。

派遣先企業との信頼関係が築かれている場合は、派遣先責任者との面談ですぐに解決できることもあります。単なる誤解や行き違いのケースもあるからです。それでも解決しない場合、許容範囲内で派遣スタッフに妥協や忍耐をお願いすることもあります。

また、職場との相性に問題がある、または派遣スタッフに社会適応性がないなどのミスマッチや、派遣会社のマッチングミスによって、派遣継続が不可能である場合には、スタッフの交代もあり得ます。

いずれも、登録面接時のヒアリング、観察、研修、その後の研修、フォローという、一つひとつのステップを確実に踏むことで、かなり防ぐことができます。それでも防止できないクレームも、派遣先企業や派遣スタッフとの間に信頼関係が築かれていれば、問題の早期発見、早期解決ができ、重大な事態に陥ることも避けられるのです。

確実な日常業務が土台といえます。

また、小さなクレームを放置したり、一時しのぎの処理をすると、派遣先企業から契約短縮、スタッフ交代の要求や、最悪の場合は取引中止を言い渡されるかもしれません。小さなクレームが重大なクレームにならないうちに、適切な対応をとることが肝要です。

**クレーム対応の心構え**

**一、迅速に**

同じ処理でも、即対応したかどうかで効果が違う

**二、クレームはチャンス**

情報収集のチャンス

コミュニケーションのチャンス

誠意と熱意のアピールのチャンス

**三、臨機応変に、柔軟に**

正論・正攻法だけが、方法ではない

相手の立場や顔を立てる賢いアプローチを

**四、クレーム処理後の継続的フォローまでがクレーム対応**

その後の姿勢が信頼回復への道

# 9 派遣先企業からのクレーム事例

「指示どおりに働かない」「我が強すぎる」「協調性がない」「気配りが足りない」「派手だ」「遅刻が多い」「無断欠勤」などの様々なクレームへの対処法を確認します。

## コミュニケーション問題

派遣先企業の社員と良好なコミュニケーションをとれないと様々な問題が起きます。

コミュニケーションによって、好い人間関係を築くことで自分の仕事をやりやすくする、「報・連・相」の重要性など、ビジネスマナーやプロの派遣スタッフとしての心構えの再確認が不可欠です。事前に研修をしていても、現実に実践できるかが重要です。

## 身だしなみについて

女性スタッフの場合、露出が多い、ラフすぎる、派手というクレームがあります。職業人としてふさわしい身だしなみであるかを確認した上で、具体的に指摘します。例え年齢を重ねたスタッフであっても、常識的とは限らないと心得ましょう。

その身だしなみを含めた第一印象を良くすることは、その職場に早くなじみ、実力を発揮するための近道です。それらを前もって伝えてもクレームが発生したなら、改めることの効果は大きいことを強調しましょう。

## 勤怠問題

無断欠勤の場合は、まずスタッフを同道して営業担当者が派遣先企業にお詫びします。スタッフが捕まらなくても、営業担当者が一刻も早く訪社します。

その間、コーディネーターは、スタッフに連絡を取り続け、必ず当のスタッフが派遣先企業にお詫びに行く機会を作るだけでなく、遅刻や無断欠勤の理由を聞き、それに応じた対応をします。事故や急病など、やむを得ない事情なら、お詫びと事情説明だけで済むでしょう。認識の甘さだけが原因の場合、早くお詫びする、すぐに改めることで収拾できる場合もあります。

また、出社拒否症や鬱病などの精神的な疾病が原因であれば、治療や配置転換、派遣契約期間短縮、スタッフ交代という処置をします。これは、、派遣スタッフにとってても必要な措置なのです。

しかし、就業時間を守る、遅刻や欠勤の際は派遣先と派遣元双方に連絡するという最低限のルールを、やむを得ない事情がないのに守れないなら、どんなにスキルが高くても派遣スタッフの資格はありません。

指摘しても改めない最悪の場合には、今後は仕事を案内しない、あるいは現在の雇用契約を短縮して他のスタッフに交代する、という強硬策をとらざるを得ません。これは派遣先企業に対する当然の責任であり、派遣会社としての誠意の表明でもあります。

タイムカードを単なる計算の原資と捉えず、スタッフの勤務状況の確認材料とし、クレーム防止を図りましょう。

**派遣スタッフが要因の問題が発生したら**

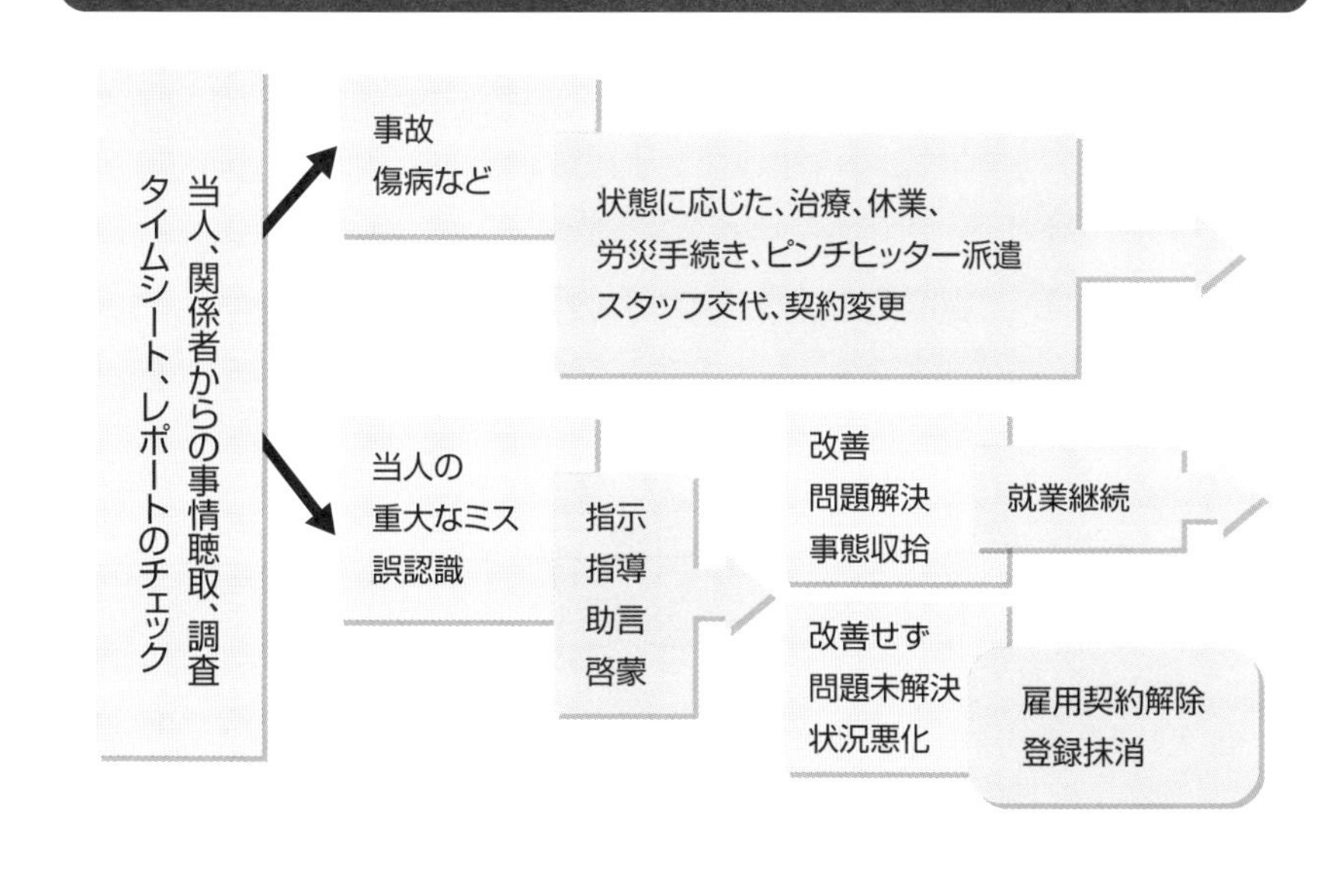

# 非正規と呼ばないで

パート、アルバイト、派遣労働者、請負労働者を「**非正規労働者**」と呼ぶようになったのはいつ頃からでしょうか。

「正規ではない」という表現は違法労働、不当な雇用関係を連想させ、不適切である上に、不当な差別のにおいを感じます。「正社員」と「正社員以外の働き方をしている人」の2つの階級をつくり、後者を「非正規」と名付けることで下層と位置付けているかのようです。本来、「正社員ではないこと」は「正社員になれないこと」を意味するわけではなく、労働者には「正規」も「非正規」もありません。

そもそも、就業先においてパート、アルバイトは「直接雇用」ですが、派遣労働者、請負労働者は「間接雇用」です。常用型労働者派遣なら派遣会社の正社員または契約社員ですし、請負労働者の多くが請負会社の正社員、契約社員です。パート、アルバイト、派遣労働者の多くは時間給ですが、その時間給も通常、派遣労働者の方が高額です。契約期間も、就業時間もまちまちで、だからこそ社会保険に加入している人もいれば、加入していない人もいるわけです。さらに、「正社員になれないからしかたなく」という人がいる一方、「ライフスタイルや環境、事情に合っているから」と、それらの働き方を選ぶ人がいます。専門的スキルと実績を持ち、高い評価を得ている人もいます。派遣労働者については、再三、本文で述べてきたことですね。

このように雇用形態が違い、多様な層が混在する、これらの働き方をひとくくりにするのはもともと無理がありますが、あえて共通項を挙げるなら、事実上、常用雇用に近い人がいるものの、多くが「有期雇用」であること。日本人材派遣協会が「有期労働」「短期労働」と表現すべきと訴えるのももっともです。長期の安定雇用を望み難い点での「不安定さ」をどう捉えるかは別の課題ともいえます。

さて、取り沙汰される、不当な雇止め、中間搾取や社会保険加入要件を満たしていても加入させない、安全衛生に問題がある、などは、いわゆる「非正規」だからではなく、その雇用者の違法行為、不当行為が原因です。本来、法に則り、本来の「同一業務同一賃金」「適材適所」を図り、適正な評価、待遇をするならば、「正社員以外」の働き方は多様な働き方の一つ、あるいは次のステップまでの一段階です。

「労働者」に「非正規」がつかない日が早く来ますように！

# 今後に向けて

景気の変動、様々な問題の発生、派遣法改正、業界への誤解によって、人材派遣業界は揺れ続けています。

では、どのように今後を計ればよいでしょうか。

# 1 可能性を探る

**共通原則に立ち返る、守ることが、人材派遣の中長期的な利益確保につながります。それは、産業構造や雇用環境が変わっても、労働者派遣法が改定されても普遍なのです。**

## パートナーシップ

人材派遣に限らず、本来、あらゆるビジネスは取引先と対等な関係にあるはずです。

信頼関係を基盤に、常に関係者すべての利害の一致点に配慮する、企業モデルでもある人材派遣会社なら、派遣先企業、派遣スタッフにとって、すでにイコールパートナーです。むしろ、イコールパートナーでなければ、真の派遣業務は不可能であり、利害はどこかに偏り、信頼関係は築けないでしょう。

## 変化、多様化はビジネスチャンス

今後も、人と組織、それらを取り巻く環境は変化し続けます。景気の変動、技術革新、産業構造の変化もあれば、労働者派遣法などの法規の改定もあり得ます。

それらは、人材派遣業界にとってプラスの変化ばかりではありませんが、いち早く変化の兆しを捉え、対応策を練ればリスクを減らす、あるいはプラスに変えることができます。こちらからの働きかけによって、変化自体を食い止めることも不可能ではありません。

また、人も、組織も多様であり、その多様なニーズに対応できる柔軟性があれば強みとなる、とすでに述べました。もともとの多様性と、さらなる多様化をチャンスとすることができるのです。

一方、単なるコスト削減や一律の人事管理、雇用管理によらず、ダイバーシティとワーク・ライフ・バランスやキャリア形成に配慮した企業が、業績を向上する時代になりました。しかし、企業が、自社でそれらをすべて成し遂げることは、極めて困難です。そこに人材派遣の新たなニーズがあります。

あらゆる変化と多様化にチャンスがあるのです。

## 問題・課題はニーズ

人や組織の多様性、可塑性や様々な変化から、過失や悪意がなくても問題が発生します。また、目標達成や次の段階に進むためには、必ず課題があります。

このように、解決すべき問題や達成すべき課題が次々と現われます。ですが、それは人材派遣ビジネスの新たなニーズの存在を意味するのです。

## 「人」がいる限り、可能性は無限大

規制緩和と新たな規制の中、不況と好況を通じて、人材派遣業界は、新規参入、拡大と撤退・縮小が相次ぎ、業務の統合と細分化・特化は加速しています。その上、いまだに、認識不足から安易に参入する企業もあり、競争は激化する一方です。

ですが、「人」がいる限り、常に共通原則に立ち返れば、人材派遣の可能性は無限大なのです。



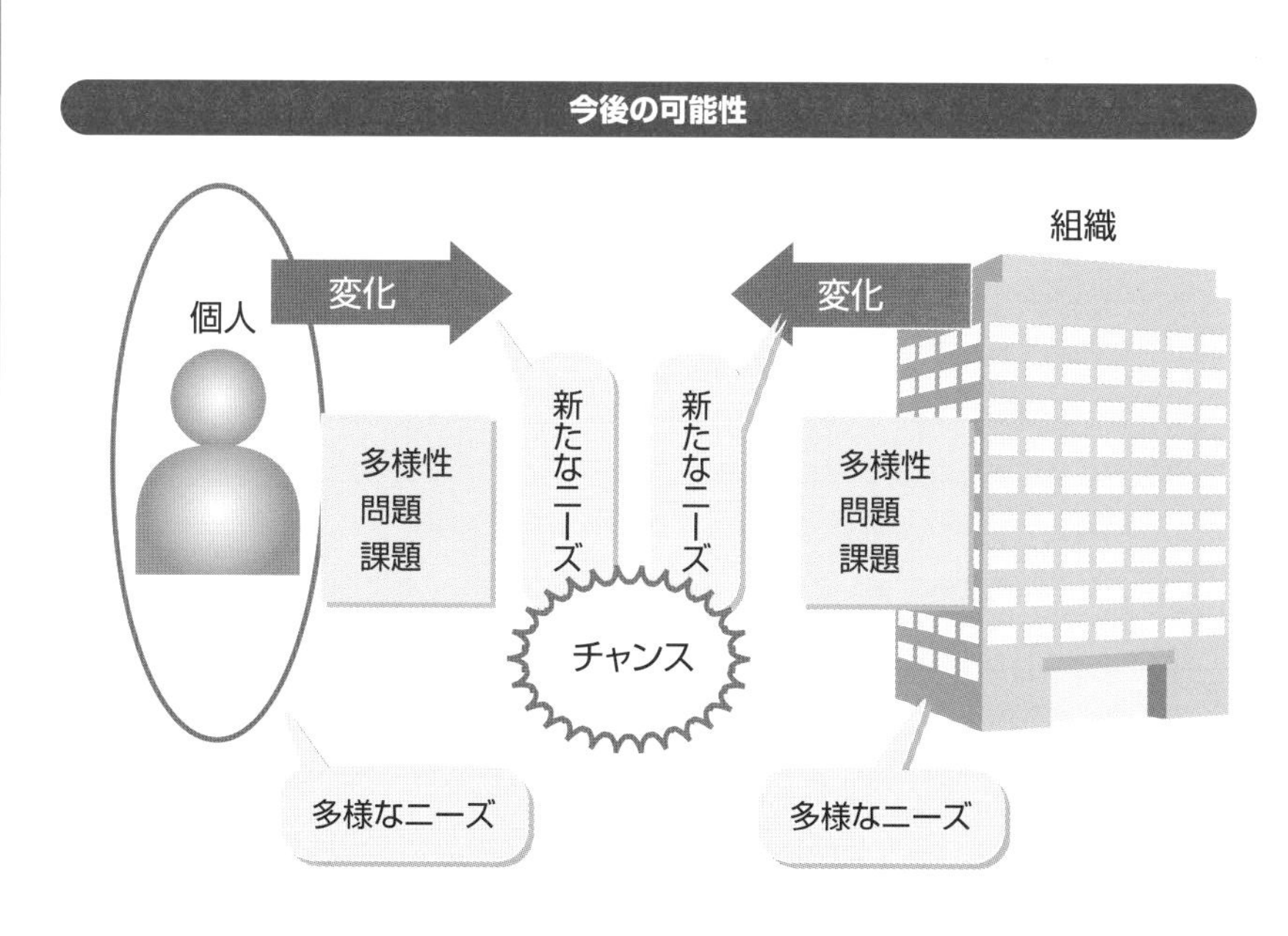

# 不満から見えてくること

人材派遣会社を早期退職して20年余、セカンドキャリア支援を主とするフリーランスのキャリアカウンセラーとして様々な人材ビジネスと様々なかたちで関わり、人材ビジネスについて執筆するようになってからも長い月日が流れました。その間も、幾度となく派遣労働者の声が聞こえてきました。その都度、落胆するばかり。

というのは、派遣会社に対する不満の多くは、その派遣会社が本来の業務を行っていないことから生じているからです。「誰でもいいから頭数をそろえればよい、開始時期に間に合えばよい。」と派遣して、そのあとは放置しているとしか思えません。その結果、ミスマッチも多く、ときにトラブル、契約解除、ときに優秀な派遣労働者が他社へと去るわけです。

そして、派遣先企業に対する一番多い不満は職場の上司が人材派遣のシステムをわかっていないことから生じています。業務の範囲（そもそも範囲がわかっていないことも）を越えた指示や直接雇用的扱いなど、「せっかく派遣という働き方を選んだのに」という愚痴も無理もありません。次に多い不満は何だと思いますか？「上司や同僚の職務スキルに問題がある」ことなんです。それらの社員は適切な指示が出せないので担当業務に支障をきたす、それらの社員の業務の後始末をする羽目になるなど。そんな迷惑とは別に、派遣労働者が業務をこなしたら、短時間で終了してしまって複雑な思いを抱くのはよくある話。時間単価で働き、コスト意識の高い、サービス残業や残業代稼ぎがあり得ない派遣労働者は効率的に働くのが本来ですから。なのに、「こんな業務なら派遣にやらせればいい。」という社員さえいます。

さらに、他の派遣労働者に対する不満もあります。単に就業時間中デスクにいるだけとか、効率的に業務を進めることができないのに同じ賃金で、「派遣」とひとくくりで評価されたりでは割に合いません。

もちろん、本来の責務を果たしている派遣会社、派遣労働者や派遣先企業も多く、そのような三者が組み合わされれば、三者ともメリットがあるわけです。ですが、そうでない一者がいればいずれかにしわ寄せがいき、人材派遣そのものに対する評価さえ変わってくると思えば、落胆はまたまた大きくなるのです。

Data

# 資料編

- データで見る人材派遣
- 人材派遣ビジネス基本用語

# データで見る人材派遣

## 採用以外に利用しているサービス（事業所）

〈人材派遣の活用〉

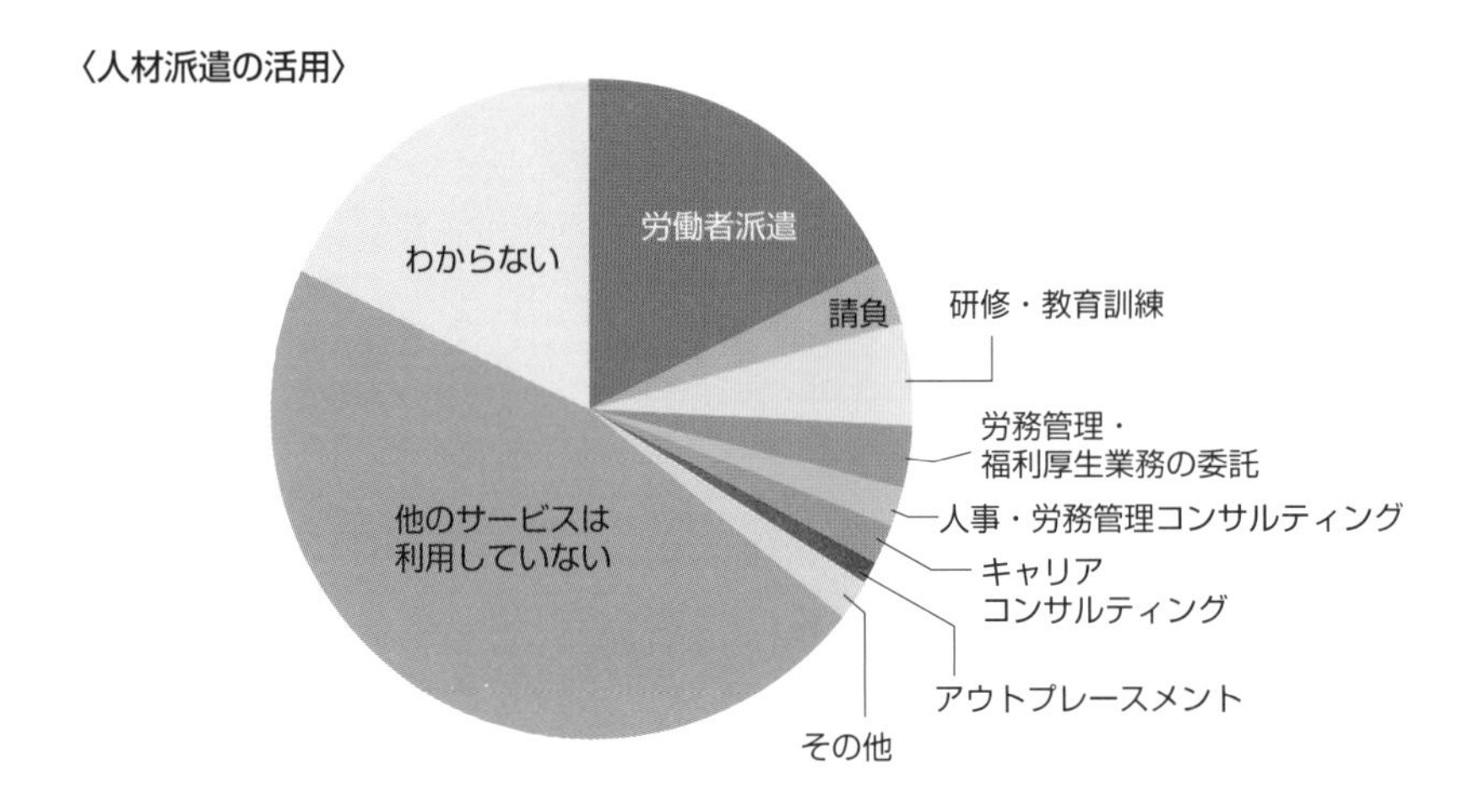


出典　厚生労働省　平成28年発表「民間人材ビジネス実態把握調査」より作成

## 派遣事業売上高推移

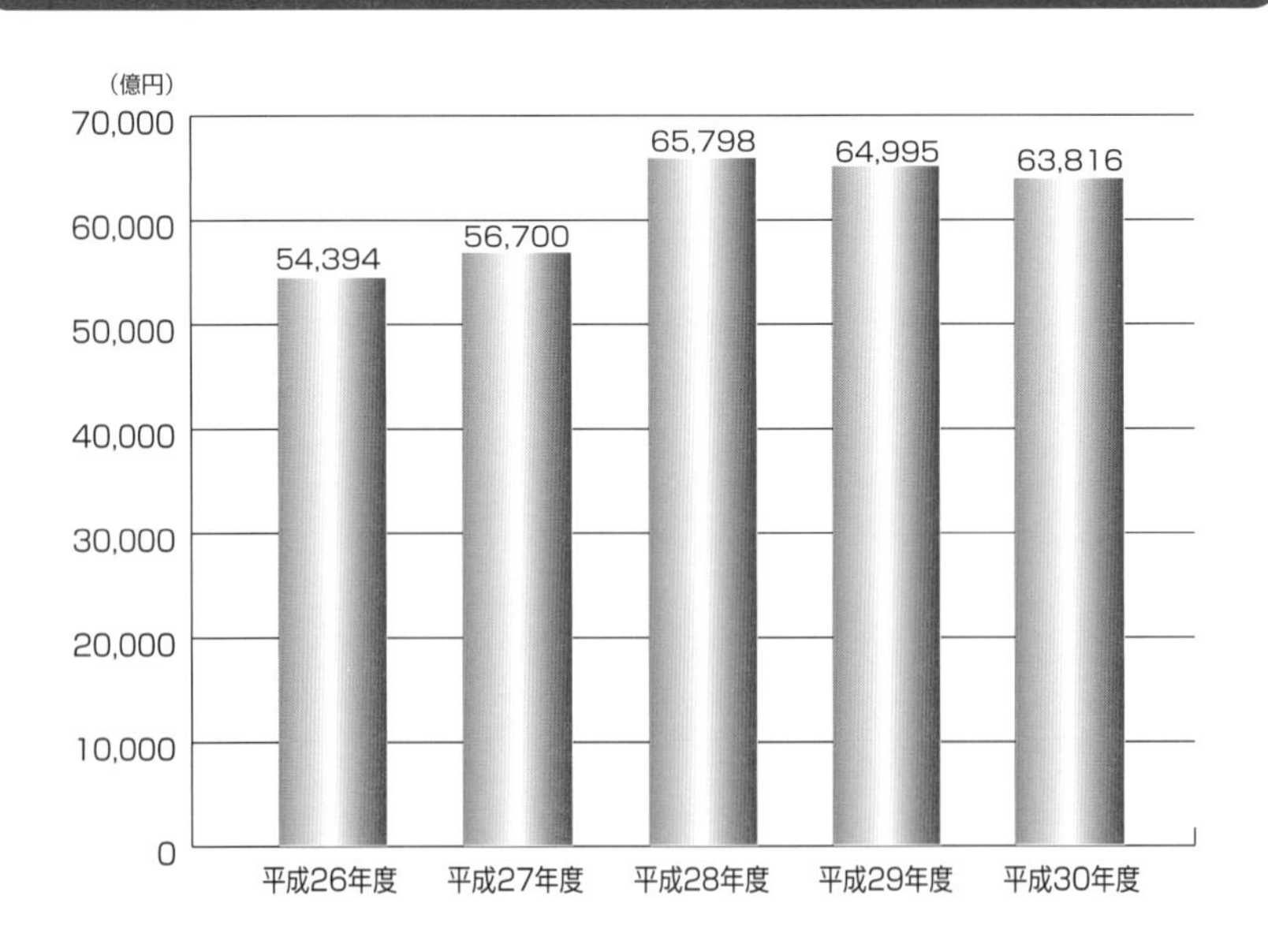


出典　厚生労働省　「平成30年度労働者派遣事業報告書」より作成

## 派遣された派遣労働者等

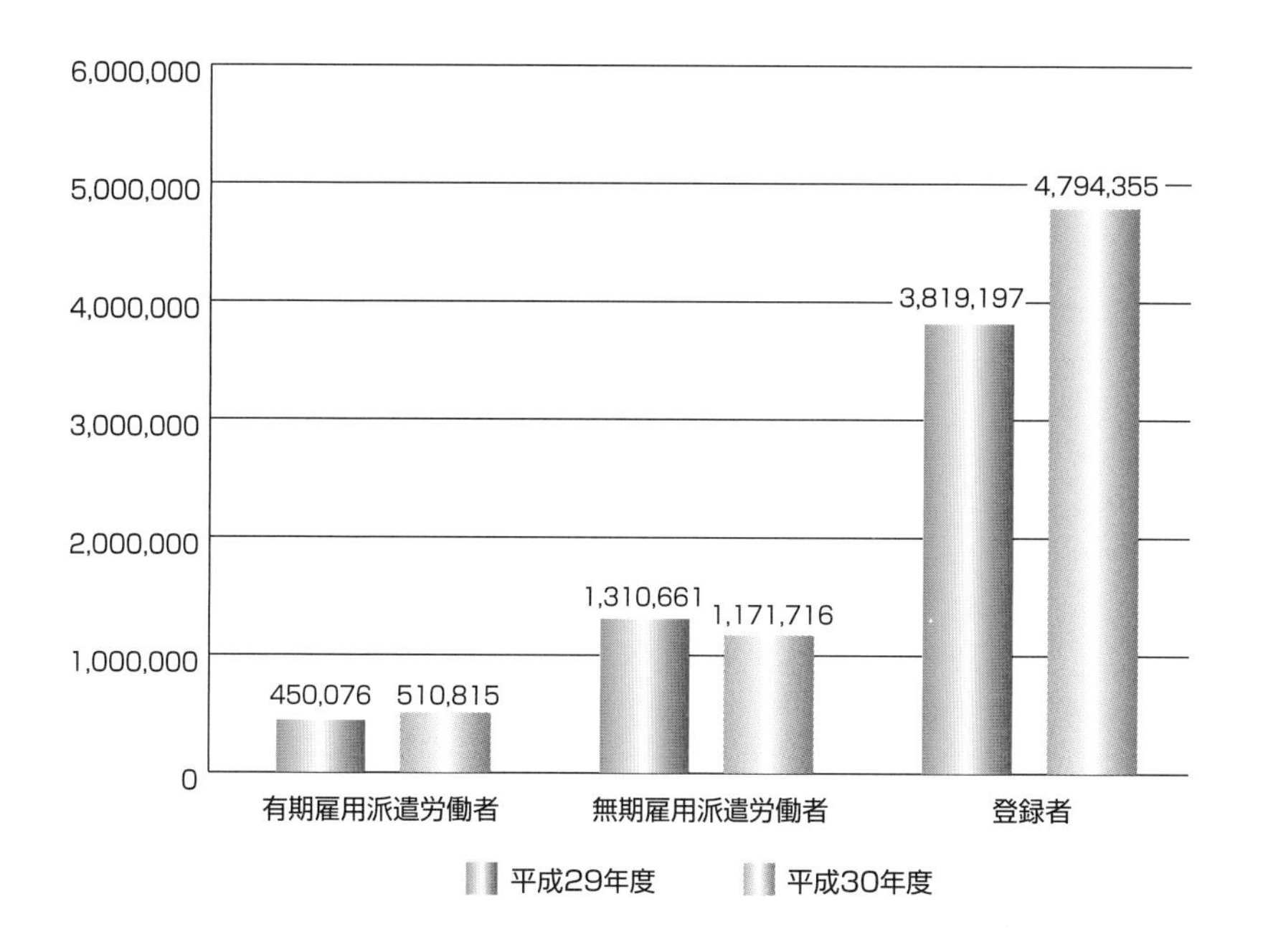


## 平成30年度派遣事業実績

| | |
|---|---|
| 年間売上高 | 約6兆4千万円（対前年比：2.5%減） |
| 派遣先件数 | 約69万件（対前年比：2.5%減） |
| 派遣料金（8時間換算）平均 | 23,044円（対前年比：8.9増） |
| 派遣労働者の賃金（8時間換算）平均 | 14,888円（対前年比：7.6%増） |

出典　厚生労働省　「平成30年度労働者派遣事業報告書」より作成

## 紹介予定派遣の実施状況

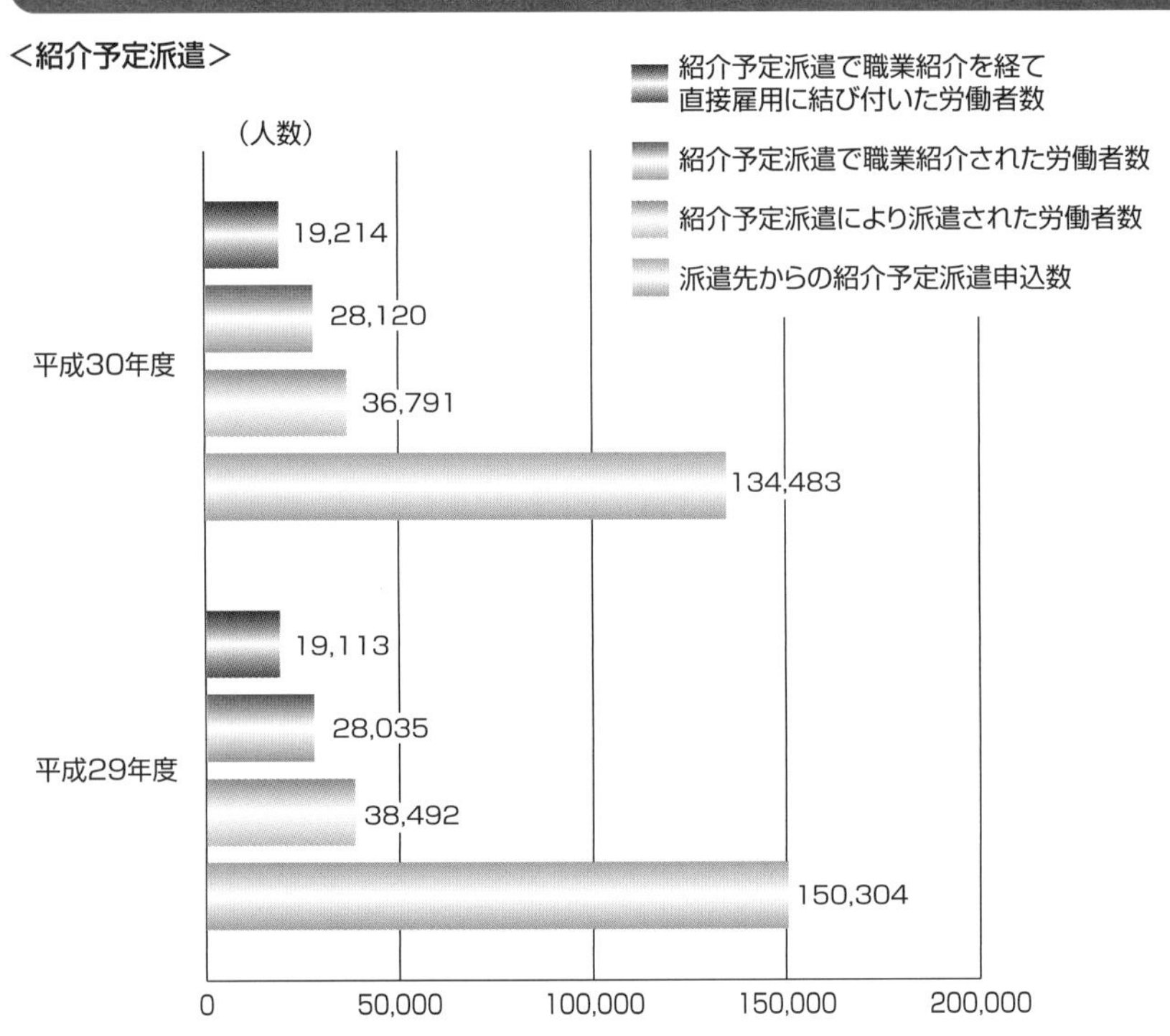


## 雇用安定措置の実績（平成30年度）

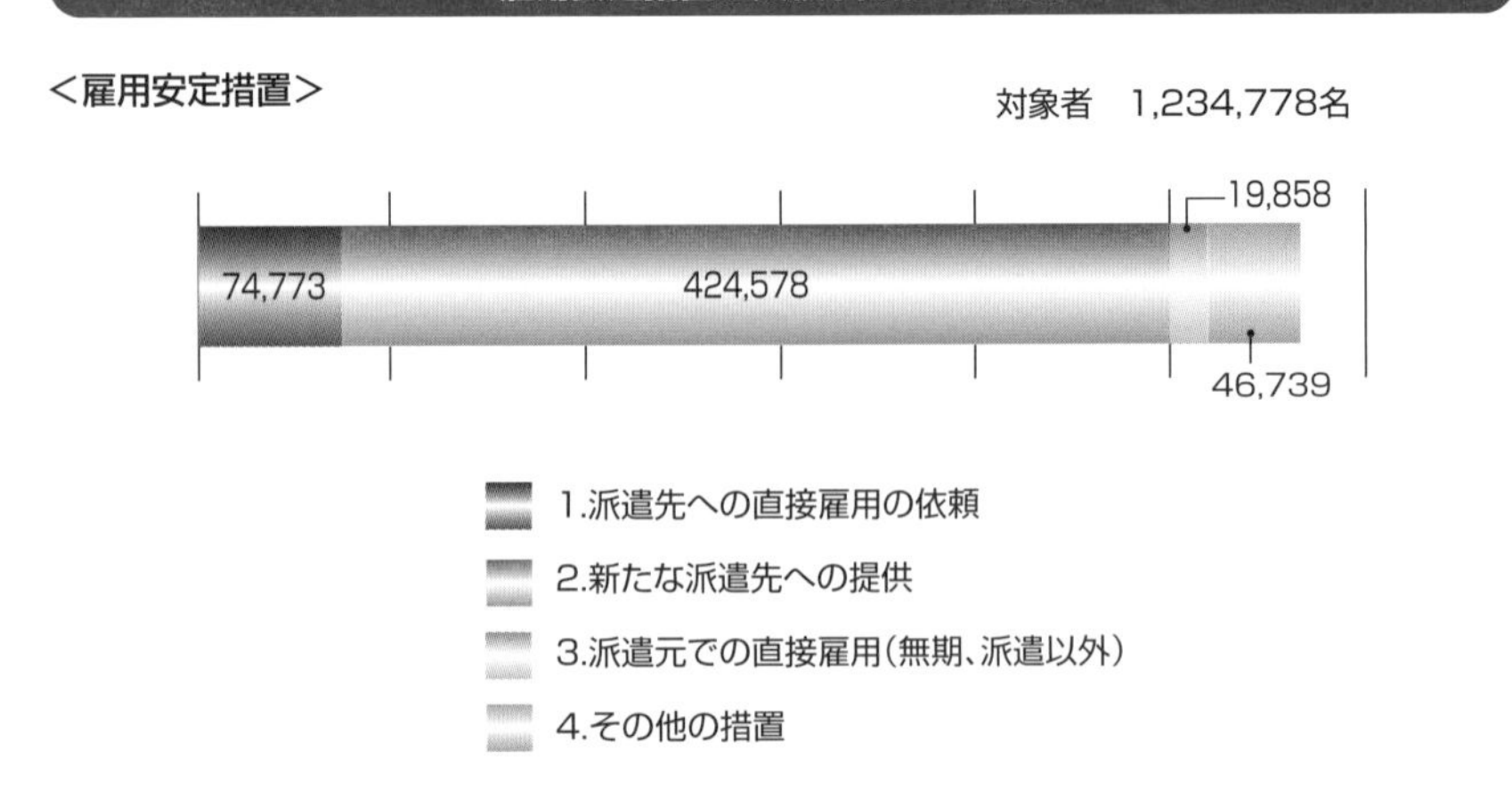


出典　厚生労働省　「平成30年度労働者派遣事業報告書」より作成

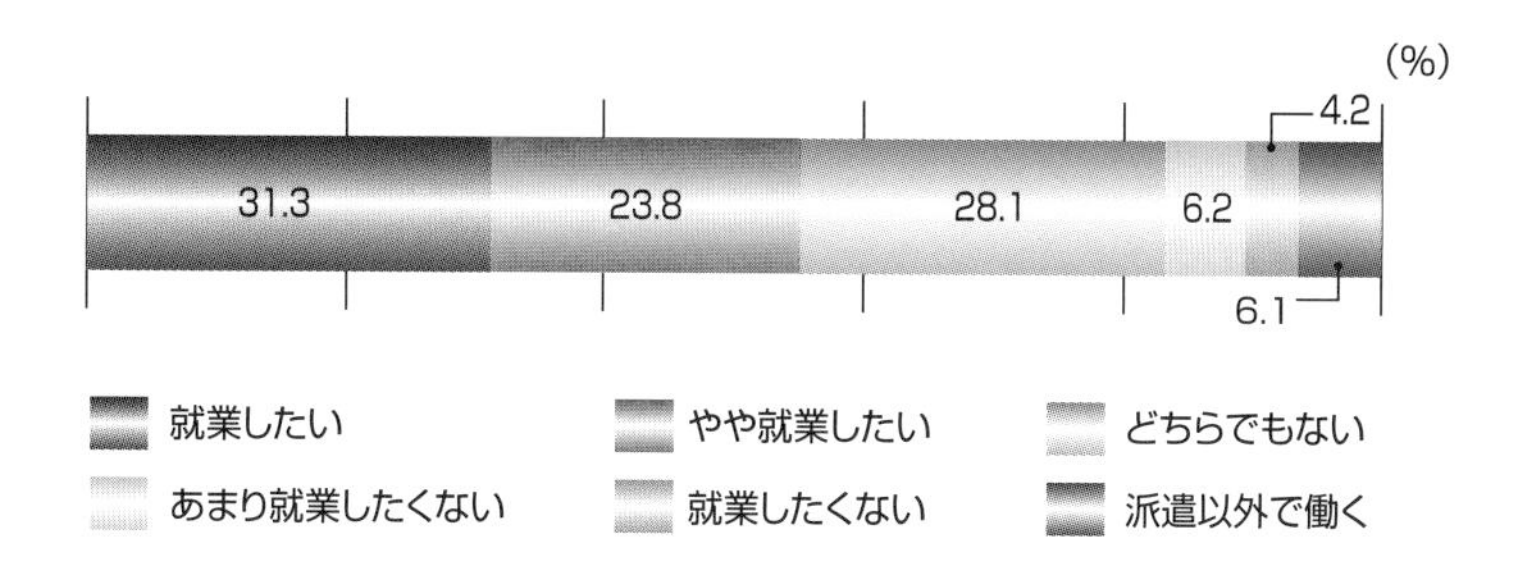


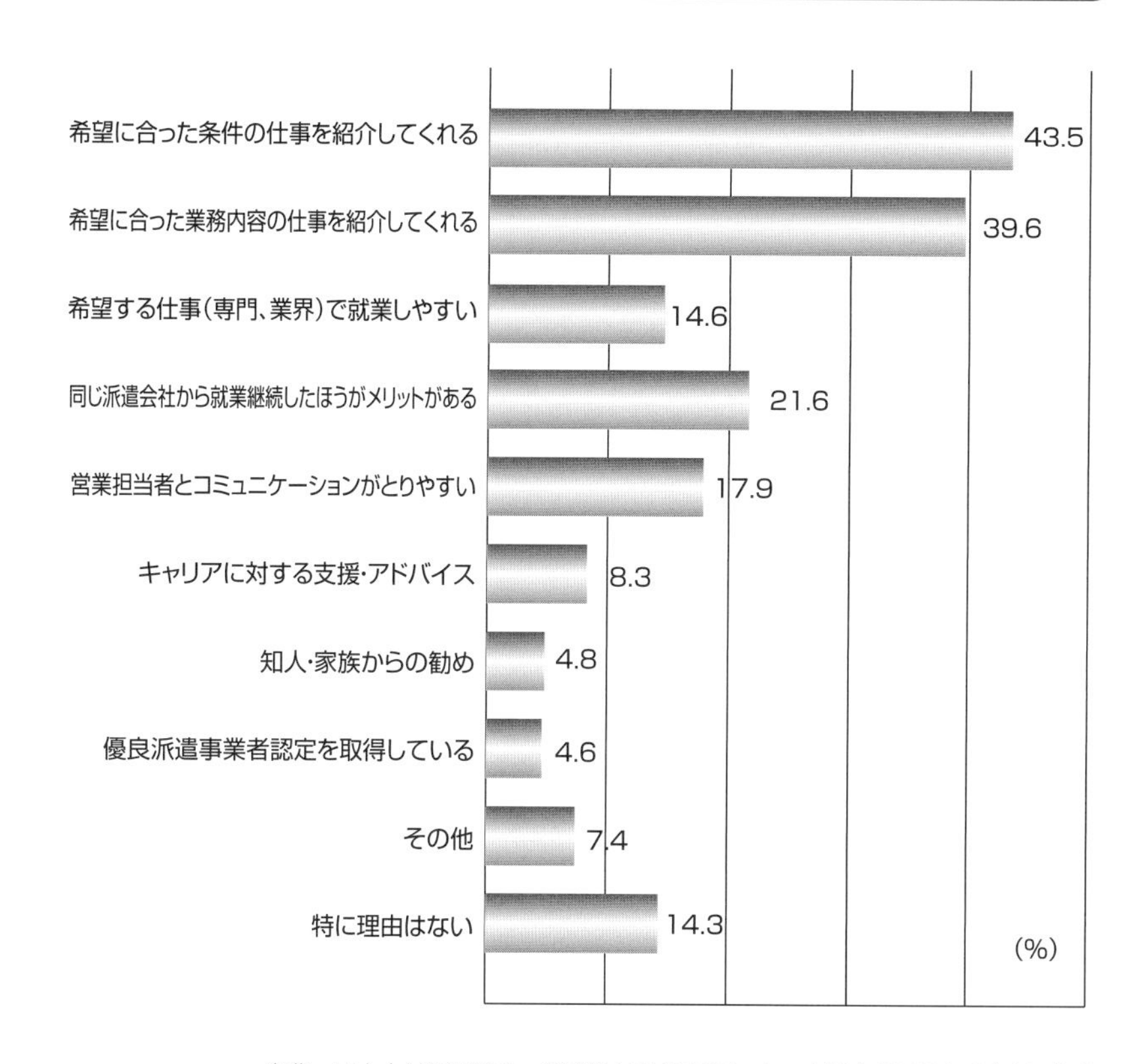


出典　日本人材派遣協会　「派遣社員WEBアンケート調査2019年度」より作成

# 人材派遣ビジネス基本用語

## 間接差別

男女差別が表向きはないが、事実上または結果的に差別になっている慣行、基準、行為。

## キャリア・カウンセリング

労働者の生涯にわたる仕事に関して、その人のキャリアビジョン・経験・適性・能力などに沿った支援を行うこと。

支援内容は、カウンセリング、キャリア診断、適性診断、情報提供、助言など広範囲であり、結果的に就職・再就職・転職・独立開業支援、自己実現・キャリアアップ支援となる。

**＊人材ビジネスでは、求職者・登録者のキャリア・カウンセリングが必要との認識が高まり、各社にキャリア・カウンセラーが常駐、または社員がキャリア・カウンセリングも実施している。**

## 休憩時間

使用者は、労働時間が6時間を超える場合は45分以上、8時間を超える場合は1時間以上の休憩を労働時間の途中に与えなければならない。

## 休日

使用者は、労働者に毎週1回以上の休日を与えなければならない。

## 許可欠格事由

欠格事由(法第6条、令第3条)(禁錮以上の刑又は一定の労働法などに違反して罰金の刑に処せられるなど)に該当する者は、労働者派遣事業の許可を受けられない。2015年派遣法改正により、許可基準変更。

## 許可申請

2015年派遣法改正により、すべての労働者派遣事業では、厚生労働大臣の許可を得なければならない。

## アセスメント・ツール

診断・評価する方法、その道具。

「フォーマルアセスメント」は、診断テストによるもの、「インフォーマルアセスメント」は面談によるもの。

**＊派遣会社でのスタッフ登録時に行われる適性テスト、ＥＱテスト、スキルチェックテストなどは「フォーマルアセスメント」、面接は「インフォーマルアセスメント」でもある。**

## 育児介護休業法

1992年、企業の労働者に育児休業することを事業主に義務付ける法律として制定。1999年からは介護休業に関する規定施行。その後の改正により、子の看護休暇等が制度化された。また、所定外労働、時間外労働、深夜業を制限する制度も設けられた。

**＊労働者派遣事業では、派遣元の扱い。**

## 解雇

使用者が一方的に労働契約を解約すること。労使の合意による「合意解約」や期間があらかじめ定められた労働契約の期間満了による「雇い止め」との違いに留意。

判例や規定追加により「解雇権乱用」について明文化された。そのうち、「整理解雇」の四要件は①人員整理の必要性②解雇回避の努力③被解雇者選定の合理性④労働組合や労働者への事前説明と誠実な協議である。

**＊労働者派遣事業の場合、期間満了での終了なら「雇い止め」だが、派遣期間中の派遣終了、つまり「契約解除」は「解雇」か「合意解約」、または派遣スタッフの都合となる。それぞれの場合に合わせた対処が必要。**

## 稼動(派遣中)

派遣スタッフが実際に派遣先で就業していること。

拡大に対応している派遣会社もある。

### 個人情報保護法

「個人情報の保護に関する法律」の略称。

2003年制定、2005年4月1日施行。個人情報のデータベースを事業用に使用している「個人情報取扱事業者」は法的に決まっており、個人情報の適正管理の義務がある。

ただし、その要件に当たらなくても、労働者派遣事業の場合は、その事業内容と労働者派遣法から、その保護に努めるべきである。

その義務は、個人情報に関する、①利用目的の特定②利用目的による制限③適正な取得④取得に際しての利用目的の通知など⑤苦情の処理。そのデータに関しては⑥内容の正確性の確保⑦安全管理措置⑧従事者・委託先の監督⑨第三者提供の制限がある。⑩データに関する本人への公表⑪本人からの要求に応じたデータ開示⑫本人の要求によるデータ内容訂正⑬本人からの利用停止要望に関しても定められている。

### 雇用対策法

1966年制定。国の総合的施策により、労働者の職業安定と経済的社会的地位向上を図り、国民経済の発展と完全雇用の達成を目的とする。労働者の自主性を重んじ、事業主の努力も求める。

### 雇用調整

不況時の業務縮小や過剰雇用を様々な方法で調整すること。人員調整のみを指す場合もある。

**＊「派遣」を雇用調整の手段にする場合もある**

### 雇用保険

労働保険の一種。1974年制定の雇用保険法を根拠とする。失業等給付と、雇用安定、能力開発、雇用福祉を行う。

**＊労働者派遣事業では、派遣元の扱い。**

### コンセプチュアルスキル

問題発見能力、問題解決能力、企画立案力など、課題や問題に理論的・合理的に対処できる能力。課題対応能力ともいえる。

### 許可の有効期間(更新)

労働者派遣事業を行うための許可は、最初の許可の日から3年間、以後更新の都度5年間の有効期間が定められている。

### 苦情処理

労働者派遣法では、派遣労働者からの苦情・クレームへの対応、トラブルの相談を「苦情処理」という。契約、労働環境、人間関係など内容は様々だが、派遣元と派遣先との連携により、迅速に処理し、それに関して、派遣先管理台帳・派遣元管理台帳に記載することになっている。

派遣労働者から派遣先へ申し立てがあった場合、派遣先は派遣元事業主に通知しなければならないと定められているが、現実には派遣元への相談がほとんどである。当然、派遣元は、その処理を的確に行えなければ、業務が成り立たない。

### 高年齢者雇用安定法

「高年齢者等の雇用の安定等に関する法律」の略称。1994年には、60歳定年が法制化。2004年の法改正では、募集・採用時に、年齢制限を行う場合の理由の提示が事業主に義務付けられた。また、①定年の65歳以上への引き上げ②希望者対象の65歳までの継続雇用制度の導入③定年制廃止の3つの内、いずれかの措置を講じなければならない。2019年12月には66歳から70歳までの就業希望者を雇用する努力義務が追加された。

**＊特に、職業紹介事業で留意すべき。**

### コーディネーター

派遣会社における、登録希望者の面接からマッチング・フォローに至るスタッフ側の業務を行う社員。最近は、カウンセラーやコンサルタントと呼ぶ場合もある。

### コールセンター

電話による受注処理、問い合わせ対応などの顧客対象業務を行う設備、部門。通信販売事業など、コールセンターは増加の一方である。

**＊コールセンター要員の育成やコールセンター向け派遣の事業部化、特化によって、そのニーズ**

業させてもかまわない。

### 時季変更権

使用者は、労働者から請求された時季に有給休暇を与えることが事業運営に影響を及ぼす場合、他の時季に変更する権利がある。

**＊ただし、有給休暇を請求した派遣労働者のピンチヒッターを派遣できる状況であれば、派遣元はその時期を変更しないようにすべきである。**

### 指揮命令者

派遣先企業の派遣労働者の就業場所で、派遣労働者に業務の具体的指示を行う者。

小規模な事業所では、派遣先責任者と指揮命令者を兼任することも考えられる。

### 社会保険

広義には、厚生年金、健康保険、国民健康保険、国民年金、労災保険、雇用保険、介護保険の総称で、国が管理運営している強制保険。通常は、厚生年金、健康保険、雇用保険を指し、加入要件が定まっている。

**＊労働者派遣事業では、派遣元の扱い。**

### 就業規則

事業場での職場規律・労働条件を統一的に定めた規則。労働基準法では、常時10人以上の者を使っている事業場では、必ず作成し、労働基準監督署に届け出なければならない。

**＊派遣労働者は派遣会社の就業規則に従う。**

### 就業条件明示書

派遣元責任者が、派遣労働者に対し、就業条件を明らかにするための文書。

### 出向

**①在籍出向**

親企業に在籍したまま、他企業で就業すること。

**②移籍出向(転籍)**

親企業から他企業へ籍を移すこと。

**③移籍含み出向(移籍条件付出向)**

中高年労働者の雇用調整策としての条件付移籍。

### コンピテンシー

成果を出している人物の行動特性、取り組み姿勢、ものの考え方で、観察、測定できるもの。または、そのコンピテンシーの分析と活用による能力向上プログラム。

### コンプライアンス

法令順守。広義には、企業倫理、社会倫理の遵守も含まれる。

**＊労働者派遣に関係する法令やその果たす役割から、法知識・倫理とコンプライアンスは不可欠。**

### サービス残業

残業手当(2割5分以上の割増賃金)を支払わずに時間外労働をさせること。

**＊労働者派遣事業では、本来あり得ない。が、派遣スタッフにサービス残業をさせてトラブルになったケースもある。**

### 裁量労働

業務内容や特質によっては、労働者自身に仕事の進め方を任せる必要がある。その場合の、使用者が業務遂行の手段や時間配分について具体的な指示をせず、労働者の裁量に委ねる労働形態。

①専門業務型裁量労働制

ＳＥなど19の業務を対象。労使協定締結要。

②企画業務型裁量労働制

事業運営に関する企画・立案業務を対象。労使委員会決議とその届出要。

労働基準法によって、実働時間にかかわらず一定時間労働したものとみなす「みなし労働時間制」が認められている。

**＊外勤営業やプロジェクト業務など派遣対象業務も、派遣スタッフ自身の判断や時間管理に委ねる必要があるので留意すること。**

### 産前産後休暇

使用者は、6週間(多胎妊娠の場合は14週間)以内に出産予定の女性が休業を請求した場合、その女性を就業させてはならない。産後6週間を経過した女性が、職場に復帰したいと請求した場合は、医者が就業に差し支えないと診断すれば、就

育訓練・福利厚生・定年・退職・解雇の範囲での男性労働者との差別的取扱いが禁止されている。賃金差別は、労働基準法によって禁止。

### 単発

1日から数日までの極端に短い期間の派遣業務。イベント、調査、デモンストレーション、突発的な納期の迫ったデータエントリーなど。

### 抵触日の通知

抵触日とは、派遣期間の制限（最長3年）規定に違反することとなる最初の日（＝派遣可能期間の最終日の翌日）のこと。

その期間制限は、派遣先の同じ事業所単位で行われるため、派遣先企業が、別の派遣元から派遣を受け入れても派遣可能期間は更新されることはない。

それを知らないために派遣元が抵触日を超える派遣契約を締結することを防ぐ目的。

派遣契約を締結する際には、派遣先は派遣元に対し、この抵触日を通知しなければならない。

この通知がないときには、派遣元は労働者派遣契約を結ぶことを禁じられている。

### データエントリー（データ入力）

帳票類のデータをパソコン上のシステム（汎用ソフトやその企業独自のシステム）に入力すること。その内容に関する専門的知識は要求されないが、相当の正確さとスピードが必要。

### テクニカルスキル

業務遂行スキル、パソコン操作能力、語学力など、業務・職種ごとに必要とされ、正確性、迅速性や習熟度が求められる能力。技術的能力ともいえる。

### 届出

常用型派遣（以前の特定労働者派遣）事業の場合、必要書類を添付して、その事業所の所在地の労働局を経由して厚生労働大臣に届け出ればよいことになっていたが、2015年の派遣法改正により許可制となった。

**＊労働者派遣と混同する人もいるので注意。**

### 出張登録会

通常は、派遣会社（派遣元）の事務所、登録センターで、派遣スタッフとしての登録を行うが、拠点のない遠隔地でのニーズによっては、会場を設置して、出張で登録会を行う。

### 職業安定法

1947年制定。公共職業安定所とその他無料職業紹介機関、有料職業紹介機関の職業紹介事業に関する法律。労働力の適正な需給供給と労働者の就業機会の供給と安定を図る。

### スタッフ

多くの派遣会社では、派遣労働者のことを指す。「派遣スタッフ」と呼ぶこともある。

### セクシュアル・ハラスメント

職場における性的嫌がらせ。対価型と環境型とに大別され、均等法に定められている。損害賠償もありうる。

**＊労働者派遣事業の場合、派遣先にも適用される。**

### 待機

派遣期間が終了し、次の契約が未定、または開始していないこと。

### 立入検査

厚生労働大臣は、必要限度内で、所属の職員に、労働者派遣事業を行う事業主および当該事業主から労働者派遣の役務の提供を受ける者の事業所その他の施設に立ち入り、関係者に質問させ、または帳簿、書類その他の物件を検査させることができると定められている。（労働者派遣法の第51条）

この立入検査の権限は、犯罪捜査のために認められたものと解釈してはならないとされている。

### 男女雇用機会均等法（均等法）

「雇用の分野における男女の均等な機会及び待遇の確保等に関する法律」の略称。1985年制定。女性労働者に対する、募集・採用・配置、昇進・教

### 派遣元管理台帳

派遣労働者一人ひとりについて記載される、派遣労働者の、派遣元での記録簿。必要事項を満たせば、労働者名簿との共用可。派遣元責任者が作成を義務付けられている。

記載すべき内容は、派遣先事業所の名称、所在地などのほか、派遣労働者の派遣就業の記録、業務内容、苦情処理に関する事項など。保存期間は3年間。

### 派遣元責任者

派遣元(派遣会社)において、事業主に代わり、派遣労働者への対応・管理を行う者で、その選任には要件が定められている。(2-22節)

職務は、派遣労働者(紹介予定派遣を含む)として雇い入れる場合の地位や就業条件の明示、必要な助言と指導を行うことなどのほか、派遣労働者の個人情報の管理、安全衛生に関して派遣元の安全衛生担当者および派遣先との連絡調整、その他のことについて派遣先との連絡調整を行うことなど広範囲。

### 秘密保持義務

派遣元(派遣会社)は、派遣労働者の秘密に該当する個人情報を、正当な事由なく他人に知られることのないよう厳重に管理しなければならない。

そのため、個人情報の取扱いができる者の範囲などについて定めた個人情報管理規定を作成することが義務付けられている。

また、派遣先で業務上知り得た秘密については、正当な理由のある場合以外は、現に派遣元事業主、その代理人、あるいは使用関係にあるときだけでなく、それを辞したあとも他に漏らしてはならないと規定され、情報の保護を図っている。

### ヒューマンスキル

協調性、柔軟性、積極性、コミュニケーション能力や人柄など、業種・職種・職場を問わず必要とされる、あるいは高いことが有効な能力。**対人関係能力**ともいえる。

### ニート(NEET)

"Not in Education, Employment, or Training"の略。進学、就職、求職活動もせず、教育訓練を受けていない若年者、就業の意思のない若年者を指す。

統計上は15歳から34歳までの年齢層で、状況や原因が様々であり、就業の意思の有無の判断が困難。統計数字に囚われないことが重要。

### ネガティブリスト

輸入制限品目録。

＊**労働者派遣事業では、派遣してはならない業務を定め、それ以外は派遣してもよいとする「ネガティブリスト」方式を1999年から採用している。**

### 派遣先管理台帳

派遣労働者一人ひとりについて記載される、派遣労働者の、派遣先での記録簿。派遣先責任者が作成を義務付けられている。

ただし、派遣先責任者の選任が免除される小規模な事業所や、1日限りの派遣受け入れの場合には、作成不要。

### 派遣先事業主

派遣先企業は、派遣労働者の受け入れ先として、派遣先責任者の選任や、労働基準法、労働安全衛生法、雇用機会均等法などにおける使用者として一定の責任が求められている。

派遣労働者とは、契約関係はなく、事実上の指揮命令、労務提供関係がある。

### 派遣先責任者

派遣先企業で、派遣労働者を受け入れる場合、使用される者が派遣労働者を合わせても5人以下である場合や、1日限りの派遣受け入れである場合を除き、派遣労働者100人につき1名を選任することが必要な派遣労働に関する責任者。

職務は、派遣労働者を指揮命令する立場の者に派遣法の規定や派遣契約の内容などを周知し、派遣労働者の安全衛生に関して派遣先の安全衛生に関する業務の責任者と派遣元事業主との連絡調整、派遣先管理台帳の作成保存、派遣労働者からの苦情申立があった場合の処理など。

### ポジティブリスト

輸入制限国が自由化を許可した貿易品目や業務の一覧表。

**＊労働者派遣事業も、以前は派遣してもよい業務を定める「ポジティブリスト」方式であった。それによって選択されたのが「専門的26業務」であり、現在も派遣対象業務である。**

### マッチング

派遣先企業のニーズに適した登録スタッフを選んで交渉し、契約締結まで進めること。「アレンジ」「コーディネート」「人選」ともいう。

### ミスマッチ

企業が労働者に求める条件と、労働者の希望条件・適性・能力とが一致しないこと。

### メンタルヘルス(心の健康)

近年、業務の量や質、職場環境による、あるいはそれらの変化による心理的、精神的問題が増加傾向にある。

### 物の製造の業務

物の溶融、鋳造、加工、組立、洗浄、塗装、運搬など、物を製造する工程における作業に係る業務。

### 有給休暇

労働基準法で定められた休暇。6ヵ月継続勤務し、その間のすべての労働日のうち8割以上を勤務すると10日。以後、勤続年数1年ごとに最大20日まで。使用期限は付与された日から2年。

**＊派遣労働者は、派遣元に請求する。**

### 労災保険

労働保険の一種。1947年制定の労働者災害補償保険法(労災保険法)を根拠とする。業務災害、通勤災害に遭った労働者やその家族に対する必要な保険給付を行う。

**＊労働者派遣事業では、派遣元の扱い。**

### フォロー

主として、登録後、派遣開始後、待機中の派遣スタッフへの対応、働きかけ。広義には、派遣先企業への対応、働きかけも含む。

### 復活

以前に自社の人材派遣を活用していた企業が、期間をおいて再度派遣契約を結ぶときがある。その場合のその派遣先企業、またはその再契約。リピートオーダー(再受注)を指す場合もある。

### プライバシーマーク(Pマーク)

個人情報の適切な取り扱いのための体制を整備している事業者に対し与えられる。(財)日本情報処理開発協会などの機関が審査・認定。

**＊まだ少数だが、取得した派遣会社もある。**

### フリーター

15歳から34歳までの非正規社員(パート・アルバイト中)の労働者、または無業者でパート・アルバイトを希望する者。

「やむを得ず型」「モラトリアム型」「夢想型」に大別され、それによって対応が違う。年齢層は統計上の設定であり、むしろ35歳以上のフリーターの方が問題。

### フレックスタイム

規定の労働時間を守れば、出社・退社時間は、各従業員が自由に決められる制度、またはその自由勤務時間。通常、その就業時間内に含まれることが原則になっている最低限の時間帯(コアタイム)が定められている。

**＊派遣スタッフも、派遣会社との労使協定によっては可能な働き方。**

### ヘッドハンティング

企業などが行う人材集め、引き抜き。

ヘッドハンティングを行う業者や人をヘッドハンターという。

## ワークシェアリング

仕事の分け合い。1つの仕事を多数の労働者で分け合うことで、雇用の確保を図るものだが、所得抑制になりがちな面もある。

## ワークライフバランス

仕事と生活の調和。やりがいのある仕事と充実した私生活とを両立するという考え方。

## 割増賃金

使用者が労働者に労働時間延長、または休日労働させた場合、一定の率で計算した割増賃金を支払わなければならない。

時間外労働は、通常の労働時間、または労働日の賃金の計算額の25%以上。

深夜労働(午後10時から午前5時まで…厚生労働大臣が必要と認めた場合は、午後11時から午前6時まで)は、25%以上。

休日労働は、35%以上。

時間外労働が深夜の時間帯に及んだ場合、50%以上。

休日労働が深夜の時間帯に及んだ場合、60%以上。

## E-ラーニング

インターネットを活用しての学習スタイル。教育研修機関が実施しているが、それぞれスクーリングを伴う質疑応答や相談受付が可能など、各社の特色がある。パソコン系の資格試験講座の中には、講座終了後、自宅のパソコンで受験できるものもある。

**＊登録スタッフ対象のE-ラーニングシステムを独自に開発、あるいは活用している派遣会社もある。**

## EQ

心の知能指数。「情動指数」とも呼ばれ、仕事への取り組み方、感情表現、人間関係への関心の度合いを表す。採用、配置、人材育成の一つの指標でもある。

## 労働安全衛生法

1972年制定。事業場内の安全衛生管理の責任体制の明確化、危害防止基準の確立、事業者の自主的安全衛生活動の促進を図り、労働者の安全、健康と快適な作業環境形成を目的としている。

事業主は、事業所の業種と規模により、統括安全衛生管理者、安全管理者、衛生管理者を選任し、労働者の安全衛生に努めなければならない。

**＊労働者派遣事業の場合は、常時雇用する労働者が50人以上の事業場に1人以上の第二種衛生管理者免許保有者が必要(労働者数により、さらに増加)。**

## 労働基準法

1947年制定。労働者の労働条件についての統一的な保護法。1959年には最低賃金法が、1972年には労働安全衛生法が独立分離。最低基準を定め、強行法規(法律違反の労働契約は該当部分無効)、刑罰法規であることが特徴。

## 労働時間

使用者は、労働者を、1週間40時間。1日8時間を超えて使用してはならない(休憩時間を除く)。

## 労働者派遣法

「労働者派遣事業の適正な運営の確保及び派遣労働者の就業条件の整備等に関する法律」の略称。

1986年施行。派遣労働者の雇用条件の整備と権利の確保を目的とする。

## 労働条件明示

派遣元事業主は、労働者を派遣労働者として雇い入れようとするときは、あらかじめ、その労働者にその旨を明示しなければならない。

その場合、その旨を明示すると共に、労働者派遣契約のうち、その派遣労働者に係る事項など、厚生労働省令に定められた事項を、派遣労働者に明示しなければならない。

### SOHO

"Small Office/Home Office"の略で、自宅や小さなオフィスを仕事場として、一人または少人数で事業を行うスタイル。

## おわりに

改定に備え、最新の情報に更新すべく、経年変化の情報を収集分析しているうちに、パンデミックが起きました。コロナ禍への対応、その影響と今後についていつからなら書き始められるのか、しばらくは経過を見守る他ありませんでした。多様な業界の多様な体制の企業に派遣することは、多重的な課題を抱えることでもあります。派遣先企業の休廃業は直接的なマイナスとなり、派遣会社に雇用、管理されていながら、派遣先企業の指揮下、その事業所で働くという派遣システムそのものがテレワーク移行の問題点ともなりました。

しかも、二〇二〇年四月には改正労働者派遣法が施行され、緊急体制とはいえ、その改正点に対応しなければなりません。各社が準備はしてきたものの、コロナ禍対策と合わせて対応するのはなかなかに困難です。派遣会社の対応力がいつにもまして問われ、格差の広がり、淘汰が懸念されます。

その中でも、派遣会社トップグループのワンストップサービスの範囲はますます拡大し、巨大プラットフォームとなりました。ＩＴ人材に対するニーズはこれまで以上に高くなり、「同一労働同一賃金」の影響もあってほとんどの業務の派遣料金、賃金は上昇しています。小規模派遣会社はより工夫を凝らし、サバイバルしなければなりません。一方、トップグループは特に、派遣業界、労働者派遣法の課題解決やニューノーマルに向け、リーダーシップをとる使命もあると筆者は考えます。

ともあれ、今後も様々な変化があり、改正法の更なる改正も求められるはずです。その変化に柔軟に対応し、ピンチをもチャンスとするためにも、人材派遣の正しい知識、情報を得る必要があります。また、ＩＴ化、効率化、合理化、テレワークが進んでも、「人」と「人」との間に位置する派遣業務は一律に、機械的に処理できない要素があり、それに対応するスキルや取り組み姿勢も求められます。

それらを獲得し、それぞれの立場で活用するために、本書がお役に立てましたら幸いです。

## 参考文献

『人材派遣のことならこの1冊』岡田良則著、自由国民社
『よくわかる派遣業界』三浦和夫著、日本実業出版社
『コンサル業界の動向とカラクリがよ～くわかる本』廣川州伸著、秀和システム
『ITエンジニアが独立して成功する本』岩松祥典著、翔泳社
『図解 個人情報保護法 早わかり』岡信浩著、中経出版
『図解 業界地図が一目でわかる本』ビジネス・リサーチ・ジャパン著、三笠書房
『パート・派遣・契約社員の労働法便利事典』小見山敏郎著、こう書房
『カウンセラーのためのアサーション』平木典子、沢崎達夫、土沼雅子編著、金子書房
『カウンセリング＆コーチング クイックマスター』日向薫著、竹永亮監修、同友館
『新 衛生管理 管理編　第2種用』厚生労働省編、中央労働災害防止協会
『新 衛生管理 法令編　第2種用』厚生労働省編、中央労働災害防止協会
『労働法がわかる事典』平田薫著、日本実業出版社
『経理がわかる事典』陣川公平著、日本実業出版社
『日経経済用語辞典』日本経済新聞社編
『イミダス』集英社

ホームページ
厚生労働省
独立行政法人 労働政策研究・研修機構
社団法人 日本人材派遣協会
社団法人 全国民営職業紹介事業協会
人材ビジネス企業各社のホームページ

※朝日新聞、読売新聞、毎日新聞、日本経済新聞、日経MJなども参考にさせていただきました。
御礼申し上げます。

# 索引

INDEX

期間制限……58,59,134
期間制限の例外……57
起算日……56
技術者派遣……36
偽装請負……18,59
既卒者……30
基本契約書……66,68
キャリア・カウンセリング……168,196
キャリア・カウンセリング部門……50
キャリアアップ措置……80,176,178
キャリア形成支援……32,168
キャリア形成支援制度……80
キャリアコンサルティング……80
キャリアプラン……176
休業期間……97
休業手当……94
休憩時間……196
休日……196
休日労働……82
求職受付手数料……15
教育訓練計画……80
供給契約……20
行政ADR……63
強制被保険者……126
許可基準……13
許可欠格事由……196
許可申請……196
許可の有効期間(更新)……197
均衡待遇……76
均衡待遇の確保……80
均衡方式……63
勤怠問題……184
均等・均衡待遇……62
均等待遇……62
均等法……199

## あ行

アウトソーシング……18
アウトプレースメント型……15,16
アセスメント・ツール……196
アデコ……158
粗利率……102
育児介護休業法……38,196
育成型派遣……32
意見聴取……56,66
一般労働者派遣……12
違法派遣……59
請負……10,18,40
請負契約……18
売上……98
売上原価……100
営業……51,128
営業企画、マーケティング部門……51
営業担当……48,106
営業部門……47
営業利益……102
オプション研修……178
覚書……68

## か行

海外派遣届出書……74
解雇……94,96,196
解雇制限……97
解雇予告……94
解雇予告手当……94
解雇予告の適用例外……97
稼働(派遣中)……196
間接雇用……11,44
間接差別……196
間接部門……51
管理部門……47

雇用の努力義務……77
雇用保険……197
コンサルタント……15
コンセプチュアルスキル……176,197
コンピテンシー……130,198
コンプライアンス……198

## さ行

サーチ型……15
サービス残業……198
再就職支援……10,16
再就職支援会社……17
裁判外紛争解決手続……63
裁量労働……198
三六協定……82
産前産後休暇……198
時間外……82
時間外、休日労働……69,82
時季変更権……198
指揮命令関係……135
指揮命令者……68,198
事業所単位……56
事業所単位の期間制限……77,92
事業所単位の期間制限の抵触日……66
システム部門……51
事前面接……64
シニア派遣……34
資本系人材派遣会社……152
社会保険……126,198
自由化業務……52
就業規則……83,198
就業条件……67,83
就業条件明示書……73,198
出向……198
出張登録会……199
紹介……40
紹介予定派遣……15,22,30,69
上限制……14
常用型派遣……12
クーリング期間……57
苦情処理……68,86,135,197
グループ企業派遣の八割規制……52
クレーム対応……182
経常利益……102
芸能事業者団体連合会……162
警備業務……54
契約管理、請求部門……51
契約書……68
研究開発派遣……36
健康保険……126
建設業務……54
公共職業安定所……16
厚生年金……126
高年齢者雇用安定法……197
広報部門……50
港湾運送業務……54
コーチ型マネジメント……149
コーディネーター……48,106,197
コールセンター……197
国際人材派遣事業団体連合……160
心の健康……201
個人情報……118
個人情報取扱事業者……119
個人情報の保護……70
個人情報保護法……197
個人単位……56
個人単位の期間制限……77,92
個別契約書……66,68
コミュニケーション問題……184
雇用安定措置……58,68
雇用契約……10,18,67,72,83
雇用契約の更新……92
雇用契約を解除……96
雇用制限……83
雇用対策事業……28
雇用対策法……197
雇用調整……197
雇用の安定……80

待遇決定方式……62
代替業務……53
第2号被保険者……127
第3号被保険者……127
第二新卒……31
タイムシート……124
立入検査……199
段階的、体系的な教育訓練……179
単純粗利率……102
男女雇用機会均等法……199
単発……199
中部アウトソーシング協同組合……163
懲戒……87
直接雇用……58
賃金台帳……85
通知……70
定期健康診断……125
抵触日……59
抵触日の通知……199
データエントリー……199
データ管理……116
データ検索……116
データ入力……199
適正な派遣就業の確保……76,82
適用除外業務……54
テクニカルスキル……179,199
テクニカルスキル研修……180
添乗員……163
テンポラリーサービス……26
テンポラリービジネス……26
登録型……12,15
登録削除……96
登録時研修……178
登録スタッフ……46
登録スタッフデータベース……116
登録スタッフ募集業務……106
登録手続き……110
登録部門……46
登録申込受付……108
常用社員……12
職業安定法……199
職業紹介事業……14
職場復帰支援……38
人材育成……10
人材紹介……10,14
人材情報サービス……10
人材派遣……10
人材ビジネス……10
新卒派遣……30
スキルアップ研修……180
スタッフ……199
スタッフ管理業務……124
スタッフ管理部門……50
スタッフ研修……176,178
スタッフ研修部門……50
スタッフサービス……155
成功報酬型……14
正社員化……77
製造業務専門派遣先責任者……78
製造業務専門派遣元責任者……84
セクシュアル・ハラスメント……199
全国クリーニング技術者紹介事業協会……163
全国サービスクリエーター協会……162
全国調理士紹介事業福祉協会……162
全国ホテル&レストラン人材協会……162
全国民営職業紹介事業協会……162
全日本マネキン紹介事業協会……163
専門業務……52
専門職派遣……36
組織単位……56,68
損益分岐点……150
損益分岐点比率……150
損害賠償……87


## た行


待機……199
待機中スタッフ……174
待遇……82

派遣先責任者…… 69,77,78,200
派遣先の講ずべき措置……76,80
派遣と請負の区分基準…… 18
派遣元管理台帳…… 83,85,86,200
派遣元責任者…… 69,83,84,200
派遣元責任者講習……84,160
派遣元の講ずべき措置……80,82
派遣料金……83,98
派遣労働選択……136
パソナ……156
ハローワーク…… 16
ビジネスマナー……180
非正規労働者……186
秘密保持義務……200
秘密保持誓約書……119
日雇特例被保険者……126
日雇派遣…… 52,83,134
ヒューマンスキル…… 176,179,200
ヒューマンスキル研修……180
病院等における医療関係業務…… 54
ピンハネ業者…… 20
フォロー……201
福祉増進…… 81
復活……201
不当解雇…… 96
扶養控除等申告書……125
扶養の範囲内……127
プライバシーマーク……201
フリーター……201
フルラインサービス…… 28
フレックスタイム……201
ヘッドハンティング…… 15,201
法務、渉外部門 …… 51
ポジティブリスト……201
ポジティブリスト方式…… 52

## ま行

マージン……110
マッチング…… 10,114,201

特定……23,64
特定労働者派遣…… 12
独立系人材派遣会社……152
届出……199
届出制…… 14
トラブル…… 86

## な行

内定ブルー…… 30
ニート……200
西日本理美容師職業紹介事業協会……162
二重派遣……20,61
日数限定業務…… 53
日本エンジニアリングアウトソーシング
協会……163
日本看護家政紹介事業協会……162
日本人材サービス産業協会……161
日本人材紹介事業協会……162
日本人材派遣協会……160
日本生産技能労務協会……163
日本全職業調理士協会……162
日本添乗サービス協会……163
日本モデルエージェンシー協会……162
入職時訓練…… 80
ネガティブリスト…… 54,200
ネガティブリスト方式…… 52

## は行

パーソルテンプスタッフ……154
パートナーシップ……188
配ぜん人……162
派遣…… 40
派遣受入期間延長…… 77
派遣可能期間…… 56,66,83
派遣契約…… 66,76,83,92
派遣契約を中途解除…… 95
派遣先が講ずべき措置…… 74
派遣先管理台帳…… 77,78,86,200
派遣先事業主……200

労働契約申込みみなし制度……58,59
労働時間……202
労働者供給事業……20
労働者派遣契約……10
労働者派遣法……28,52,72,202
労働者名簿……85
労働条件……67,72
労働条件通知書兼就業条件明示書……73,85
労働条件明示……202
労働条件明示書……72

## わ行

ワークシェアリング……38,202
ワークライフバランス……38,202
割増賃金……202
ワンストップサービス……27,28,152

## アルファベット

CIET……160
EQ……202
E-ラーニング……202
NEET……200
OG……26
OJT……49
Pマーク……201
RPA……33
SOHO……203
Temporary……26
マッチング部門……46,50
マネキン……162
マンパワーグループ……159
未就職卒業者……30
ミスマッチ……114,122,201
身だしなみ……184
民紹協……162
無期雇用……58
無期転換ルール……59
無料職業紹介事業……16
メディカル職、医療職派遣……37
面接……112
面接、登録部門……50
メンタルヘルス……201
専ら派遣……60
物の製造の業務……201

## や行

雇い止め……59,94
有期プロジェクト業務……53
有給休暇……201
有給休暇取得時給料……134
有料職業紹介事業……14
優良派遣事業者認定制度……164
要件……15

## ら行

ライフプランニング支援……168
利益率……102
リクルートスタッフィング……157
リベンジ転職……31
両立支援……39
労災保険……201
労使協定……62
労働安全衛生法……202
労働基準監督署への提出……82
労働基準法……72,202
労働契約……72,92
労働契約法……59

MEMO

●著者紹介

**土岐　優美**（とき　ゆみ）

人材ビジネスコンサルタント
キャリア・カウンセラー
大手人材派遣会社での派遣業務を含む、多様な職業経験と再就職・転職経験、新たに身に付けたキャリア・カウンセリングスキルを活かし、キャリア・カウンセラー、セミナー講師として2001年独立、現在に至る。
人材派遣業においては、派遣業務いっさいを1人で行い、後年は、管理全般を統括。現在、セカンドキャリア、人材ビジネスに関する個別相談、執筆活動に携わる。
『図解入門　人材ビジネス業界の動向とカラクリがよ～くわかる本』（秀和システム）、など、著書多数。

**図解入門業界研究**
**最新派遣業界の動向とカラクリがよ～くわかる本［第5版］**

発行日　2020年 8月 6日　　第1版第1刷

著　者　土岐　優美

発行者　斉藤　和邦
発行所　株式会社　秀和システム
〒135-0016
東京都江東区東陽 2-4-2　新宮ビル 2F
Tel 03-6264-3105（販売）Fax 03-6264-3094
印刷所　三松堂印刷株式会社　　Printed in Japan

ISBN978-4-7980-6188-7 C0033